복음에
빛진
사람

복음에 빚진 사람

초판 1쇄 발행 ┃ 2019년 8월 1일
초판 6쇄 발행 ┃ 2024년 3월 18일

지은이 ┃ 이민교
펴낸이 ┃ 이민교
편 집 ┃ 이한민
디자인 ┃ 임현주
펴낸곳 ┃ 도서출판 사도행전
주 소 ┃ 서울시 강남구 자곡로 180
전 화 ┃ 010-6251-3842
홈페이지 ┃ www.actsbook.org
이메일 ┃ newkorea38@gmail.com
카카오톡 ┃ sonkorea
등록번호 ┃ 465-95-00163
공급처 ┃ (주)비전북 031-907-3927

약한 자를 들어쓰시는 하나님의 신비

복음에
빚진
사람

이민교 지음

도서출판 사도행전

"소록도 법당을 찾아가신 하나님이
이 책의 독자들도 찾아주시기를"

카자흐스탄 농아들을 예수 그리스도의 사랑으로 섬기며 복음을 전하고 있는 이민교 선교사의 이야기가 책으로 출간된 것을 참으로 감사하게 생각합니다. 이 선교사는 '축구'라는 스포츠를 선교의 도구로 삼아 열정적으로 장애인들에게 하나님의 말씀을 전하고 있는 분입니다.

소록도 법당에서 염불을 하고 있던 이 선교사에게 어느 날 하나님이 찾아오셨습니다. 그것은 전에는 상상할 수도 없는 사건이자 놀라운 하나님의 은혜였습니다. 그를 찾아오신 하나님과의 만남을 통해 그의 삶은 송두리째 변화되었습니다.

그는 오늘도 복음에 빚진 자로서 장애인들에게 하나님의 말씀을 전하기 위해, 진정한 그리스도의 사랑을 전하기 위해 그들과 함께 달리고 있습니다.

하나님께서 이민교 선교사에게 찾아오셨던 것처럼 이 책을 통해 많은 분들이 하나님의 은혜를 체험하기 바랍니다. 나아가 장애인과 우리를 향한, 참 사랑이신 하나님의 크고 놀라우신 계획이 무엇인지 깨닫고 발견하는 귀한 시간이 되기를 바랍니다.

이재서, 총신대학교 총장, 세계밀알연합 총재

"나보다 연약한 지체들을 섬기려는 거룩한 부담감을 가지게 될 것입니다"

예수님께서 무리를 보시고 민망히 여기시며 먹이시고 고치시고 돌보셨던 것처럼, GP선교회의 이민교, 이미라 선교사는 장애인들의 약함을 돌아보는 눈을 가졌고, 마음으로부터 그들을 공감하며, 그들의 필요를 채워주기 위해 몸을 던진 분들입니다.

이분들은 사랑의 사람들입니다. 스스로 건강한 사람인 것을 미안해하고, 자신을 장애인들의 지체로 내어드려 섬기는 분들입니다. 우즈벡에서 농아들을 위해 사역을 하다가 추방되어 카작으로 사역지를 옮겨 사역하는 중에도 계속해서 그들을 잊지 않고 돌보고 있습니다. 제가 이분들과 함께 우즈벡 농아 교회를 방문할 기회가 있었는데, 그리워하던 사람들이 오랜만에 만나 손짓으로 대화하며 부둥켜

안고 우는 모습을 보면서 큰 감동을 받았습니다.

이분들은 약한 자를 위한 격려의 사람들입니다. 사회로 나오지 않고 숨어 지내는 장애인들을 어떻게 해서든 사회로 끌어내 당당히 살게 해주려고 콩나물을 기르게 하고, 두부를 만들어 팔아 자립하도록 돕고, 축구를 하게 하고, 수화 연극단을 초청하여 관람하게 하는 것을 보았습니다.

이 책을 통해 이분들에게 주셨던 하나님의 사랑을 독자들로 함께 느낄 수 있을 것입니다. 그리고 자신보다 연약한 지체들을 섬기려는 거룩한 부담감을 가지게 될 것입니다. 이것은 주님의 백성으로서 주님의 본을 따르는 것이며 주님이 기뻐하시는 태도입니다. 인생을 값지게 살기 원하는 모든 분들에게 추천합니다.

김병선, 선교사, 전 GP선교회 대표

"약한 자를 들어 강한 자를 부끄럽게 하시는 하나님의 역전 섭리에 눈뜨시길"

이민교 선교사의 삶을 인도하신 하나님의 손길은 그가 고백하듯이 '예상과 기대를 뛰어넘는' 놀라운 섭리의 연속이었습니다. 원불교의 교리를 전하는 자로서 육신에 빚진 자의 심정으로 불쌍하게만 여겼던 한센병 환자들이, "우리는 예수님 때문에 행복하다"며 오히려 그를 불쌍히 여겼습니다. 그 충격 속에 모든 인간적인 철학과 노력이 깨어졌고, 그는 말씀이 육신이 되어 우리 가운데 오신 예수 그리스도의 복음 진리를 담은 그릇으로 새롭게 빚어졌습니다.

이 책은 복음에 빚진 자로서 복음 전파의 사명을 목숨보다 귀하게 여기고 젊음을 바쳐 헌신한 이민교 선교사의 산고(産苦)의 기록입니다. 특히 장애인을 신의 저주로 태어난 자로 여기고 인간 이하의 취급을 하는 구소련의 이슬람권에서, 더구나 들을 수 없는 농아들에게 복음을 전하는 일은 말로 다할 수 없는 고난과 인내의 길이었습니다. 그러나 하나님께서는 이 선교사의 헌신을 통해 천대받는 장애인들을 하나님의 형상으로 회복시키시고 말로 복음을 전할 수 없는 연약한 자들을 들어 축구로 복음을 전하게 하시는 놀라운 역전(逆戰)의 역사를 일으키셨습니다.

'선교는 명령이기 이전에 원리'라고 말하는 이민교 선교사는 선교가 주님의 지상 명령에 대한 수행이라기보다 선교하게 하시는 하나님의 사랑에 대한 반응이라고 생각합니다. 그렇게 반응으로서 헌신한 선교 현장에 함께하신 하나님께서 그를 부르시고 택하시고 치유하시고 회복시키시고 채우시고 세우시는 놀라운 은혜의 역사가 이 책에 기록되어 있습니다.

이 책은 소외당하는 작은 자, 천대받는 약한 자들을 택하사 강한 자들을 부끄럽게 하시는 하나님의 놀라운 역전의 섭리에 눈뜨게 합니다. 그리하여 읽는 이들로 하여금 믿음의 배짱과 기쁨의 능력을 회복하도록 도와줄 것입니다.

오정현, 사랑의교회 담임목사

"지친 인생을 위로하시는 하나님의 위트와 거부할 수 없는 은혜가 가득합니다"

오랫동안 꿈꾸던 '백투예루살렘'(Back to Jerusalem) 육로 여정을 떠났습니다. 베이징을 떠나 중국을 관통해 타클라마칸 광야와 천산 산맥을 넘어 도착한 카자흐스탄의 한적한 마을에서 이민교 선교사를 만났습니다. 우리 일행을 반갑게 맞이해 한 상 가득 온정을 쏟아놓던 사모님의 정성 또한 잊을 수 없습니다. 책을 통해 알게 된 저자를 만났다고 부부가 함께 사진을 찍으며 어린아이처럼 좋아하는 모습에 가슴이 뭉클했습니다. 우리는 그곳에서 개구쟁이들처럼 몰려다니며 축구를 하고 샤워도 하고 여독을 풀었습니다. 첫 만남에서부터 우리는 그렇게 몸으로 부딪치며 친해졌습니다. 그리고 그날 저녁, 이민교 선교사의 지난 인생 역정을 듣게 되었습니다. 구수한 입담, 그러나 때 묻지 않은 소탈함….

소록도에 원불교를 전하러 갔다가 성령체험을 하고 예수님을 믿었다는 그의 회심기를 들으며 우리는 웃다가 울다가, 그 속에 흐르는 하나님의 거부할 수 없는 은혜와 우리 인생을 위로하시는 '신적 위트'(Godly wit)를 느꼈습니다.

농아들을 거두어 축구팀을 만들고 또 그들을 먹이고자 두부를 만들고 뻥튀기 비즈니스를 한다며 이리저리 뛰어다니는 그의 삶에는 가난하고 병들고 소외된 자들을 향해 먼저 나아갔던 예수님의 마음이 깃들어 있었습니다.

어떻게든 농아들에게 인생의 기쁨과 삶의 의미를 주고 싶어서 애를 쓰는 이 부부의 치열한 삶은, 힘든 여정 속에서 잠시 쉬어가던 우리 일행에게 우리가 찾고자 했던 복음의 본질을 새롭게 점검하고 다시 떠나게 하는 복음의 정거장이 되었습니다. 말로 다 표현할 수 없는 예수 그리스도의 사랑을 소리를 들을 수 없는 농아들에게 몸으로, 손으로 전하는 그들의 삶, 그것이 예수 그리스도의 다시 오심을 바라보며 예루살렘을 향해 떠났던 우리의 여행에서 깨닫게 하신 '손짓 사랑'이었습니다. 이 책은 그 손짓 사랑을 보고 들을 수 있는 천상의 축복으로 여러분들을 초청할 것입니다.

정진호, 한동대학교 교수, 전 연변과학기술대학교 교수

"가장 연약하고 아픈 영혼들을 위해서라면 그 무엇이든 감당해낼 한 사내의 이야기"

이민교 선교사님을 생각하니 문득 '여호와의 기념책'(말 3:16)이 떠오릅니다. 하나님을 경외하는 진실한 사람들의 이름을 기록하고 그것을 기쁨으로 보시는 아버지, 그 책에 이민교라는 이름과 그의 진실한 여정이 기록됐을 것이라는 상상과 함께 말입니다.

예수님이 즐겨 찾으시던 베다니와 같은 소록도에서 원불교를 믿는 열혈 청년을 만나주신 측량 못할 사랑의 예수님은 그를 세상의 미말(微末), 또 다른 베다니로 인도하셨습니다. 그렇게 약속대로 성령을 부으시고 '땅끝'으로 이끄셨습니다.

그의 글을 읽기 전에 짧은 만남을 통해 그의 간증을 먼저 접했습니다. 농아 형제들이 성령님을 만나고 수화(手話)로 방언을 했다는 말에 코끝이 짠해지고 영혼까지 저리는 뭉클함이 솟구쳤습니다.

추방을 두 번이나 당하고 수많은 절망과 서러움의 낭떠러지에서도 주께서 홀로 가셨듯 그렇게 그 길을 걸어왔습니다. 세상의 가장 연약하고 아픈 영혼들을 섬기기 위하여 두부 장사치가 되고 축구 감독이 되고, 아마 그 이상의 무엇, 가장 비천한 무엇까지라도 감당할 사내입니다.

이 책은 아무런 영웅적 기색도, 자기 자랑도 없이 오직 주의 사랑에 매여 툰드라의 황무한 풍경을 거침없이 걸어가는 복음에 빚진 한

제자의 역정(歷程)입니다. 미혹의 영이 들끓는 이 시대에 우리는 외향적 자기 성장과 유익과 세속의 실용주의에 빠져 첫사랑의 열정을 점점 상실하고 있습니다. 아골골짝 빈들이나 소돔 같은 거리에도 복음과 사랑을 안고 찾아가 이름도 없이 빛도 없이 감사하며 섬기고자 하는 그 단순한 첫사랑의 다짐들….

이 책에서 그 천국 풍경, 예수님의 길을 다시 만났습니다. 가슴 뜨거워지는 울울함으로 다시 그 사랑을 회복하게 되었습니다.

김우현, 다큐멘터리 감독

하나님의 첫사랑이
회복되기를…

나는 장애인 사역을 하면서 안식년을 맞이한다는 것이 왠지 미안한 마음이 들어 쉼 없이 달려오기만 했다. 그러던 중 아내의 건강에 이상 신호가 왔다. 지난 겨울, 아내에게 마비 증상이 온 후로 몸 상태가 나아지지 않는다. 그렇다고 죽을 각오를 하고 선교하러 갔는데 바로 한국에 복귀할 수는 없었다. 그래서 최선을 다해 선교지에서 버틸 때까지 버텼다. 그러다가 "잘 죽기 위해서는 우선 잘 살아야 한다"는 하나님의 음성을 듣고, 금년 여름 선교부의 허락을 받아 14년 만에 처음으로 안식년을 맞아 한국에 들어왔다.

현재 바닥난 몸 상태를 충전하면서 위로부터 공급해주시는 은혜로 하루하루를 살고 있다. 더욱이 하나님의 은혜로 이렇게 책이 세상에 나오게 되었으니, 이 사건 역시 하나님의 놀라운 은혜이다.

지난 2000년 5월, KBS 1TV 〈한민족 리포트〉에서 '우즈벡 한인 목사와 농아 축구단'이 방영된 후에 책을 출간하자는 권유를 받았다. 그리고 최근에는 모 방송국으로부터 '서울 G20정상회의'를 준비하는 과정에서 '자랑스런 한국인'으로 취재를 했으면 좋겠다는 요청을 몇 차례 받았다. 나는 그때마다 거절할 수밖에 없었다. 그간 책에 대해서 여러 제안을 받았고, 그때마다 거절한 이유 역시 하나님께서 마음을 주시지 않았기 때문이다.

그러다가 다시 한 번 책 출간을 위해 기도하는데 하나님께서 규장 출판사를 마음에 보여주셨고, 나는 때를 기다렸다. 그 마음을 품은 지 얼마 되지 않아 한 지인(知人)이 규장에서 책을 출간하면 어떻겠느냐는 말을 건넸다. 나는 그 말을 듣고 속으로 적이 놀랐다. 그래서 이것이 하나님의 뜻인가 생각했다. 그 지인은 규장 대표에게 나를 소개했고, 기도해보겠다는 연락을 받았다고 했다. 나는 양털 시험으로 하나님의 뜻을 확인한 기드온처럼(삿 6:39) 규장 대표가 나에게 전화를 해서 만나자고 하면 그것을 최종적인 사인으로 알겠다고 성령님께 보고했다.

2010년 7월, 어느 선교회 사무실에서 예배를 드리는 중에 규장 대표로부터 전화를 받게 되었다. 나는 재차 하나님으로부터 온 사인을 확인하고 규장의 대표와 만났다. 성령님께 사로잡힌 여진구 대표, 그리고 규장은 '일터 사역'의 귀한 모델이었다. 계속해서 '하늘의 언어'가 이어지는 규장에서, 일터 교회의 아름다움을 느낄 수 있어 감사했다.

여 대표는 솔직히 처음 나를 소개 받았을 때 큰 기대를 하지 않았다고 한다. 그런데 책 출간을 위해 깊이 기도하는 가운데 주님이 이 책을 통해 하실 일이 있으며, 이 책을 기뻐하신다는 기도 응답을 받았다고 했다.

우리는 서로 받은 하나님의 음성을 통해 하나님이 부어주신 은혜에 대해 나누고 농아와 선교 사역에 대한 책을 출간하기로 결정했다. 그렇게 약 3개월간 뿌려진 씨앗이 마침내 《복음에 빚진 사람》이라는 책으로 세상에 나왔다. 이제 성령님의 인도하심이 있기를 기도할 뿐이다.

> 나는 심었고 아볼로는 물을 주었으되 오직 하나님께서 자라나게 하셨나니 그런즉 심는 이나 물 주는 이는 아무것도 아니로되 오직 자라게 하시는 이는 하나님뿐이니라 _고전 3:6,7

물이 범람해 홍수가 나면 눈에 보이는 물은 넘쳐난다. 그런데 정작 마실 물은 찾기가 힘들다. 생명을 유지할 수 있게 해주는 '생수'가 굉장히 귀한 법이다. 요즘 주위를 둘러보면 수많은 신앙 서적과 말씀의 홍수 속에 사는 것 같다.

이 책이 또 하나의 물난리를 일으키는 책으로 끝난다면 무슨 의미가 있을까. 나는 이 책이 '홍수 속에 만난 생수'가 되기를 간절히 소망한다. 또한 사람들이 《복음에 빚진 사람》이라는 책 제목만 보고도 하나님께서 베풀어주신 은혜의 감격과 하나님과의 첫사랑이 회복되기를 기도한다.

아숨차이오!*

2010년 가을, 복음에 빚진 사람
이민교

*아숨차이오 : '아, 숨이 막히도록 감사합니다'라는 뜻의 우즈벡 고려인의 방언

어느 날 평양호텔에서 어떤 분이 내게 다가와 이렇게 물어보았다.

"혹시, 《복음에 빚진 사람》 책을 쓰신 분 아닌가요?"

어떻게 글씨로 만난 사람을 거울로 만날 수 있다는 말인가? 그것도 평양에서…. 놀랍기가 그지없었다.

사람은 책을 만들고, 책은 사람을 만든다는 말이 있다. 그러니 "책이 일한다"는 말을 고백하지 않을 수 없다.

다양한 산고(産苦) 끝에, 10여 년 만에 《복음에 빚진 사람》 개정판을 한국어와 영어와 중국어로 다시 출산(出産)하게 되었다.

개정판은 세 번째 자녀 이야기가 추가돼 새롭다.

내게는 세 명의 자녀가 있다. 내가 남자인데 3번의 임신을 했다. 삶의 능력은 해석에 있기에, 임신(妊娠)이라는 단어에서 임신할 임(姙)

과 아이 밸 신(娠)을 '신(神)이 임한 사건'으로 해석해보았다.

첫 번째 임신은 소록도 법당에서 염불하고 있던 땡중을 갑자기 겁탈하셨던 성령의 임재 사건이다. 1988년 3월 2일이었다.

두 번째 임신은 우즈베키스탄에서 추방한 이후 어디로 가야 할지, 무엇을 해야 할지도 몰라 "당신이 살아있냐?"고 하나님께 감히 손가락질하며 따지고 있을 때, 밤하늘의 별들이 콩으로 잉태된 사건이다. 2003년 5월 31일이었다.

세 번째 임신은 38년 된 병자와 같은 남북한 쌍둥이를 임신한 평양 해방산 호텔에서의 사건이다. 2012년 12월 3일이었다.

내 품에 안은 세 자녀는 모두 하나님이 주신 것이다. 그것과 마찬가지로, 내가 예수 믿는 것이 아니라 하나님이 나를 예수 믿게 하고 있음을 고백하지 않을 수 없다.

첫 번째 낳은 자식의 이름은 우즈베키스탄 농아들이다. 자연분만으로 태어난 아이이지만 배 아픈 진통의 시간이 길었다.

두 번째 자식은 제왕절개로 태어난 아이로서, 우즈베키스탄에서 추방당한 선교의 경험 덕분에 자녀양육이 쉬웠던 카자흐스탄 농아들이다.

세 번째는 내가 원하지도 않았지만 하나님이 하고 계시기 때문에, '입양된 자녀들'이라고 이름 지어 부르는 북조선 농아들이다.

이렇게 해서 새롭게 출판되는 《복음에 빚진 사람》의 개정판에는 쌍둥이로 살아가는 하나된 조선 'New Korea'의 이야기까지 담게 되었다.

개정판을 세상에 내놓을 수 있도록 용기를 주신 SRC(Silk Road Connection) Inrternational의 대표 김경환 목사님께 감사하고, 영어와 중국어로 출판의 지경을 넓혀주신 '도서출판 사도행전'에 감사하고, 국제적 선교단체 'Global Partners'(GP)에서 'Global Blessing'(GB) 사역을 감당할 수 있도록 힘을 주신 복음의 동역자들께 감사한다.

《복음에 빚진 사람》 책을 읽고 축복(Blessing)의 통로가 될 사람을 생각하니 감사하고, 감사가 흘러넘쳐 이 땅에 하나님 나라가 세워질 것을 생각하니 감사하다. 그러니 일체가 은혜요 감사이다.

2019년, 여전히 복음에 빚진 사람
이민교

2부 내가 필요하시면, 내 전부를 드리리

3부 아버지의 일거리를 계속 주시옵소서

예수 믿는 자들을 잡으러 다메섹으로 가는 길에
예수를 만나 눈이 멀었던 사울처럼
그때의 나도 성령에 온전히 휘감긴 것이다.
사울이 그 즉시 회개하고 복음을 전하는 사람으로 변했던 것처럼,
나도 그 순간 성령의 임재 가운데 찬송가 후렴구를 반복하며
방언을 하면서 크게 변화되는 체험을 했다.

1부

약한 곳에
임하는
하나님의 은혜

1장

생명의 떡 먹이시는
하나님의 물밑 작업

농아 축구단의 프로 데뷔 무대

"삐익~!"

경기 시작을 알리는 호루라기 소리와 함께 깃발이 올라갔다.

2000년 3월 21일, 우즈베키스탄(약칭—우즈벡)의 까라까무쉬 축구 경기장에서 타슈켄트 시장배 축구대회가 시작되었다. 양 팀 모두 결코 물러설 수 없다는 결연한 의지를 보이며 경기는 초반부터 열전이었다.

그날따라 우즈베키스탄의 네 개 국영방송에서 경쟁하듯이 취재를 나왔다. 경기 시작 전부터 여러 대의 카메라와 기자들이 나를 둘러쌌다. 마이크에서도 부쩍 달아오른 취재 열기가 느껴졌다.

기자들이 나를 둘러싼 데에는 이유가 있었다. 내가 한국인이면서 우즈베키스탄의 2부 프로축구팀 '세빈치'의 감독이었기 때문이다.

게다가 그날 경기는 우리 축구팀의 프로리그 처녀 출전이었다.

사실 그 이유 말고도 또 다른 특별한 이유가 있었다. 우리 축구팀의 선수들은 전부 농아(聾啞)들이다. 선수 중에 듣는 것은 물론 제대로 말하는 선수가 한 명도 없다는 뜻이다. 그래서 선수들은 경기 중에도 "마이 볼!" 또는 "패스!"와 같은 축구 경기에서 흔히 주고받는 말을 결코 할 수 없다. 잘해야 눈빛으로 뜻을 전하거나 수화로 소통할 뿐이다. 하지만 축구 실력만큼은 남부럽지 않다고 자부한다.

나는 마치 품 안의 자식을 키워 세상에 내놓는 아비의 심정이었다. 그동안 농아들끼리만 축구를 해왔다면, 이날 처음으로 정상인들과 당당히 대결하는 날이기 때문이다. 우즈베키스탄에서도 처음 있는 일이라 방송국에서 그토록 관심을 보인 것이다.

그날 어떤 기자가 내게 이런 질문을 했다.

"한국 사람이 우즈베키스탄까지 와서, 그것도 농아들로 구성된 프로축구팀을 만들게 된 이유가 무엇입니까?"

그 물음에 나는 이렇게 답했다.

"축구를 통해 농아들에게 참 소망을 심어주고 싶었습니다!"

그들은 감독인 나에게 그날 경기에 대한 전망도 물었다.

"쉽지 않은 상대이지만 꼭 이기고 싶습니다. 이길 겁니다!"

그러나 말이 감독이지, 나는 프로축구팀에서 뛰어본 경력이 전혀 없는 초짜 감독이다. 중학생 시절에 선수 생활을 해본 것이 고작 내 경력의 전부이다.

그런데 기자들이 나에 대해 모르는 또 다른 진실이 있었다. 사실은 축구감독이 나의 본업이 아니라는 것이다.

중앙아시아 농아의 친구

나는 목사다. 정확하게 말하면 한국인이 아닌 외국인에게 복음을 전하는 선교사다. 처음에는 우즈베키스탄에서, 그리고 카자흐스탄을 비롯한 중앙아시아 지역에 거주하는 농아들에게 복음을 전하려고 축구팀을 결성하고 감독이 된, 말하자면 일종의 '스포츠 선교사'인 셈이다. 그러니 내가 경기 전에 말한 우리 축구팀에 대한 소망은 경기에서 우승하는 것 이상의 의미가 있었다.

하지만 그날 경기는 내가 바라던 소망을 이루기에는 까마득해 보였다. 경기는 전후반 내내 잘 풀리지 않았고, 골문은 굳게 닫힌 빗장처럼 열리지 않았다. 결국 양 팀 모두 득점 없이 끝나 연장전에 돌입했다.

이런 날은 응원석도 덩달아 분주해진다. 선수들을 위해 시원한 물을 미리 준비한다고 했지만 연장전까지 가는 바람에 어느새 다 동이 났다. 아쉬운 대로 페트병에 수돗물이라도 담아 선수들의 갈증을 달랜다.

"이겨라, 잘한다. 파이팅! 패스! 골!"

그런데 응원단이 아무리 힘껏 소리쳐도 우리 팀 선수들은 들을 수가 없다. 빈 페트병에 모래와 자갈을 넣어 요란하게 흔들어도 봤지만, 응원하는 사람은 흥이 나는데 선수들은 들을 수 없으니 소용이 없다. 그래서 특별히 깃발을 제작했다. 우리 팀 응원 단장인 두 자녀 하늘이와 영광이는 초등학교 운동회에서 깃발을 흔들던 것처럼 온 힘을 다해 흔들었다.

응원석에서 함께 응원하던 아내와 고려인 농아 축구 선수 마나스의 어머니의 아쉬워하는 소리가 관중석을 넘어 내 귓가까지 들려왔다. 마나스의 어머니는 농아인 아들 때문에 늘 마음을 졸이며 살아왔다. 그런 마나스가 나를 만나 축구를 시작하면서 의젓해지고 밝아졌다며, 마나스의 어머니는 나를 볼 때마다 진심으로 고마워했다. 그래서인지 그녀의 응원은 전후반 내내 누구보다 열정적이었다.

다만 연장전에 들어서면서 조금 지쳤는지 응원 소리가 조금 주춤해지는가 싶더니, 갑자기 마나스의 어머니가 운동장이 떠나가도록 소리를 질러댔다. 마나스가 골을 넣은 것이다! 응원단의 함성이 하늘을 찌를 듯 했다. 내 눈이 관중석을 향했을 때, 마나스의 어머니와 아내는 서로 부둥켜안고 감격의 눈물을 흘리고 있었다.

그러나 기쁨도 잠시였다. 우리 팀이 반칙을 범하는 바람에 상대팀에게 페널티킥의 기회가 돌아갔다. 이번에는 우리 편 그물망이 출렁이며 골이 들어갔다. 그렇게 연장전마저 무승부로 끝이 났다.

이제 남은 건 승부차기뿐이다. 다시 호각소리가 울렸다. 경기장 안은 팽팽한 긴장감이 감돌았다. 양 팀 4명의 선수가 골을 찼는데 점수는 3대 3, 또 동점까지 가고 말았다. 이제 마지막 한 선수만을 남겨두었다. 우리 팀 선수 학김이 찰 차례다. 그런데 이게 웬일인가. 아뿔싸! 골대를 빗나갔다.

"아….."

내 입가에도 아쉬운 탄성이 흘러나왔다.

만약 지더라도 서운한 표정만은 짓지 말자고 스스로 다짐했는데, 기대한 만큼 밀려드는 아쉬움은 어쩔 도리가 없었다. 프로리그 첫 출전에 그만하면 잘 싸운 거라고 애써 표정을 가다듬고 선수들 등을 다독였다. 그러나 관중석에 있던 아내는 여전히 발을 동동 구르고 있었다.

"이겼으면 했는데 정말 아깝다. 다음에는 더 잘할 수 있을 거예요. 힘내세요!"

다음날, 경기에 뛰느라 수고한 선수들을 우리 집으로 초대했다. 우리 팀 선수들의 영양 상태는 별로 좋지 못한 편이라 영양 보충이 필수다. 게다가 이번 경기는 승부차기까지 갔으니 다른 날보다 더했을 것이다.

이날 메뉴는 우즈벡 사람들이 즐겨 먹는 사슬릭, 양고기를 꼬치에 끼워 굽는 음식이다. 우리는 푸짐한 음식을 앞에 두고 전날 경기에 대해 손짓으로 이야기하며 아쉬움을 달랬다. 하지만 나는 감독으로서 앞으로 어떻게 경기를 풀어가고 또 어떤 점을 보완해야 할지 진지하게 말했다. 바라기는 선수들이 좀 더 악착같고 적극적으로 뛰어 줬으면 했다.

─────── 복음에 빚진 사람

사실 생각해보면, 자신을 받아들이지 않는 세상에 대해 마음의 문을 굳게 닫았던 농아들이 이렇게 열심히 뛰고 있다는 것 자체가 기적이라고 할 수 있다. 내가 농아들을 처음 만났을 때만 해도 그들은 마음을 쉽게 열지 않았다. 아무리 다가서려 해도 소용이 없었다. 하지만 축구를 통해 조금씩 마음을 열더니 이제는 그들의 몸과 마음이 많이 건강해졌다. 자신만의 어두운 터널에서 빠져나와 삶의 한가운데로 어깨를 펴고 당당히 걸어 나온 것이다!

우즈벡에서 카작으로…

우즈벡 농아들과 일주일에 한 번 모이는 날이었다. 마땅히 모일 장소도 없을 때라 농아 축구 선수들을 포함한 30여 명이 우리 집에 모였다. 마침 그날이 우리 부부의 결혼 10주년이었다. 이제껏 선물 한번 변변히 챙기지 못하고 지나친 기념일이었다. 그 사실을 안 농아들이 갑자기 카펫을 펼치더니 우리 부부에게 달려들어 헹가래를 해주었다. 카펫 위에서 헹가래를 치는 것은 신혼부부들에게 하는 우즈벡 풍습이다.

농아들에게 먼저 예수 그리스도의 사랑으로 구애를 한 것은 우리 부부였지만, 이제는 그들이 우리를 더 원하고 사랑한다는 표현을 그렇게 해준 것이었다. 순간 코끝이 찡해졌다. 한국에서도 제대로 보낸 적 없는 결혼기념일을 농아들 덕분에 근사하게 보내는 호사를 누렸다. 우즈벡에서 보낸 그날의 결혼기념일을 우리 부부는 결코 잊지 못한다.

그러나 이제는 더 이상 우즈베키스탄에서 그런 기쁨을 맛볼 수 없다. 얼마 후 전 세계를 공황에 빠뜨린 9·11 사태가 일어났고, 복잡한 국제사회의 이해관계 속에서 우리 가족이 추방을 당했기 때문이다. 그 뒤에도 복잡한 현지 사정으로 한 번 더 추방을 경험했다.

두 번의 추방 후, 한국에 돌아온 나는 한동안 실의에 빠졌다. 그러나 하나님의 위로와 인도하심으로 나의 사역지는 옆 나라 카자흐스탄(약칭―카작)으로 옮겨졌다. 카작에서도 농아 축구팀을 결성해 농아인 아시안게임과 올림픽에도 출전하는 등 축구 사역은 더 활기를 띠었고, 사역의 폭도 넓어졌다. 우즈벡의 선교 사역이 축구 중심이었다면, 카작에서는 농아들이 소자본으로 자립할 수 있게 돕는 '일터교회'가 축구 못지않은 주요 사역이 되었다.

'약사'에서 '밥사'가 된 아내

나로 말하면, 무작정 선교하러 가겠다고 혼자 짐을 싸버린 무모한 남편이었다. 한국에서 약사를 하던 아내는 7년 넘게 어렵게 일군 약국을 정리하고, 어린 두 자녀와 함께 중앙아시아로 왔다. 그런데 이곳에서 아내가 하는 일은 건장한 중앙아시아의 청년들을 먹이는 일이다. 어느새 아내는 '약사'가 아니라 '밥사'가 되어 있다. 말도 잘 통하지 않는 사람들에게 언제나 기쁜 마음으로 음식을 준비한다. 또한 우리 축구팀의 팀 닥터로 일하면서 선수들 몸 관리에도 힘쓴다. 요

——————— 복음에 빚진 사람

즘은 다들 어디가 아프면 병원을 가는 게 아니라 아내부터 찾는다.

　누구에게나 그렇겠지만, 아내만큼 내 청춘 시절과 그 변화를 잘 아는 사람도 없을 것이다. 아내는 내가 대학 선배이면서 이른바 '땡중'이기도 했던 시절에 나를 만났다. 그렇다. 나는 원불교 교역자(교무)가 되기 위해 원불교의 중앙총부 교무 양성 기관인 '학림사'에서 숙식을 하던 사람이었다. 동시에 원광대학교 물리학과 소속의 대학생이기도 했다. 교무가 되기 위한 수련과 대학 공부를 동시에 하고 있었을 만큼, 나는 일찌감치 원불교에 헌신한 몸이었다.

　원불교 지도자 가운데 우리 집안을 모르는 사람이 없을 정도로 우리 집안은 뿌리 깊은 원불교 집안이다. 평생 초등학교 선생님으로 일하시다 교장 선생님으로 퇴직하신 아버지는 원불교의 명문가였던 집안의 전통을 고수하는 분이셨다. 나의 누님 가운데 한 분은 지금도 정녀(貞女, 원불교의 여자 교무)로 활동하고 계신다.

　나는 그런 집에서 위로 형님 두 분과 네 분의 누님 아래 늦둥이 막내아들로 태어났다. 막내라 귀여움도 많이 받고 자랐지만 남매 가운데서도 유달리 종교심이 강한 편이었다. 특히 가난한 이웃이나 장애인에 대한 관심이 남달랐다.

　내가 태어나 자란 전라북도 남원의 집 근처에는 고아원이 있었다. 그 때문인지 젖을 떼고 말을 하기 시작하면서 "엄마, 아빠"라는 말보다 "고아원"이라는 말을 더 많이 했다고 한다. 고아원 원장이 되는 게 꿈일 정도였다. 아무래도 좀 별난 구석이 많았다.

그래서인지 집안에서는 물론이고 주변에서도 당연히 내가 원불교 교무가 될 거라고 기대했다. 그런 내가 목사가 되고 선교사까지 될 줄 그 누가 알았으랴? 오직 하나님만 알고 계시는 일이었다.

살면서 꼭 가봐야 할 곳

1981년 겨울, 내가 고등학교를 졸업할 무렵이었다. 대학 입시를 치렀지만, 나는 그때까지 진로에 대해 갈피를 잡지 못하고 있었다. 어느 대학을 가야 할지, 어떤 학과를 선택해야 할지도 막막했다. 그러던 어느 날, 넷째 누님이 나를 불러 이렇게 말했다. 늘 흰 저고리에 검정치마를 입고 다니던, 원불교의 정녀가 된 바로 그 누님이었다.

"민교야, 너는 고민이 참 많은 것 같아. 사람이 살면서 꼭 가봐야 할 곳이 두 군데 있는데, 거기에 가보면 네 인생의 문제를 해결할 수도 있지 않을까?"

누님은 자못 진지하게 말했다. '꼭 가봐야 할 곳'이라는 말이 마음을 울렸다.

"그게 어딘데?"

"소록도와 화장터야. 소록도는 옛날 사람들이 '문둥이'라고 멸시해온 한센병 환자들이 모여 사는 곳이지. 그리고 화장터에 가서 죽은 사람의 시신이 한 줌의 재로 변해가는 것을 한번 봐야 해."

화장터는 내가 살던 남원 근처에도 있어서 나중에라도 갈 수 있을 것 같았다. 그래서 누님 말대로 소록도부터 가보기로 했다.

거리에 크리스마스 분위기가 물씬 풍기던 어느 날, 나는 소록도로 가는 배에 몸을 실었다. 소록도는 전라남도 고흥에 있는 섬이다. 섬 모양이 어린 사슴 한 마리가 앞다리를 길게 뻗고 누운 모습 같다고 해서 소록도(小鹿島)라고 한다. 섬 전체가 병원으로 관리되는 특별한 곳으로, 이른바 나병 환자, 요즘 말로 한센병에 걸린 사람들이 모여 살아온 섬이다.

세상 사람들이 다 버린 한센병 환자, 그 병에 걸리면 피부가 썩고 신경도 마비되어 뜨거운지 아픈지 감각도 없이 죽어간다는 무서운 병이다. 그런 병에 걸린 환자들을 일제시대 때 별도 수용하기 위해 조성해 현재까지 남아 있는 섬이 소록도이다. 지금은 고령의 환자들만 수백 명 가량이 남아 명맥을 유지하고 있지만, 소록도는 한때 수천 명의 환자가 군락을 이루고 살았을 만큼 규모가 컸다.

소록도로 가는 내내 어지러운 내 마음처럼 출렁이던 배가 육지에 닿자 나를 토해냈다. 배를 타고 가는 시간은 잠시였으나 한센병 환자들을 보러 간다는 것 때문인지 내 속은 여전히 울렁거렸다.

소록도에 들어갈 때는 우선 검문소를 통과해야 한다. 검문소를 지나니 이번에는 철조망이다. 두 번째 검문소인 셈이다. 그때만 해도 소록도를 1번지와 2번지로 나누어 관리해온 흔적이 남아 있었다.

1번지에는 병원 직원들이나 일반인이 살아서 직원 지대, 2번지에는 환자들이 살아서 병사 지대라고 했다. 소록도는 사실상 국가에서 관리하고 운영하기 때문에 1번지에 사는 사람들은 병원 직원은 물론이고 이발소에서 일하는 사람도 국가의 녹을 받는 일종의 공무원이었다.

지금은 소록도 입구에서 왼쪽으로 가면 국립소록도병원과 중앙공원이 나오고, 오른쪽으로 가면 한센병 환자들이 사는 마을이 나온다. 그래서 오른쪽 방향은 환자들의 사생활 보호를 위해 일반인의 출입이 제한되어 있다.

세상에 어려울 게 없는 사람

1번지에 들어서자 생각지도 않게 원불교 법당이 눈에 띄었다. 가정집이라고 해도 될 정도로 규모가 작았다. 내가 원불교 교무님을 찾아가 내 소개를 하자, 역시나 '나름 유명한' 우리 집안을 잘 알고 계셔서 흔쾌히 법당에서 지내게 해주셨다.

소록도에서 지낸 첫날밤, 교무님이 갓 스무 살도 되지 않은 내게 부처님의 삼난(三難)에 관한 불교의 법문(法問)을 설명해주었다. 부처도 어렵다고 말했던 세 가지에 대한 유명한 법문이다.

"첫째, 사람으로 태어나는 것이 어렵다. 둘째, 사람으로 태어났지만 건강하게 태어나는 것이 어렵다. 셋째, 부처를 만나는 것이 어렵다."

그 얘기를 듣는 순간, 퍼뜩 이런 생각이 들었다.

'아, 부처님이 어렵다고 한 것을 나는 다 했구나!'

그렇다. 나는 사람으로 태어났고, 건강했고, 부처도 알고 있었다.

　　　　　　　　　　　　　　—————— 복음에 빚진 사람

어린 마음에 '깨달음의 경지에 이르렀다는 부처조차 어렵다고 한 것을 나는 다 했으니 세상에 어려울 게 뭐가 있을까?' 하는 생각이 들었다. 분명 교만한 생각이었지만, 울렁증과 두려움이 사라지고 오히려 자신감이 생겼다.

그러면서 이 '불쌍한' 사람들, 사람으로 태어났으나 건강하지 못한 한센병 환자이면서 부처를 알지 못하는 이 사람들에게 내가 아는 부처를 알려주고 싶다는 생각이 더욱 간절해졌다. 이 가여운 사람들에게 어떻게 해서라도 부처를 전해야겠다는 마음을 품고 소록도에서 며칠 더 머무르기로 했다.

얼떨결에 참석한 성찬식

다음날, 소록도에서 크리스마스이브 아침을 맞았다. 원불교 법당을 찾아오는 이는 하나 없고, 사람들은 다 교회로 가는 것 같았다. 그런데 소록도 병원의 간호사가 크리스마스 행사에 간다면서 나에게도 함께 가자고 했다. 그곳에 한센병 환자들이 모여 있다고 했다. 내가 그러겠다고 대답을 하고 따라나서는데, 교무님이 나를 붙들고 한 가지 당부를 하셨다.

"2번지에 가는 건 좋은데, 한센병 환자 바로 앞에서는 침을 뱉지 마라. 침을 뱉고 싶어도 안 보는 데 가서 살짝 뱉으렴."

당시에는 사람들이 한센병 환자를 보면 징그럽고 퀴퀴한 냄새도 나서 그 앞에서 무례하게 침을 많이 뱉었다고 한다. 위생 문제라기보다 사실은 기분이 나빠서였다. 나는 예의를 지키겠다는 다짐을 하고 2번지로 향했다.

그날 간 곳은 뜻밖에도 가톨릭 성당이었다. 난생 처음 성당이란 곳에 가본 것이다. 교회 문턱도 밟아본 적 없던 나는 어리둥절했다. 그때는 교회와 성당의 차이도 몰랐을 때였다.

나는 신부님이 미사를 집전하는 단에서 가급적 멀리 떨어진 입구 쪽에 자리를 잡고 앉았다. 한센병 환자들이 그렇게 많이 모여 있는 것을 처음 보았다. 그런데 미사 중에 한센병 환자들이 갑자기 일어서더니 신부님을 향해 줄지어 서는 게 아닌가. 그 앞에서 입을 벌리고 있으면 신부님이 입속에 무언가를 하나씩 넣어주셨다.

나는 호기심이 일어 자리에서 일어나 그 대열에 합류했다. 사실 나는 한센병 환자에게 약을 나눠주는 것인 줄 알았다. 그것을 받아먹으면 혹시 한센병으로부터 보호가 되지 않을까 하는 순진한 기대감이 있었기 때문이다. 처음에는 나 역시 한센병 환자들이 두려웠다. 그래서 처음 소록도로 들어가는 배 안에서도 울렁증을 느꼈던 것 같다.

내가 소록도에 간다고 했을 때, 아버지는 나에게 신신당부를 하셨다. 당시만 해도 사람들이 나병에 무지한 탓에 균이 공기로도 옮는다는 오해가 여전했다. 그러니 한센병 환자 앞에서는 숨도 크게 쉬지 말라고 하셨다. 또한 모기에 물리면 전염이 되니까 보는 족족 잡으라고도 하셨다. 심지어 한센병 환자들이 낫기 위해 살아 있는 아

　　　　　　　　　　　　　── 복음에 빚진 사람

이들 간을 빼먹는다는 소문을 여전히 믿는 사람들도 있었으니 오죽했으랴. 이 병에 대해 올바른 인식이 보편화된 것은 그리 오래되지 않았다.

내 차례가 되자 나는 눈을 질끈 감고 입을 크게 벌렸다. 예방약이나 치료제인 줄 알고 먹었는데, 입속에서 느껴지는 맛은 딱딱하지 않고 의외로 부드러웠다. 입안에서 살살 녹더니 목구멍으로 넘어가는 것이 아무래도 약 같지는 않았다. 나중에 알고 보니 가톨릭에서 성찬 예식 때 먹는 밀떡이었다. 그것이 예수님의 살을 상징하는 성체(聖體)였다니! 나도 모르게 예수님의 죽음을 기념하는 예식에 처음으로 참예한 셈이었다.

물론 가톨릭에서는 상징 이상으로 간주하는 진지한 예식이지만, 아마도 나를 예수께로 이끄시려는 하나님의 오묘한 물밑 작업의 시작이었던 것 같다.

지금 생각하면 너무나 우스운 일이다. 하지만 그조차 원불교를 전하려던 나 같은 사람을 예수 믿게 하시려는 하나님의 계획이었다면 누구라도 두 손 두 발을 들 수밖에 없을 것이다. 그런 뜻에서 요한복음 6장 말씀은 언제나 나에게 큰 감동으로 다가온다.

내가 진실로 진실로 너희에게 이르노니 인자의 살을 먹지 아니하고 인자의 피를 마시지 아니하면 너희 속에 생명이 없느니라 내 살을 먹고 내 피를 마시는 자는 영생을 가졌고 마지막 날에 내가 그를 다시 살리리니 내 살은 참된 양식이요 내 피는 참된 음료로다 내 살을 먹고 내 피를 마시는 자는 내 안에 거하고 나도 그 안에 거하나니 살아 계신 아버지께서 나를 보내시매 내가 아버지로 말미암아 사는 것같이 나를 먹는 그 사람도 나로 말미암아 살리라 이것은 하늘로서 내려온 떡이니 조상들이 먹고도 죽은 그것과 같지 아니하여 이 떡을 먹는 자는 영원히 살리라

_요 6:53–58

복음에 빚진 사람

2장

건강한 나를
왜 불행하다고 하는가?

인생 공부의 시작

나는 고등학교 때 품은 작은 꿈이 하나 있었다. 사는 동안 나를 필요로 하는 사람들 편에 서서 그들의 필요를 채워주며 사는 꿈이다. 그래서 몸이 문드러지고 손가락이 하나둘씩 떨어져가고 눈동자도 흐리멍텅한 소록도 사람들이 나를 필요로 할 줄 알았다. 나는 그들을 위로하고 보살펴주고 싶었다. 그들에게 힘이 되어주고 그들을 사랑하고 싶어 몸부림쳤다.

소록도에 다녀온 후, 나는 고등학교를 졸업하고 원광대학교 물리학과에 입학했다. 한센병 환자 같은 불쌍한 사람들에게 부처를 전하는 원불교 교무가 되기 전에 먼저 세상의 물리부터 깨우치는 공부를 해야겠다는 생각 때문이었다.

하지만 입학하기 전에 누님의 말을 듣고 소록도와 화장터에 다녀온 탓인지, 나는 그 나이에도 병자나 장애인이나 노숙자나 연약한 사람들에게 관심이 많았다. 세상에는 가난하고 병들고 장애를 가진 사람들이 이렇게 많은데, 나는 왜 그렇지 않은지를 고민했다. 결국 대학교는 입학만 해놓고 2년 가까이 다니지 않았다.

그야말로 떠돌이 생활을 하면서 여기저기 안 가본 데 없이 돌아다녔다. 점쟁이들을 찾아다니며 점술(占術)을 공부하여, 한때는 부산에 있는 범어사 근처 길거리에서 손금을 봐주면서 먹고 살기도 했다. 그 시절, 나는 나름대로 '구도(求道)의 길'을 걸었다고 생각하는데, 이때 '내공'을 많이 쌓은 것 같다. 정말 많이 다니고, 많이 보고, 많이 생각했다.

나는 왜 건강할까?

당시 나의 가장 큰 화두(話頭)는 이것이었다. 화두란 선불교의 수행방법 가운데 하나로, 스스로 집요하게 묻고 답을 찾아가는 과정을 말한다.

"나는 왜 건강할까? 내가 뭘 잘해서 건강한 걸까. 나는 왜 장애인이 아닌가?"

나는 그때 하나님을 몰랐지만, 내가 건강한 것이 그 사람들에게 그렇게 미안할 수가 없었다. 그전에는 주로 이런 질문을 했다.

"저 사람은 왜 못 살까? 이 사람은 왜 잘 살지? 저 사람은 무엇 때문에 좋은 집에 사는가?"

그런데 곰곰이 생각해보니 그런 질문은 다른 사람들을 서로 비교한다는 점에서 율법적인 것 같았다. 그래서 다른 사람을 향한 질문보다 나를 향한 질문을 하기로 했다. 나를 향한 질문의 대부분은 죽음과 장애에 관한 것이었다.

　죽음을 간접적으로 경험해보고 싶어 서울 벽제 화장터에서 스님의 보조 역할을 하며 지냈는가 하면, 장의사에서 아르바이트를 하면서 묘를 이장하는 일도 따라다녔다. 죽음이나 장애를 눈으로 직접 보면 그에 대해 배울 수 있을 거라고 생각했던 것이다. 그래서 장례식장이나 장애인들이 사는 곳이나 노숙자들을 찾아다니기도 했다. 돌아다니다 잠 잘 데가 없고 배가 주리면 초상집에 가서 얻어먹고, 구석에서 쪼그려 자기도 했다. 우리네 정서가 초상집에서는 사람들을 배척하지 않았다.

　불교의 관점에서 죽음을 봐서 그런지 막연하나마 죽음에 대해서는 나름대로 답을 얻었다고 생각했지만, 장애인에 대한 해답을 알려주는 사람은 아무도 없었다.

　그렇게 2년의 세월이 흘렀을 때, 문득 이렇게 쏘다니기만 하다가는 안 되겠다는 생각이 들어 학교로 돌아가기로 결심했다. 그리고 원불교 총부인 학림사에 들어가 교무로서의 수련을 병행했다. 원래 학림사는 원불교 학과 학생들만 갈 수 있는 곳이지만 나는 일종의 특혜를 받은 셈이었다. 부모님은 여전히 내가 원불교 교무가 되기를 바라셨다. 나로서도 이래저래 원불교를 멀리할 수 없었다.

밖을 쏘다니면서 혼자 지내는 생활을 많이 해서 그런지 학림사에서 지내기는 그리 힘들지 않았다. 새벽 4시에 일어나 좌선하고 나머지 시간에는 다른 학생들과 똑같이 학교 수업을 듣는 생활을 2년간 해도 견딜 만했다. 그러나 나는 여전히 신(神)의 존재를 논하는 신학(神學)보다 장애인 자체에 대한 관심이 훨씬 더 컸다. 집안의 뜻과 어느 정도 내 의지에 따라 원불교 공부를 시작했지만, 원불교 공부에만 몰두할 수가 없었다. 나는 점점 더 가난한 자와 소록도의 한센병 환자 같은 이들에게 몰두하게 되었다.

원광대학교에서 가까운 이리역(지금의 익산역)에는 행려자(行旅者)들이 많았다. 나는 대학생이었지만, 집에는 수업을 들으러 간다고 해놓고 행려자들과 같이 어울려 다니며 배가 고프면 중국집에서 손님들이 먹다 남긴 자장면이나 짬뽕이 있으면 얻어먹었다. 또한 행려자들 사이에 가마니를 깔고 같이 생활하기도 했다. 집이 가난해서 그런 고생을 한 것이 아니라 단지 그 사람들과 같은 생활을 해보고 싶은 마음뿐이었다. 그때는 꼭 나만 행복한 것 같았다.

'이 사람들의 삶은 도대체 왜 이럴까? 나는 왜 부모가 있어 편안한가? 내가 무슨 자격이 있다고….'

손짓 언어에 매혹되다

그렇게 남다른 대학시절을 보내던 어느 날, 길을 지나다 우연히 '말 못하는 사람'을 보았다. 태어나 처음으로 수화를 하는 사람, 즉 농아를 본 것이다. 이 세상에 말을 못하고 듣지도 못하는 사람들이 있다는 사실을 새삼 깨닫게 되었다. 순간 이런 생각이 섬광처럼 스쳐지나갔다.

'맞다. 내가 농아들을 돕기 위해서는 수화부터 배워야겠구나!'

시각장애인이나 지체장애인을 돕기 위해서는 마음만 먹으면 누구나 한 번쯤 그들을 도울 수 있다. 내가 돕고 싶을 때 언제라도 대화를 나누고 그들의 필요를 채워줄 수 있는 것이다. 그런데 농아는 그들의 언어인 수화를 모르면 도무지 도울 방법이 없다. 이 사실이 나에게 큰 의미로 다가왔다. 농아를 만난 것이 내 일생의 사명을 받은 것처럼, 그날 이후 수화에 빠져들었다.

수화를 배울 만한 곳을 찾아보니 한국농아인협회라는 단체가 있었다. 마침 가까이에 있던 전북농아복지협회를 찾아가 협회의 통역자 중 한 분이었던 최현숙 선생님을 만났다. 가족이 모두 농아인 집에서 유일하게 말을 할 줄 아는 분이셨다. 이분이 나의 수화 선생님이다. 나는 농아들을 도우려면 말하는 사람들이 수화를 배워야 한다는 메시지를 가슴에 새기고 열심히 수화를 배웠다.

그리고 어렵게 배운 수화를 나만 알고 있을 것이 아니라 많은 사람들에게 전해야겠다고 마음먹었다. 그래서 대학교 3학년 때 원광대학교에 처음으로 '손짓사랑회'라는 수화 동아리를 만들었다. 캠퍼스 곳곳에 수화 동아리 회원을 모집한다는 내용의 플래카드와 포스터를 붙여 회원을 모집했다. 생각보다 학생들의 관심은 대단했다.

그렇게 모인 400명의 동아리 회원들에게 수화를 가르쳤다. 당시 수화 동아리는 생소한 것이었다. 캠퍼스 안에서 수화를 가르친 사람은 아마 내가 처음일 것이다. 원광대학교에서 수화를 가르치니까 전북대, 우석대에 수화 동아리가 생기고, 서울에 있는 대학가까지 수화 동아리가 퍼졌다.

나는 수화를 가르칠 때 이렇게 말했다.

"우리가 수화를 배워야 할 이유가 있다. 우리가 말할 수 있는 것이 감사한 것은 말할 수 없는 사람이 있기 때문이다. 우선 그 사실에 감사하자! 그리고 농아들이 말하는 사람과 의사소통을 하려면 말하는 사람이 수화를 알아야 한다. 따라서 말을 하는 사람도 수화를 배워야 한다."

그때는 원불교 신앙에 기초해 우리가 건강한 육체를 가지고 있다는 사실에 감사하자는 생각뿐이었다. 그래서 나는 수화만 가르치지 않았다. 먼저 우리 몸에 장애가 없다는 사실에 감사하도록 가르쳤다. 이를 테면 수화를 배운 지 3개월 된 학생들을 모아 익산에서 군산까지 밤새 걸어서 다녀오는 훈련을 시켰다. 그것은 이 세상에 다리가 없는 사람이 있다는 것을 생각하고, 건강한 다리가 있는 내 육체에 감사하자는 뜻에서 시행한 체험 행사였다.

어느 날은 시각장애인의 고통을 체험하자는 뜻에서 두 눈을 가리고 하루 동안 지내보게끔 했다. 눈을 가린 학생들이 전봇대에 부딪히고 계단에서 넘어지기도 했다. 예수를 믿지 않았을 때였지만, 갑자기 시력을 잃고 예수님을 만난 안요한 목사의 일대기를 그린 영화 〈낮은 데로 임하소서〉를 보고 깊은 감명을 받았다. 주인공이 예수님을 만나고 목사가 되었다는 이야기에는 관심이 없었지만, 시각장애인이 되어 겪은 육체의 고통에는 관심이 갔다.

이렇듯 나는 육체에 감사하는 생활을 하자는 데 큰 관심을 가졌다. 심지어 80년대 초 정치적인 민주화 운동의 소용돌이 가운데 데모를 하는 학생들을 향해서도 "너희들이 몸 건강하고 배부르니까 데모하는 것 아니냐"라는 말을 하기도 했다.

사실 나는 정치적인 일에는 별다른 관심이 없었다. 장애인과 가난한 사람들을 보면 그저 마음이 아팠을 뿐이다. 내가 말을 하고 건강하다는 사실 자체가 미안하고 감사한 일이었다.

원불교인의 기독교 방송 출연

소록도에 시각장애인이면서 한센병 환자였던 이흥수 집사라는 분이 계셨다. 지금은 돌아가셨는데, 내가 예수 믿고 나서 나에게 개인적으로 성경을 많이 가르쳐주신 분이기도 하다. 시각장애인이었는데도 창세기부터 계시록까지 성경을 줄줄 꿰셨고, 몇 장 몇 절 말하면 바로 암송을 하는 분이셨다. 찬송가도 거의 외워 부르시곤 했다.

나는 하도 신기해서 "아니, 할아버지는 어떻게 성경을 다 아세요?" 하고 물었다. 그랬더니 간호사에게 읽어달라고 하고 그걸 반복해서 외웠다고 하셨다.

그 분은 소록도 하모니카 합주단의 책임자이기도 했다. 한센병 환자들을 모아 하모니카 합주단을 만들어 소록도를 찾아오신 분들에게 찬양 연주를 들려주셨다. 기독교인이 아니었어도 그 분들의 연주를 듣고 있으면 나도 모르게 감동이 밀려왔다.

내가 대학교 4학년 때, 소록도에 계신 하모니카 합주단을 육지에 초청하기로 마음을 먹었다. 육지에 가는 것이 꿈이라는 그 분들의 꿈을 들어드리고 싶었다. 나는 전주 시내에 있는 학교 실내 체육관을 섭외하고 공연 준비를 했다. 포스터도 만들어 곳곳에 붙였다.

그 분들이 머물 숙소가 필요해 소록도에서 만난 적이 있는 전주에 있는 모 교회 목사님에게 부탁을 했다. 그런데 그 교회에서 한센병에 옮는다고 허락을 해주지 않았다. 아직 인식이 많이 달라지지 않았을 때라 그럴 법도 했지만, 이해하지 못한 나는 그 교회를 향해 욕도 했다.

사실 그 일은 나 혼자서 한 것이 아니라 수화 동아리에서 주최한 일이었다. 우리는 작은 성냥갑을 만 개 정도 만들어 시내버스에 무작정 올라타 백 원, 2백 원에 성냥갑을 팔아 후원금을 모았다.

그런데 이리 기독교 방송(CBS)에서 이 소식을 듣고 나에게 간증을 요청해왔다. 왜 이런 일을 하게 되었는지 나와서 말해보라는 것이었다. 놀랍게도 그때는 내가 예수를 믿기도 전이었다.

그러나 소록도 하모니카 합주단을 초청하는 과정은 순탄치 않았다. 당시 대통령 유세 기간과 맞물려 군중집회를 허락하지 않아 결

──────── 복음에 빚진 사람

국은 성사되지 못했다. 그 대신 나는 이홍수 집사님과 소록도에 있는 일곱 개 교회를 전부 개척하신 김두영 목사님과 함께 방송에서 간증했다. 행사는 무산되었지만, 예수도 믿지 않는 독실한 원불교 신자가 기독교 방송에서 간증하는 일은 아마 처음 있는 일이었을 것이다.

내가 왜 불쌍한가?

나는 대학에 가서도 소록도를 결코 잊지 못했다. 늘 가슴 한구석 깊이 그리움이 자리 잡고 있었다. 그래서 시간이 날 때마다 소록도를 찾아가 한두 달씩 머물렀다. 나는 그렇게 그들에게 내가 믿는 부처를 전하고 싶었다.

내가 처음으로 직접 나서서 원불교를 전해보겠다고 마음먹은 날이었다. 나는 부둣가에 서서 소록도로 들어오는 배를 기다렸다. 그때 배에서 내리는 세 사람이 눈에 들어왔다. 한 사람은 나이가 지긋해 보였고, 또 한 사람은 겉으로 보기에는 건장한 사내, 그리고 고등학생으로 보이는 남학생이었다.

나는 건장한 사내에게 얼른 다가가 말을 걸었다.

"당신이 왜 나병에 걸렸는지 아십니까?"

험상궂은 표정을 한 사내가 귀찮다는 듯이 손을 내저었다.

이번에는 어르신과 학생을 붙들고 똑같이 물었다.

"당신들이 왜 나병에 걸렸는지 아십니까?"

그런데 그들은 대꾸할 힘도 없는 것 같았다.

나는 다시 건장한 사내에게 다가가 말했다.

"당신이 나병에 걸린 이유는 전생에 지은 죄 때문입니다. 그러니 부처님을 믿어야 합니다!"

그러자 그가 버럭 화를 내며 나를 거칠게 밀었다.

"이 새끼, 지금 문둥이가 된 것도 화나 죽겠는데 무슨 놈의 전생의 죄야! 아우, 성질나."

그러더니 주먹질에 발길질까지 해대며 나를 때리기 시작했다. 한센병에 걸려 소록도에 온 사람에게 전생에 지은 죄 때문에 그런 거라고 말했으니, 지금 생각해보면 맞을 만도 했다. 참 많이 맞았다. 그런데 몸이 아프다기보다 마음이 더 아팠다.

나중에 성경을 보니 사도 바울도 예수 때문에 여러 번 매를 맞았다는 것을 알게 되었다. 내가 부처를 전하다 매를 맞아보니까, 바울이 매를 맞았을 때 몸이 아픈 것보다 불쌍한 영혼들 때문에 마음이 더 아팠을 것 같다는 생각이 들었다. 그래서 바울이 육신의 아픔도 이겨낼 수 있지 않았을까 하는 생각도 해보았다.

물론 그때의 나는 부처를 전하고 싶었다. 내 육체적인 아픔보다 부처를 모르는 중생(衆生)을 바라보는 안타까움이 더 컸다. 특히 한센병 환자를 보면 너무 안타까웠다. 부처의 법과 진리를 몰라 다음 생에도 한센병 환자로 태어난다고 생각하면 견딜 수가 없었다. 그런 생각 때문에 나는 수시로 소록도를 드나들었다.

　　　　　　　　　　　　　　　━━━━━ 복음에 빚진 사람

특히 다른 날은 몰라도 설이나 추석 같은 명절에는 꼭 소록도를 찾아갔다. 나에게는 명절에 부모님을 찾아갈 다른 형제들이 많이 있었지만, 소록도에 계신 분들을 찾아오는 자녀들은 드물었다. 언제나 그게 마음에 걸렸다.

설에 적적하실 어르신들을 찾아가 큰절로 세배를 올리기도 하고, 길게 늘어진 가래떡을 같이 썰어 먹기도 했다. 한센병에 걸린 분들에게는 떡을 써는 일도 쉬운 일이 아니었다. 문드러진 손에 천으로 칼자루를 묶은 다음에야 겨우 떡을 썰 수 있었다.

나는 그 분들에게 세배를 하고 떡을 썰어주면서도 속으로는 이런 생각을 했다.

'할머니 자식들은 예수 믿는다고 하면서도 아무도 안 오죠? 저는 왔어요. 제가 절하고 떡도 썰어드릴게요.'

어떻게 해서든 그들에게 잘 보여 부처를 전하려는 속셈이었다. 그런데 아무리 애를 써도 소록도의 어르신들은 내가 전하는 부처를 쉽사리 받아들이지 않았다. 그들은 나의 인간적인 사랑만 받아들이고, 오히려 내가 더 불쌍한 사람이라고 말했다.

나는 결국 따지듯 반문했다.

"병에 걸린 할아버지 할머니가 불쌍하지, 건강한 내가 왜 불쌍하다는 거예요?"

그러면 으레 이런 답이 돌아왔다.

"나는 예수 믿어서 행복하지만, 학생은 예수 안 믿잖아. 그러니까 학생이 더 불쌍하지."

나는 왜 문둥이가 아닐까

예수 믿는다는 게 뭔지는 모르겠지만, 그래도 한센병 환자인데 행복하다는 게 말이 되는가? 나는 마음대로 육지에 나갈 수 있고, 부모님도 계시고, 친척들도 마음껏 만날 수 있다. 그러니 내가 더 행복한게 당연하지 않은가. 나로서는 그들이 도무지 이해되지 않았다. 나는 그런 소리를 들으면 들을수록 더욱더 열심히 그 분들을 섬겼다.

그리고 내 열심은 점점 극으로 치달았다. 나는 당시 김동리의 소설《등신불》에 심취해 있었다. 주인공 만적 스님의 이복남매가 한센병에 걸렸는데, 그들을 구하기 위해 만적 스님이 자기 몸을 불태워 부처님께 공양하자 이복남매의 한센병이 낫는다는 이야기다.

나는 그 책을 읽고 소록도 법당에 앉아 왼쪽 팔에 불(佛)자를 볼펜으로 그리고 면도칼로 그은 다음 향불로 지졌다. 내 한 몸 바쳐서 한센병 환자 한 명이라도 부처님을 믿었으면 좋겠다는 생각을 한 것이다. 그런데 아무리 애를 써도 소용이 없자, 이런 생각까지 들었다.

'아, 이분들이 내가 건강하니까 내 말을 못 알아듣는구나. 그래서 내 진심을 몰라주는 거야. 내가 한센병 환자가 되면 내 진심을 알아주지 않을까?'

나는 내가 그들과 같은 한센병 환자가 된다면 내 말을 들어줄 거라 믿었다. 나는 한센병 환자가 되고 싶은 마음에 눈썹부터 밀었다.

한센병에 걸렸을 때 처음 나타나는 변화는 눈썹이 빠지는 것이다. 나는 눈썹을 밀고 나서 한센병 환자들을 만나러 갔다. 이제 그들이 내 마음도 알아주고 나를 동정해주리라 기대했다.

"제가 건강하니까 제 말을 못 알아들으시는 거죠? 그렇다면 저도 문둥이가 될게요. 보세요! 저도 눈썹이 없잖아요. 그러니 제발 부처 믿으세요!"

하지만 내 예상은 완전히 빗나갔다.

"쯧쯧, 젊은 사람이 왜 저럴까? 그러지 말고 예수 믿어."

그래도 나는 그 말을 흘려듣고 눈썹을 두 번이나 더 밀었다. 눈썹은 한번 밀면 6개월이 지나야 겨우 제모습을 찾는다.

그 방법도 통하지 않자, 이번에는 그들의 침을 핥아먹어 보았다. 침에 나병균이 가장 많다는 말을 들었기 때문이다.

하지만 나병에 걸리는 것도 마음먹은 대로 되는 일이 아니었다. 결국 나중에는 이런 탄식이 절로 나왔다.

'나는 왜 문둥이가 아닐까?'

부처를 전하려는 내 모든 공로는 결국 헛된 것으로 끝나고 마는가? 내가 그들 앞에서 애를 쓰면 쓸수록 그들은 나를 더 안쓰럽게 쳐다보기만 했다. 내가 무슨 말을 하고 무슨 짓을 해도 아랑곳하지 않고 이런 말만 되풀이했다.

"그러지 말고 예수님 믿어. 예수 믿으면 행복할 텐데…."

"그럼! 예수 믿고 이 땅에서도 행복하게 살아야지. 예수 믿고 천국도 가야 하고….”

그 분들은 ‘예수’라는 분을 정말 사모하는 것 같았다. 내가 부처를 전하려는 열심, 그 이상이었다. 나는 정상인의 몸으로 그들에게 부처를 전했지만, 그들은 병자의 몸으로 나에게 예수를 전하니, 그것을 어떻게 비교할 수 있겠는가?

예수 믿으면 행복하다는데

돌이켜보면 그때 나의 무수한 노력들이 철저한 휴머니즘이었다는 생각이 든다. 내가 ‘문둥이’가 아닌 것이 너무 미안해서 그들과 같은 병에 걸려서라도 부처님을 믿게 하고 싶었기 때문이다.

그런데 내가 예수를 믿고 보니, 예수님을 믿지 못하게 막는 원수는 다름 아닌 인간의 휴머니즘이라는 사실을 알게 되었다. 예수 없는 인간의 열심이 예수를 믿지 못하도록 가로막는 가장 큰 적(敵)인 것이다.

하나님께서는 우리가 하나님만 의지하기를 원하신다. 그런데 우리는 우리의 인간적인 열심, 곧 내 의(義)를 더 드러내려고 한다. 이른바 종교적인 열심이다. 사실 예수를 믿는다는 사람들 중에도 행위 중심과 자기 방법으로 종교 생활을 하려는 종교인들이 많다. 예수를 믿는다고 하지만 예수는 사라지고 사람의 열심이 그 중심을 차지하는 것이다. 즉, 믿음으로 신앙생활을 하는 것이 아니라 행위로 신앙생활을 한다. 나 역시 종교인으로서 그런 열심을 냈던 것 같다.

그러나 기독교인도 그 속에 진정한 예수가 없으면 하나의 휴머니즘으로 끝날 위험이 있다. 물론 우리는 가난하고 소외된 사람들을 종교적인 이유로 열심히 구제하고 도울 수 있지만, 이런 것들은 예수 없이 내 의지로 하는 것일 수 있다. 내가 철저히 그렇게 살아보았기 때문에 안다.

나는 한센병 환자들에게 부처님을 믿게 하고 싶어서 할 수 있는 모든 일을 다 해보았다. 그들이 내 마음을 몰라주니 더 철저하게 휴머니즘으로 간 것이다. 나는 훗날 복음을 받아들이고 난 후 이런 것들에 대해 명쾌하게 깨달을 수 있었다.

그러나 그때는 아무리 생각해도 이해할 수 없어서 나는 결국 이렇게 물었다.

"그래요, 좋아요. 예수 믿으면 행복하다는 말도 좋다고요. 그런데 솔직히 한센병 환자가 예수 믿어서 행복하다는 말은 도무지 이해가 안 되거든요! 그게 어떻게 행복한 거예요?"

할아버지와 할머니들은 빙그레 웃으며 이렇게 답하셨다.

"그건, 우리는 영원히 살기 때문이지."

"우리가 문둥이가 되었기 때문에 예수님을 믿을 수 있었어. 문둥이가 아니었다면 한평생 멋모르고 살다가 지옥에 갈 수도 있었을 텐데…. 하나님이 우리를 문둥이로 만들어주셔서 이제는 예수 믿고 영생을 얻었으니, 살아도 천국을 살고 죽어서도 천국에 갈 수 있어. 그러니 우리는 지금 행복해."

"그러니까 학생도 예수 믿어. 예수 믿어야 행복해지지."

'전생에 당신들이 지은 죄로 인해 이생에 문둥이라는 과업(課業)을 받았다'는 부처님의 법문을 설법하는 내 입술이 점점 닫히기 시작했다. 그리고 내 속에 이런 화두가 새롭게 생겨나기 시작했다.

'나를 더 불쌍히 여기는 그들의 배짱은 도대체 무엇인가? 예수 믿으면 행복하다는데, 그 예수는 도대체 누구란 말인가?'

3장

소록도 법당에 비친
'해보다 더 밝은 빛'

갑자기 염불이 멈추다

1988년 3월 2일, 나는 결코 그날을 잊을 수 없다. 틈만 나면 소록
도에 가던 나는, 그날도 소록도 법당에 있었다. 내가 아무리 부처를
전해도 예수 믿는 한센병 환자들은 꿈쩍도 하지 않았지만, 나는 절
대로 포기할 수 없었다.

그날도 평소처럼 새벽 4시에 일어났다. 그때는 신기하게도 그 시
간이면 눈이 떠졌다. 법당에 나가 가부좌를 틀고 30분간 좌선을 한
다음 목탁을 치며 염불을 했다. 그런데 갑자기 염불이 되지 않고 엉
뚱한 말이 입안을 맴돌았다.

"며칠 후 며칠 후… (딱딱딱딱) 며칠 후 며칠 후… (딱딱딱딱) 요단강
건너가… (딱딱딱딱)."

나는 화들짝 놀랐다. 이게 도대체 무슨 소리란 말인가? 처음에는

'내가 멸치가 먹고 싶나?' 하는 생각까지 들었다. 그만 하려고 해도 도저히 멈출 수가 없었다.

그러다 곧 이 소리를 어디에서 들었는지 기억이 났다.

'아, 장례식 때 들었던 찬송가다!'

나는 기가 막혀서 어쩔 줄 몰랐다. 그것은 며칠 전 화장터에서 들었던 기독교인들의 찬송가 가사였다.

따져보면 며칠 전에만 들었던 것이 아니다. 지난 7년간 소록도를 드나들 때마다, 특히 소록도에서 열린 장례식 때마다 수도 없이 들었던 찬송가 〈해보다 더 밝은 저 천국〉의 후렴구였다.

해보다 더 밝은 저 천국 믿음만 가지고 가겠네
믿는 자 위하여 있을 곳 우리 주 예비해두셨네
며칠 후 며칠 후 요단강 건너가 만나리
며칠 후 며칠 후 요단강 건너가 만나리

(새찬송가 606장 1절)

하지만 아무리 그렇다 해도 염불을 해야 할 땡중의 입에서 어떻게 찬송가가 터져 나올 수 있는가? 어찌 이럴 수 있는가 말이다!

혀는 제멋대로 돌아가는 것 같았고, "며칠 후 며칠 후" 하다가 뜻 모를 소리까지 외쳐댔다. 생각해보면 그때 방언이 터진 것이었다.

거의 한 시간이 넘도록 목탁을 내려놓고 법당을 뒹굴었다. 정신을

———— 복음에 빚진 사람

차려보니 얼굴이 콧물과 침으로 범벅이 되어 엉망이었다. 기억나는 것은 오직 "며칠 후 며칠 후"라는 찬송가 가사뿐이었다.

예수 믿는 자들을 잡으러 다메섹으로 가는 길에 예수를 만나 눈이 멀었던 사울처럼(행 9:1-9), 그때의 나도 성령에 온전히 휘감긴 것이다. 사울이 그 즉시 회개하고 복음을 전하는 사람으로 변했던 것처럼, 나도 그 순간 성령의 임재 가운데 찬송가 후렴구를 반복하며 방언을 하면서 크게 변화되는 체험을 했다.

그것은 온전히 내가 한 것이 아니요, 성령님이 나를 찾아와주신 사건이었다. 그것은 어떤 말이나 이론으로도 설명할 수 없는 체험이었다. 나는 너무나 당황스러웠다.

요단강 건너면 무엇이 있기에

1980년대만 하더라도 소록도에 4천여 명이 살았는데 지금은 630명 정도가 남아 있다고 한다. 잘사는 나라에는 한센병 환자가 없다고 하는데, 이제 한국도 잘살게 되어 한센병에 걸리는 사람이 없다. 그러니 소록도에 남아 있는 사람들만 차례로 죽어가는 것이다.

내가 처음 소록도를 드나들던 무렵만 해도 소록도에서는 하루가 멀다 하고 사람들이 죽어갔다. 어제 장례를 치렀는데 다음날 또 누가 돌아가셨다는 소식을 듣곤 했다.

사람이 죽으면 장례식을 치른다. 장례식은 인생이 끝난 것을 슬퍼하고 애도를 표하는 행위이다. 그런데 소록도에서는 장례식을 '환송식'이라 부른다. 하나의 의식이라기보다 오히려 축제에 가깝다. 그들에게 죽음이란 기쁨이자, 완전한 축제이다. 그들의 장례식에 가보면 뭐가 그리 기쁜지 매우 기쁘게 찬양을 한다.

게다가 소록도의 기독교인들은 장례식에 올 때마다 서로 경쟁하듯이 "왜 네가 먼저 죽느냐? 내가 더 빨리 죽어야 되는데…" 하면서 웃으며 인사를 했다. 먼저 죽은 사람 때문에 슬퍼하는 것이 아니라 오히려 부러워했다. 그리고 문제의 찬송가 〈해보다 더 밝은 저 천국〉을 불렀다. 그것도 슬퍼하면서 부르는 것이 아니라 대중가요를 부르는 것처럼 즐겁게 불렀다. 큰소리로 여러 번 반복해서 불렀다.

나는 그 노릇을 그저 신기하게 바라보았다. 사람이 죽으면 슬퍼해야 하는데 어떻게 기뻐할 수가 있는가? 그리고 요단강 건너가면 도대체 무엇이 있기에 며칠 후 만나겠다는 말인가? 며칠 후 요단강 건너에 무엇이 있기에…. 그런데 바로 그 "며칠 후"라는 후렴구가 내 귀에 인이 박힌 모양이다.

기뻐하는 죽음도 있다!

소록도에는 무덤이 없다. 한센병 환자가 죽으면 균 때문에 하루 만에 화장을 하고 만령당(萬靈堂)이라는 곳에 위패를 모신다. 나는 주로 만령당에 가서 죽은 영혼들의 혼을 달래는 일을 했다. 그리고 누가 죽었다고 하면 먼저 화장터로 달려가 그 사람을 위해 천도재(薦度齋)를 지내주었다.

원불교에서는 이 땅에 남은 후손이나 친지들이 공을 들인 정도에 따라 죽은 이의 영이 어디로 가느냐가 결정된다고 믿는다. 나는 당시 사람이 죽고 나면 49재를 잘 드리는 것이 전부인 줄 알았다. 죽은 영혼을 위해 잘 연보(捐補)하면 그간에 지은 죄들이 삭감되어 영혼이 좀 더 좋은 곳으로 간다고 믿었다.

한센병 환자로 죽었는데 그냥 이대로 죽게 내버려두면 다음 생에 또 한센병 환자가 된다고 생각했다. 그래서 내가 한센병 환자들을 위해 천도재를 잘 지내주면 다시 한센병 환자로 태어나지 않고 좀 더 좋은 길로 태어날 수 있으리라 기대했다. 나는 그런 불심을 가지고 천도재를 지내주었다.

천도재는 굉장히 슬픈 마음으로 지내는 것이다. 그런데 소록도의 장례식에는 기쁜 분위기가 흘렀다. 특히 찬송가를 부를 때는 더했다. 나는 장례식이 있다고 하면 천도재를 지내기 위해, 그들이 부르든 말든 목탁을 들고 장례식에 참석했다. 그들이 찬송가를 부를 때면 이에 질세라 더 크게 목탁을 쳤다. 그들의 죽은 영혼이라도 다시 부처님을 만나라고 열심히 49일 동안 재를 올렸다.

그러나 오히려 내가 그 찬송가에 휘감기고 붙들리고 말았다. 어쩌면 목탁 소리로 그 찬송가의 박자를 맞춰주고 있었는지도 모른다. 그러다 법당에서 염불 대신 찬송가를 부르게 되었다.

'세상에는 죽음을 기뻐하는 사람도 있구나.'

이것은 나에게 실로 큰 쇼크였다.

대부분의 사람들은 죽음을 슬퍼한다. 그런데 이분들은 장례를 슬퍼하는 것이 아니라 축제로 여겼다. 따라서 울지 않고 기쁨으로 환송했다. 이전의 나로서는 전혀 생각하지 못한 개념이었다.

나도 예수를 믿고 나서야 소록도가 이 땅에서 죽음을 경주하는 사람들이 있는 곳이라는 사실을 이해하게 되었다. 어서 빨리 하나님 곁에 가고 싶어 몸부림치는 사람들의 공동체였다. 이렇게 죽음을 축제처럼 기다리는 자들은 죽음 자체를 기뻐할 수밖에 없다.

해답을 찾아나서다

한센병은 보통 7년의 잠복기를 거쳐 증상이 나타난다고 한다. 그런데 나는 7년이 지나 한센병에 걸린 것이 아니라 성령님께 사로잡혔다. 내가 소록도에 간 지 7년 만에 성령님이 법당에 있던 나를 찾아오신 것이다! 타이밍 한번 참 절묘하다.

이른바 성령체험이라는 것을 했지만, 나는 어찌된 영문인지 몰라서 한참을 고민했다. 그러다 고등학교 때 국어 담당이셨던 기독교인 선생님 한 분이 떠올랐다. 원광대학교 근처 재활의 집에서 척추 장애를 앓고 있는 사람들에게 잠자리를 마련해주고 계신 이병창 선생님이셨다. 선생님과 나는 종교는 달랐지만 '장애인'이라는 공통분모가 있어서 내가 재활의 집에 자주 들르곤 했다. 이해할 수 없는 체험을 한 나는 선생님을 찾아가 상담을 했다.

선생님은 내 이야기를 찬찬히 들으시더니 내 손에 성경을 꼭 쥐여주며 말씀하셨다.

"감사하게도 성령 하나님이 너를 직접 찾아오신 모양이구나. 이 성경이 하나님을 잘 설명해주고 있으니, 처음에는 좀 이해가 안 되더라도 꾸준히 읽어보렴."

나는 그때부터 법당에서 성경을 보기 시작했다. 어차피 이제는 그렇게 잘 외우던 염불도 안 되니 달리 할 일도 없었다. 게다가 원불교 교도가 한 명도 없는 소록도 법당에 찾아올 사람도 없었다.

성경을 창세기부터 읽었다. 하지만 무슨 말인지 도무지 이해되지 않았다. 신약성경으로 넘어와 며칠을 읽다가 요한복음에 이르렀다.

태초에 말씀이 계시니라 이 말씀이 하나님과 함께 계셨으니 이 말씀은 곧 하나님이시니라 그가 태초에 하나님과 함께 계셨고 만물이 그로 말미암아 지은 바 되었으니 지은 것이 하나도 그가 없이는 된 것이 없느니라 그 안에 생명이 있었으니 이 생명은 사람들의 빛이라 빛이 어둠에 비치되 어둠이 깨닫지 못하더라 _요 1:1-5

말씀이 육신이 되어 우리 가운데 거하시매 우리가 그의 영광을 보니 아버지의 독생자의 영광이요 은혜와 진리가 충만하더라 _요 1:14

그 빛이 내게도 비쳤다! 요한복음 첫 장에서 빛을 발견한 것이다. 태초에 하나님의 말씀이 있었는데, 말씀이 하나님과 함께 있었고,

그 말씀이 곧 하나님이라는 것이다. 그런데 그 말씀이 육신이 되어 우리 가운데 거하는 하나님이라고 한다. 다시 말해 말씀이 하나님이고 그 말씀이 육신이 되어 이 땅에 왔다는 뜻이다. 그 예수님의 영광을 바라보니 아버지의 독생자의 영광이요 은혜와 진리가 충만하더라는 것이다. 마치 뭔가 돌고 도는 것 같은 이 진리에 대한 말씀이 나에게는 불교의 진리처럼 익숙하게 받아들여졌다.

이상하게 들리겠지만, 처음 본 요한복음의 이 말씀이 논리적인 구조로만 볼 때, 그때 내게는 꼭 불교의 윤회설과 비슷하게 느껴졌다. 나중에 신학을 공부하며 알게 된 사실이지만, 요한복음을 쓴 요한이 동양의 철학적 관점에서 헬라 철학에 익숙한 사람들을 위해 복음서를 썼기 때문에 불교에 익숙했던 내 눈에도 이해하기 쉽게 다가왔던 것이다. 마치 요한복음이 살아 움직이는 것 같았다.

성경, 거룩한 거울

나는 요한복음을 읽으면서 특별히 '성경'이라는 두 글자가 섬광처럼 '거울'이라는 의미로 다가왔다.

어느 날 성경을 읽다가 눈앞에 성경이라는 커다란 글자가 한문으로 보였다. 내가 아무리 눈을 질끈 감았다가 다시 떠봐도 성경이라는 글자에서 거울 '경'(鏡)자가 계속 어른거렸다. 성경(聖經)을 한문으로 해석하면 거룩한 책 혹은 거룩한 글씨이지만, 그날 나는 성경이 '거룩한 거울'이라는 깨달음을 얻었다.

'아, 이것이구나. 성경은 단순한 글씨가 아니라 하나님의 마음을 비추는 거울이구나!'

사람은 다른 사람의 얼굴은 볼 수 있지만 자기 자신의 얼굴은 볼 수가 없다. 그래서 자기 얼굴을 보려고 만든 것이 거울이다. 거울을 보는 것은 그 누구의 얼굴을 보려는 것이 아니라 바로 내 얼굴을 보려는 것이다. 성경도 마찬가지다. 나의 참 모습을 보기 위해 성경을 봐야 한다.

동물이 자기 얼굴을 보려고 거울을 본다는 소리를 들어보았는가? 오직 사람만 거울을 본다. 그것도 하루에 몇 번씩 들여다보고 얼굴을 살피고 자신의 옷매무새를 다듬는다. 그런데 외적인 얼굴을 보는 거울만 있는 것이 아니다. 내면세계와 영혼을 바라볼 수 있는 거울이 있다. 거울 중의 거울! 거룩한 거울! 성경이 있다!

성경은 하나님께서 만드신 거울이다. 성경 속 인물과 사건을 통해 지금의 나를 보라고 만들어주신 참 거울이다. 성경은 단순한 책이 아니다. 따라서 성경은 읽는 것이 아니라 보아야 한다고 생각한다. 성경을 '읽는 글'에서 '보는 거울'로 삼아야 한다. 그렇지 않고 성경을 단순히 연구 대상으로 읽을 때는 한낱 문서요 책에 불과하다. 그것은 생명이 아니다. 우리는 성경을 통해 생명이신 예수를, 그리고 나를 발견해야 한다.

성경이 거울과 같아서 성경을 통해 나를 보게 되는 것이다. 하지만 성경에서 내가 아닌 다른 사람을 보면 율법적인 바리새인이 된다. 그래서 나는 성경을 거울처럼 보기로 했다. 그렇게 하나님의 말씀을 거울로 보기 시작하니까 죽은 나사로도 나였고, 소경된 자도 나였고, 문둥병자도 나였다. 전부 '나'로 보였다. 그것은 내게 복음이었다.

이 생명의 거울에 비친 내 모습을 처음 볼 때의 놀라움은 말로 다 설명하기 어렵다. 이런 성경이 내 손에 있음이 일체의 은혜요 감사일 따름이다. 살면서 이런 거울을 가지고 나를 들여다보게 된 것이 얼마나 큰 축복인지 모른다.

영적 소경이 눈을 뜨다

특히 요한복음 9장에는 날 때부터 맹인이었던 사람이 눈을 뜨게 된 기사(記事)가 나온다. 안식일에 예수님이 맹인에게 실로암 연못에 가서 씻으라고 했을 때 그의 눈이 밝아졌다. 그러자 사람들이 엄청난 관심을 보이며 그가 어떻게 보게 되었는지를 물어보았다. 게다가 그들은 예수님이 안식일을 범했다는 꼬투리를 잡으려고 혈안이었다. 자식이 눈뜨기를 간절히 원했을 부모조차 자신들이 출교를 당할까봐 몸을 사렸다.

이런 상황에서도 눈을 뜨게 된 맹인이 담대하게 말한다.

창세 이후로 맹인으로 난 자의 눈을 뜨게 하였다 함을 듣지 못하였으니 이 사람이 하나님께로부터 오지 아니하였으면 아무 일도 할 수 없으리

이다 _요 9:32,33

그 후, 맹인이었던 사람은 예수님을 만나 인자(人子)를 믿는다고 절하며 고백한다.

주여 내가 믿나이다 하고 절하는지라 _요 9:38

이 본문을 묵상하다가 내 안에 뜨거운 것이 올라왔다.

'그렇구나, 이게 내 모습이구나. 영적 소경으로 살던 나를 눈뜨게 하신 분은 바로 예수님이시구나. 그분이 바로 그리스도이시구나. 예수는 그리스도, 살아 계신 하나님의 아들이시다.'

나는 그 순간 '예수는 그리스도시요 살아 계신 하나님의 아들'임을 뜨겁게 고백했다.

사회에서 출교를 당할 수 있는 상황에서도 예수님이 하신 일을 당당히 고백했던 맹인처럼, 나도 영적(靈的) 맹인이었던 나를 눈뜨게 해주신 분을 담대히 증거하겠다고 다짐했다. 예수님 때문에 내 영적인 눈이 떠졌으니까!

4장

죽음도 두려움도 이겨내는
복음의 능력

시간의 주인

몸에 이상 신호가 감지되어 병원에서 검진을 받았는데 의사가 이런 검사 결과를 전했다고 하자.

"한 달을 넘기지 못할 것 같습니다."

병에 걸린 사람이든 아니든 인생에서 마지막 한 달은 누구에게나 찾아온다. 다만 그 시간이 언제일지 모를 뿐이다. 그런데 병원에서 시한부 선고를 받은 사람이라면 어떨까. 딱 1개월 연장 조건으로 그 시간을 살 수 있을까.

물론 시간은 사고팔거나 교환할 수 있는 것이 아니다. 그러나 만약 당신이 시한부 환자이고 시간을 사는 게 가능하다면 어떻게 할 것인가? 비싼 값을 치르고라도 마지막 한 달의 시간을 사려 할까? 그렇다면 생애 마지막 한 달의 시간과 지금 살고 있는 한 달의 시간

중에 어느 것이 더 소중할까?

내가 중학교 2학년 때 〈스잔나〉라는 영화를 학교에서 단체 관람한 적이 있다. 뇌종양에 걸린 주인공 소녀가 뒷마당에 있는 은행나무 잎이 다 떨어지면 죽는다는 내용이었다. 시한부 인생을 사는 주인공 스잔나가 '나뭇잎이 언제 다 떨어지나' 하면서 죽음을 기다리는 모습이 퍽 인상 깊었다. 자신의 죽음을 기다리면서 아름답게 살아가는 주인공의 삶이 어린 나에게는 큰 도전이 되었다. 심지어 '나도 암에 걸렸으면 좋겠다'는 철없는 생각을 하기도 했다.

나는 그 영화를 떠올릴 때마다 '자기가 죽을 때를 알고 사는 사람에게 살아 있는 시간은 얼마나 값질까?' 하는 상상을 한다.

세상 사람들은 시간을 경영한다든지 시간 관리가 중요하다는 말을 많이 한다. 하지만 시간에는 더 중요한 것이 있다. 이 땅에서 주어진 시간에 할 수 있는 최고의 가치 있는 일은 예수를 구주로 받아들이는 것이다. 그런데 하나님께서는 하루가 천년 같고 천년이 하루 같다고 하셨고, 예수님은 아브라함이 있기 전부터 있었다고 말씀하셨다. 우리의 시간과 하나님의 시간은 이렇게 개념이 다르다.

그렇다면 시간의 주인은 누구일까? 지금 나에게 주어진 시간은 어떤 시간일까? 내게 주어진 이 시간은 누구의 시간일까?

죽음을 미리 알 수는 없을까?

내 어머니는 남원 원불교의 살림을 거의 도맡아 하다시피 하셨다.

꼭 여장부 같으셨다. 시골에서는 보통 명절 같은 때는 다른 집 장례에 찾아가지 않는다. 하지만 어머니는 때와 장소에 상관없이 장례를 치르는 사람들을 찾아가 위로하셨다. 내가 초등학교에 들어가기 전부터 어머니는 막내인 나를 초상집에 데리고 다니셨다. 그때 본 장례식장 풍경이 내 눈에 아직도 선하다. 어머니의 손에 붙들려 다니며 본 죽음은 대부분 슬프고 통곡하는 죽음이었다.

죽음은 그렇게 슬프고 애통하는 일이라고 생각하며 자랐는데, 영화 〈스잔나〉에서 죽음을 기다리며 하루하루를 소중하게 살아가는 한 소녀의 모습을 본 것이다. 그 영화를 보면서 나는 시간의 소중함을 생각했다. 나는 비록 시한부 인생을 통보받은 병자는 아니었지만, 나도 스잔나처럼 '죽음을 미리 알고 죽을 수는 없을까?' 하는 생각에 빠져들었다.

갑자기 주위 사람의 죽음을 겪게 되는 사람들은 놀라서 눈물을 보일 것이다. 하지만 죽을 때를 미리 안다면 그런 슬픔이 사라지지 않을까? 영화에 나오는 스잔나처럼 내가 언제 죽을지 알기만 한다면 죽음도 행복하게 받아들일 수 있지 않을까 생각했다. 그래서 나는 언제나 사형선고를 받은 사람처럼 살아야겠다고 마음먹었다. 어느 날 갑자기 아무 준비 없이 죽을 게 아니라 죽음을 기다리면서 살아가는 게 더 값지겠다고 생각한 것이다.

왜 나에게 이런 일이…

그렇게 죽음에 대해 생각하며 중학생 시절을 보내고 고등학생이 되었다. 내가 반장이던 고2 때, 반 친구 동생이 뇌염으로 갑자기 세상을 떠났다. 담임선생님께 부의금을 요청했지만 학교 학칙에 그런 조항은 없다고 말씀하셨다. 나는 교장 선생님을 찾아가 말씀드렸다.

"교장선생님의 역할이 무엇입니까? 학생 전체의 아버지가 아니십니까."

이렇게 당차게 말하며 부의금을 요청했지만 그마저 거절당했다. 나는 대신에 반 아이들을 설득해 50원씩 걷어 부의금을 모았다. 그리고 남원을 벗어나 지리산 가는 길목에 있던 친구네 집에 반 친구와 둘이서 문상을 갔다.

그런데 돌아오는 길에 예기치 않은 사고가 일어났다. 버스가 남원에 도착했다는 말에 곧장 내려서 타고 오던 버스 앞을 지나 길을 건넜다. 그런데 버스가 정차하고 있으니까 뒤따라오던 트럭이 그새를 못 참고 추월하다가 나를 미처 보지 못하고 그대로 들이받았다. 순간이었다. 다리도 부러지고 온몸에 성한 데가 거의 없었다. 다행히 시골 도로변의 도랑에 떨어져 목숨은 건졌지만, 아스팔트 도로 위에 떨어졌다면 그 자리에서 죽었을 거라고 입을 모았다.

나는 중상을 입어 남원 도립 병원에 한 달 정도 입원해 있었다. 그때 머릿속에 계속 맴도는 생각이 있었다.

'내가 왜 사고를 당해야 하나. 착한 일을 하고 오는 길이었는데….'

병원에 부모님이 아시는 원불교 교도들이 문병을 많이 왔다. 그분들은 하나같이 이런 말로 위로를 했다.

"네가 사고 난 건 다 정해진 업(業)이다. 그렇게 될 수밖에 없었던 업이란 말이다."

'정해진 업'이란 원불교에서 말하는 정업(定業)이다. 사람에게 정해진 어떤 것이 변하지 않고 불멸한다는 말인데, 나에게 이미 정해져 있는 업 보따리가 있다면 그것은 부처도 어떻게 할 수 없다는 뜻이다. 쉽게 말해 오늘 일어난 교통사고가 전생에 정해진 일이라면 피해갈 수 없다는 말이다. 그러니 너무 속상해 하거나 힘들어하지 말라며 나를 위로했다. 하지만 나는 그 말을 받아들이기가 어려웠다.

'내가 나쁜 일 하다 그렇게 된 것도 아니고, 친구 동생 조문을 다녀오다 교통사고를 당하는 게 왜 나의 정업이란 말인가?'

이 물음이 계속 떠나지 않았다.

그 사고 이후, 나는 고등학교 시절에 방황을 많이 했다. 사춘기를 굉장히 심하게 앓았다. 그러면서 엉뚱하게도 친구들에게 내가 가진 것을 나눠주기 시작했다. 집이 그래도 여유 있던 편이라 전에도 가끔 내 물건을 친구에게 주기도 했지만, 교통사고를 당한 후부터는 흔한 일이 되었다.

신발 없이 다니는 친구에게는 신발을 벗어주고, 철이 바뀌어도 새 옷을 사 입지 못하는 친구에게는 입고 있던 옷을 벗어주었다. 집에 돌아와서 잃어버렸다고 말하면 어머니는 다시 사주시곤 했다. 그러

　　　　　　　　　　　　———— 복음에 빚진 사람

다 친구들이 내가 준 옷을 입고 오거나 신발을 신고 우리 집에 놀러 올 때가 있었는데, 그럴 때면 어머니의 얼굴에는 당황스러운 표정이 역력하셨다.

나는 대학에 가서도 인과응보의 이치를 따라 열심히 선한 일의 씨앗을 뿌리는 선행을 하며 살았다. 이런 삶의 태도는 원불교의 교무가 되려고 노력한 나의 종교적 열심과 연결된 것 같다. 그래서 그런지 법당에서 목탁을 두드리고 있던 땡중에게 강권적으로 역사하신 하나님을 체험하고 나자 나의 영적인 정신세계는 극도의 혼돈 상태에 빠져들었다.

극심한 영적 공격

그동안 나는 나의 행위로 종교 생활을 해왔다. 그러나 기독교는 행위의 종교가 아니다. 그런 내가 예수를 믿게 되었다. 처음에는 예수를 믿는다는 사실이 너무 좋아서 매일 카세트테이프로 성경 말씀이나 찬송가를 듣고 다닐 정도였다. 하지만 그에 따른 영적인 공격도 심했다. 아마도 나의 기존 관념과 기독교의 가르침 사이에 심한 혼동을 일으킨 것 같다.

그런데도 하나님께서는 나를 계속해서 인도해가셨다. 그 무렵, 나는 성경공부를 하러 익산에서 서울 가는 고속버스를 자주 탔다. 그런데 그때마다 놀랍게도 버스 안에서 기독교 영화를 틀어주었다. 아브라함, 모세 등이 나오는 성경 인물 영화였다. 그런 일이 한두 번이 아니었다. 나는 하도 신기해서 운전기사에게 묻기까지 했다.

"저, 다른 영화는 없습니까?"

"미안하지만 이거 하나밖에 없습니다."

이런 대답이 돌아왔다.

나는 결국 모세, 아브라함, 야곱 이야기까지 성경의 주요 인물들의 이야기를 버스에서 다 보았다. 어떻게 그런 버스만 골라 탔는지는 알 수 없다. 지금 생각해 보면 내가 예수님을 믿을 수밖에 없도록 나를 강권적으로 몰아가셨던 것 같다. 안 그랬으면 나는 기독교인이 되는 것을 포기했을지도 모른다.

법당에서 하나님을 만나고 예수를 믿은 뒤, 처음 두 달 간의 영적 공격은 특히 심했다. 영적으로 눌리고 혼돈스러운 마음이 심해지면 옷을 입은 채로 오줌을 지릴 정도였다. 도무지 이해하기 어려운 일들이 많이 일어났다. 실제로 귀신이 눈에 보이는 날도 있었다.

내가 지금의 아내와 데이트를 할 때의 일이다. 아내는 전주에 살았고 나는 익산에 살았다. 익산에서 데이트를 한 후, 아는 분으로부터 중형차를 빌려 아내를 전주까지 데려다주었다. 그리고 돌아오는 길에 교통사고를 냈다.

조용히 운전을 하고 있는데 문득 백미러를 보니 뒷좌석에 누군가 앉아 있는 형상이 비쳤다. 아내를 데려다주고 혼자 운전하며 돌아오는 길이라 차 안에는 나 말고 아무도 없었다. 그런데 진짜 누군가 있는 것 같아 조심스레 돌아보니 정말 누군가 떡 하니 앉아 있었다!

복음에 빚진 사람

순간 두려움이 파도처럼 밀려오기 시작했다. 핸들을 꼭 붙들고 다시 고개를 돌려 앞만 보고 가는데, 이번에는 옆에 누군가 있는 느낌이 들었다. 이제는 아예 옆자리에 앉아버린 것이다. 나는 두려운 마음에 액셀만 계속 밟아댔다.

익산에서 전주를 오가는 길에 낭떠러지 위 커브 길이 있다. 정신이 혼미한 상태였던 나는 그 커브 길에서 핸들을 꺾지 못한 채 낭떠러지로 떨어지고 말았다. 자동차는 심하게 찌그러지고 차창 유리도 다 깨졌다. 그런데 신기하게도 내 몸은 한 군데도 상하지 않았다. 내가 자동차 주인에게 교통사고를 낸 것을 사과하며 양해를 구했는데, 그 분은 오히려 그렇게 큰 사고에 내가 하나도 안 다친 것에 놀라워하셨다.

나는 예수 믿지 말아야 하나?

이렇게 영적인 공격을 받으면서 '내가 진짜 예수를 믿어야 하나? 나 같은 사람은 예수를 믿지 말라는 말인가?'라는 생각에까지 이르렀다. 지금 생각해보니 영적인 세계에서 많이 헷갈렸던 것 같다. 물론 그때는 예수님을 믿은 지 얼마 되지 않을 때라 구원의 확신도 약했으니 더 힘들었을 것이다.

결국 일상생활에서는 나 자신을 감당하기가 어렵다는 판단이 들었다. 그래서 20대 중반을 넘긴 늦은 나이에 군 입대를 결정했다. 그동안 내가 주로 만나온 사람들은 다 원불교인이었다. 그래서 일종의

'분리'가 필요했다. 군대에는 내가 어떤 사람인지 아는 사람이 없으니 가능할 것 같았다.

그러나 사탄의 공격은 군대 막사에서도 쉬지 않았다. 한 달이 넘도록 잠만 자면 옷에 오줌을 지리거나 심지어 변까지 보는 일도 있었다. 그 정도로 무의식중에 극심한 공포에 시달렸다. 너무 무서웠다. 영적 세력은 내가 하나님께로 향하지 못하도록 끈질기게 붙잡는 것 같았다.

나는 영적인 공격이 심해질수록 미친 사람처럼 성경을 파고들었다. 파란색 군대용 포켓성경을 주머니에 넣고 5분간 휴식 시간마다 꺼내 읽었다. 그렇게 성경을 읽다 보니 차츰 두려움이 사라져갔다. 말씀이 내 속에 들어오니 밤에도 편히 잠들 수 있게 되었다.

그리고 틈만 나면 군대 동기들에게 나에게 찾아오신 하나님에 대해 나누었다. 나를 구원해주신 예수님 때문에 감사하는 마음이 커지자 복음을 전하고 싶다는 담대한 마음까지 생겼기 때문이다.

그렇게 영적 공격을 이겨내고 나니 원불교를 전하던 과거에 비해 180도 달라진 인생이 되었다. 이제는 부처를 전하는 땡중이 아니라 예수를 전하는 전도자가 된 것이다.

논산에서 신병 훈련을 받을 때, 내 나이는 동기들보다 많은 편이었다. 그런데 훈련을 얼마나 열심히 받았던지 1등으로 수료하고 사단장 상까지 받았다. 그렇게라도 어딘가에 몰두하지 않으면 견딜 수가 없었기 때문이다. 그 결과, 법무부 산하 교도소 병력으로 차출(差

出)이 되었다. 전국의 교도소에서 근무할 군인을 보내기 위해 선발하는 법무부 차출 병력 200명에 포함된 것이다.

그런데 곧바로 교도소에 간 것이 아니라 법무부에서 4주간 훈련을 더 받았다. 법무부 차출 병력은 복무 기간에 일반 군인처럼 총을 쏘며 전투 훈련을 할 기회가 없다. 그 대신 교도소 관련법을 공부하고, 사형을 집행할 때나 재소자를 호송하거나 난동을 부릴 때 제압하는 포승술 같은 것을 교육받아야 했다. 그래서 나처럼 신병 훈련 성적도 우수하고 태권도 유단자인 신병 중에서 선발했다.

그런데 법무부 훈련 기간에 10등 안에 들면 자기가 원하는 교도소를 선택할 수 있다는 말을 듣고 더 열심히 훈련을 받았다. 나는 그 어느 곳보다 소록도 교도소에 가고 싶었다. 노력한 보람으로 수료생 중 4등이 되어 지원서에 자신 있게 소록도 교도소에 가겠다고 썼다. 그러자 나를 훈련시킨 교도관이 나를 말렸다.

"너 미쳤냐? 거길 왜 지원하냐? 다들 피하려는 곳인데."

그런데 알고 보니 소록도 교도소에는 가고 싶어도 갈 수가 없었다. 한센병 환자들에게는 군인이 필요 없다고 했다. 그래서 소록도 대신 조직 폭력 5범 이상만 수감 되는 전주 교도소로 가게 되었다.

성경을 너무 읽고 싶어서

군인들은 특별한 상황만 아니라면 신앙 생활에 자유가 있다고 들었다. 그래서 군대에서 교회 가기가 어려울 거라는 생각은 미처 하지 못했다. 그런데 고참들은 주일이면 졸병들에게 근무를 세우고 자기들끼리 당구를 치러 가거나 일일 휴가를 가버리는 일이 많았다. 나 같은 졸병은 주일에 교회를 안 보내고 근무만 서게 했다. 물론 내게는 교도소도 군대이고 졸병이니까 당연한 일이었지만, 나는 간절히 교회에 가고 싶었다. 급기야 "교회에 가고 싶다!"고 난동을 부리다가 야전삽으로 척추와 엉덩이 꼬리뼈를 잘못 맞아서 항문이 벌어지는 큰 상처를 입기도 했다.

교회를 마음대로 가지 못하니 성경이라도 마음껏 읽고 싶었다. 그러나 성경을 읽을 시간도 많지는 않았다. 교도소 사방 모퉁이에 큰 망대가 있어서 보초를 서야 하는데 나는 혼자서 근무하는 기회를 이용해 성경을 읽곤 했다. 그러다 큰일을 내고 말았다.

야간 근무 때는 재소자의 탈옥을 감시하느라 망대에서 수시로 보고를 해야 한다. 예를 들면 "3초소 근무 중 이상 없습니다!"라고 순찰 중인 중대 본부 요원에게 보고하면 된다. 그런데 한번은 내가 망대에서 성경을 보다가 보고하는 시기를 놓쳐버렸다. 본부에서는 무슨 일이 벌어진 줄 알고 고참 두 명을 다급하게 망대로 올려 보냈다.

망대에 올라가려면 밑에서 열쇠로 철문을 열고 높은 철제 계단을 올라가야 한다. 보초를 서는 사람이 소총에 실탄을 장착하고 있어서 바깥에서 문을 잠그기 때문이다. 철문을 덜컹 열고 계단을 쾅쾅거리며 올라오면 굉장히 큰 소리가 난다. 그런데 고참 두 명이 뛰어올라올 때까지 나는 아무 소리도 듣지 못했다.

아무리 성경에 몰입했다고는 하지만 그 소리를 못 들었다는 건 지금 생각해도 이상한 일이다. 성경에 심취해서 근무보고 시간을 놓친 것까지는 이해가 되지만 그렇다고 졸고 있던 것도 아닌데… 아무튼 미친놈처럼 성경에 빠져 있다가 그날 고참들에게 죽도록 맞았다.

교도소에 세운 교회

비록 성경을 읽다 보초 근무에 문제를 일으키는 실수를 하기도 했지만, 나는 더욱더 담대하게 전도를 하고 열심히 신앙생활을 했다. 결국 중대 본부에 건의해 전주 교도소 안에 군인들이 모일 수 있는 교회를 세웠다. 교회라고 하기에는 무안할 정도로 작은 규모였다. 교도소 안에 있는 작은 사무실에서 예배를 드리는 것이 전부였지만, 예수 믿는다고 죽다시피 두들겨 맞던 내가 중심이 되어 재소자들을 모아 집회를 했다. 이제 재소자들을 지키는 군인들도 주일에 마음껏 예배를 드릴 수 있게 되었다. 지금도 그 교회가 전주 교도소에 있다는 말을 들었다.

교도소 안에는 기독교를 믿는 재소자들만 모아놓은 기독교 방이 따로 있었다. 그런 방에는 고참들이라면 자유롭게 다닐 수 있지만, 졸병 때는 엄두도 낼 수 없다. 졸병들은 근무시간에 통문이라는 교도소 문과 각종 출입구를 지켜야 했다. 그런데도 나는 기독교 방을 몰래 드나들며 먼저 예수를 믿은 재소자들로부터 찬송과 성경을 배웠다. 나에게 성경과 찬송가를 가르쳐준 사람은 다름 아닌 교도소 안에서 만난 재소자들이었다.

전주 교도소는 폭력 사범을 수용하는 곳이라 관리와 감독을 하는 방법이 조금 복잡했다. 깡패 조직마다 방이 따로 있어서 문을 별도로 열어줘야 했기 때문이다. 이쪽 깡패가 저쪽 깡패를 교도소 안에서 만날 경우 사고를 칠 우려가 있기 때문에 각각의 문을 지켜야 했다. 예를 들어 오후 2시 30분부터 2시 50분까지 A동의 재소자들이 햇빛을 보는 시간이라면 A동 문을 열어주고 B동 문은 다 닫아야 한다. A동과 B동에는 서로 다른 조직 출신의 재소자들이 있기 때문이다. 그런데 나는 재소자가 주기도문을 외워 오면 무작정 문을 열어주기도 했다. 그러니 교도소 간수나 고참 눈에는 완전히 미친놈으로 보였을 것이다.

또 사형선고를 받은 사람들의 독방에 몰래 찾아가 예수를 전했다. 하지만 예수를 안 믿는 사형수들은 나를 보면 자기 방 안에 받아둔 똥을 내 얼굴에 뿌려버리곤 했다. 그러면서 내 눈을 확 뽑아버리겠다는 험한 말로 나를 협박하기도 했다. 지나치게 강퍅해진 사람들은 복음을 받아들이지 못하는 것 같았다. 이렇게 교도소 안에서 우직하게 예수를 전하고 다니니 믿지 않던 고참들에게 많이 맞기도 했다.

훗날 내가 우즈베키스탄에서 선교할 때, KBS 1TV 〈한민족 리포트〉라는 다큐멘터리 방송에 나온 적이 있다. 그 방송을 본 군대 고참들이 내가 있는 곳을 수소문해 연락을 해왔다. 옛날에 교도소에 있을 때 예수 믿는다고 때려서 미안하다는 말을 가장 많이 들었다. 고

복음에 빚진 사람

참이라고는 하지만 다들 나보다 한참 어린 동생들이었다.

어떤 고참은 겸연쩍은지 이런 고백을 하기도 했다.

"저도 이제 예수 믿고 교회 다녀요. 그때 때려서 미안해요. 용서해 주십시오."

아주 특별한 세례

교도소에서 성경을 읽다가 예수님을 믿고 나면 세례를 받는다는 사실을 알게 되었다. 이제 나도 예수를 믿게 되었으니 세례부터 받아야겠다고 생각했다. 특히 사도행전 8장에서 빌립에게 복음을 듣고 세례를 받은 내시의 이야기는 내 마음을 강하게 자극했다.

> 빌립이 입을 열어 이 글에서 시작하여 예수를 가르쳐 복음을 전하니 길 가다가 물 있는 곳에 이르러 그 내시가 말하되 보라 물이 있으니 내가 세례를 받음에 무슨 거리낌이 있느냐 이에 명하여 수레를 멈추고 빌립 과 내시가 둘 다 물에 내려가 빌립이 세례를 베풀고 둘이 물에서 올라올 새 주의 영이 빌립을 이끌어간지라 내시는 기쁘게 길을 가므로 그를 다 시 보지 못하니라 _행 8:35-38

하지만 졸병 신세에 주일에 교회에도 가지 못하고 있을 때라 어떻게 세례를 받아야 할지 몰랐다. 하루는 교도소 제1통문에서 보초를 서고 있는데, 고참이 "오늘 목사님이 오실 테니 목사라고 신분을 밝히면 문을 열어드려라"라고 지시했다. 나는 '기회는 이때다!' 하고 속으로 쾌재를 불렀다.

잠시 후, 어떤 분이 자신을 목사라고 소개하면서 문을 열어달라고 했다. 그러나 나는 문을 열어줄 수 없다고 했다. 목사님이 당황해 하시며 내게 물으셨다.

"아니, 당신이 누군데 왜 문을 안 열어주죠? 나는 목사인데 오늘 기독교인 재소자들의 예배를 인도해야 해요! 오늘따라 왜 나를 막는 거죠?"

나는 태도를 바꾸어 목사님께 간청하기 시작했다. 거의 생떼에 가까웠다.

"사실은 제가 목사님을 막으려는 게 아닙니다. 제가 예수님을 믿는데 아직 세례를 못 받았거든요. 그러니 목사님께서 제게 세례를 베풀어주십시오. 세례를 해주겠다고 약속하시면 이 문을 열어드리겠습니다."

내 행동을 기특하게 여긴 그 목사님이 껄껄 웃으며 말씀하셨다.

"좋소. 보아하니 예수 믿은 지 얼마 되지 않은 것 같군요. 그런데 지금은 아무런 준비가 안 되었으니 다음번에 올 때 세례를 베풀어드리지요."

약속대로 목사님은 다음번 방문 때 나를 위해 특별한 세례를 베풀어주셨다. 그날의 감동은 결코 잊을 수 없다. 세례를 받을 때 성령의 강력한 기름부으심을 느낄 수 있었다.

훗날 내가 선교사가 되어 우즈벡에서 농아 교회 헌당 예배를 드릴 때, 교도소에서 내게 세례를 베풀어주신 이의정 목사님을 우즈벡으로 초청했다. 이 목사님이 축사를 하시면서 "이민교 선교사가 군대 교도소 근무 시절 나에게 세례를 받았는데 지금 이렇게 선교사가 되었습니다"라고 감회를 말씀해주셨다. 이의정 목사님은 그날 우즈벡의 교인들에게 세례도 베풀어주셨다. 그날 해주신 말씀을 여기에 옮겨본다.

저는 전주 교도소에서 30년 가까이 재소자 목회를 하고 있습니다. 그렇기 때문에 목사로서 교도소 출입은 제게 자유로운 일입니다. 그런데 어느 날 저의 출입을 방해하는 군인이 있었습니다. 제게 교도소 문을 열어주지 않는 것입니다. 그러면서 제게 "세례를 받고 싶다, 언제 세례를 줄 것인지 약속을 하면 문을 열어주겠다"라고 말했습니다. 이렇게 황당한 경우는 처음이었습니다. 그 후 저는 그를 위해 교도소에서 특별한 세례식을 준비했습니다. 그날 세례를 베풀었던 제가 성령님께 붙들린 상황을 여러분께 간증하는 것입니다. 세례 예식 때 임한 성령님의 강력한 임재에 제가 더 놀랐으니까요. 앞으로 더욱더 성령님께 쓰임 받는 이민교 선교사가 되기를 소망하면서 오늘 세례를 베푸는 이 자리에도 동일한 성령님의 임재가 있기를 기도합니다.

예수님만 사랑한다고 고백했던 베드로에게 예수님의 양을 먹일 뿐 아니라
예수 전하다 죽는 순교의 학위를 주셨다고 생각한다.
우리가 공부해서 박사 학위를 받을 수도 있지만,
순교의 학위를 받으려면 오직 예수님만 사랑한다고 고백해야 한다.

2부

내가 필요하시면,
내 전부를 드리리

5장

예수 전하다 잘 죽으라는
벅찬 부르심

수화가 맺어준 사랑

대학생 시절, 캠퍼스에 학생들이 드문 어느 토요일이었다. 나는 몇몇 친구들과 함께 수화 동아리를 알리는 플래카드를 학교 담벼락에 내걸고 있었다. 그런데 한 여학생이 다가와 대뜸 내게 물었다.

"아저씨, 저 수화 배워도 되나요?"

내가 나이가 들어보였는지 아저씨라고 불렀지만, 그런 건 상관이 없었다. 어려 보이는 학생이 수화에 관심이 있다는 것 자체가 기특했다.

마침 점심때가 가까워 내가 자장면을 사겠다고 제안했다. 중국집에서 자장면을 한 그릇씩 시켜놓고 내가 먼저 물었다.

"수화는 왜 배우고 싶어?"

"저는 약대생인데요. 앞으로 약국을 할 건데 혹시 농아들이 찾아오면 수화를 해야 할 것 같아서요."

그녀는 눈을 반짝이며 또랑또랑한 목소리로 말했다.

"얼마 전에 학생회관에서 사람들이 수화 찬양하는 것을 보았는데 감동이 밀려오더라고요."

그녀는 우연히 수화 찬양을 보고 큰 감동을 받았다고 했다. 그러다 "수화를 배웁시다!"라는 플래카드를 보고 내게 말을 걸게 된 것이었다.

물론 그녀는 수화 동아리에 들어왔고, 누구보다 열심히 봉사했다. 나는 그 모습에 반해 결혼까지 하게 되었다. 우리는 명실상부 '수화'가 맺어준 커플이었다. 아내는 대학을 졸업하자마자 전주에서 약국을 열었고, 나는 전북농아복지협회에서 수화 봉사를 했다. 우리는 마음이 잘 통했고, 신혼여행도 소록도로 갈 만큼 소록도를 사랑했다.

내가 전도사라고?

소록도 화장터 옆에 있는 구북리라는 동네에 갔을 때 일이다. 내가 한센병 환자들과 함께 있는데 간호사들이 환자들에게 약을 나눠주기 위해 그곳까지 찾아왔다. 그런데 나는 그 앞에서 어느 환자의 침이 흐른 것을 핥아주고 있었다. 그 광경을 목격하신 어떤 목사님이 나에게 이야기 좀 하자고 하셨다.

"예수 믿는 분입니까?"

"네, 여기 소록도에서 믿게 되었습니다."

그 목사님이 내 간증을 가만히 들으시고는 신학을 해서 사역자가 되면 어떻겠느냐고 권하셨다. 사실 나는 그때까지만 해도 내가 성경에 대해 얼마나 아는지 몰랐다. 혼자 성경을 읽고 묵상한 것이 전부였기 때문이다. 전혀 생각해보지 않았던 일이지만, 나는 결국 그 목사님의 안내로 대전에 있는 침례신학대학교 대학원의 목회학 석사 (M.Div.) 과정을 밟게 되었다.

그렇게 신학생이 되어 소록도를 다시 찾았을 때는 감회가 남달랐다. 그토록 원불교를 전하려고 소록도에 드나들던 내가 이제는 예수를 전하는 전도사가 되어 소록도를 찾은 것이다. 나는 특히 소록도 교도소에 있는 재소자들에게 예수를 전하고 싶었다. 내가 교도소에서 군대 생활을 해서 그런지 소록도 교도소가 더 마음이 쓰였다. 소록도에서도 더 낮고 소외된 곳, 더 많은 사랑이 필요한 곳이었다.

사람들은 소록도에 왜 교도소가 있는지 궁금해 한다. 지금은 소록도 교도소에 재소자들이 없지만, 그 당시만 해도 많았다. 갑자기 한센병에 걸리면 자포자기하는 마음으로 죄를 지어도 큰 죄를 짓기도 하기 때문이다. 그러다보니 30년 이상 복역하는 무기수들이 많았다. 그런 재소자들은 대개 예수를 믿지 않았다.

내가 교회 전도사로 사역할 때, 교인들을 데리고 소록도 교도소에 방문한 적이 있다. 그러자 그곳에 계신 분들이 "저 전도사는 옛날에는 부처 믿으라고 하더니 지금은 예수 믿으라고 한다. 웃기는 사람이다"라고 말해서 배꼽을 잡고 웃기도 했다.

어느 고려인과의 만남

1993년 여름, 나는 불현듯 러시아로 단기 선교를 떠났다. 아내는 약국을 잘 운영하고 나는 착실히 신학교를 다니고 있을 때였다. 그런데 그때 나의 희망은 오직 예수님이 다시 오시는 것뿐이었다. 땡중이 하루아침에 변하여 신학생이 되었으니 신앙적 열심이 정말 특심했던 것 같다. 더구나 그때만 해도 나는 소련이 무너지면 종말이 온다는 식으로 말하는 극단적인 종말론에 관심을 두고 있었다. 오직 주님이 다시 오실 것에 대비하려는 마음과 주님이 곧 오시면 내가 받을 상(賞)이 없다는 생각이 강렬했다.

그러던 차에 1991년, 정말 소련이 무너졌다. 그래서 러시아로 이름을 바꾼 그 땅에 한번 가보자는 생각으로 여름방학이 시작되자마자 모아둔 돈을 들고 모스크바에 갔다. 처음에는 길어야 2주를 예상했던 단기 선교였다.

나는 무작정 떠난 모스크바 도심의 아르밧 거리에서 그림을 그리고 있는 거리의 화가를 만났다. 그런데 그가 짧은 한국말로 "안녕하세요"라고 말을 건넸다. 그의 얼굴이 왠지 친근했다. 한국말을 어떻게 아느냐고 물으니, 자신의 할아버지 할머니에게 배웠다고 했다. 그는 우즈벡에서 온 고려인 3세였고, 고향에서 일자리를 구하지 못해 러시아에 온 것이었다. 무엇보다 러시아 땅에 나와 비슷한 외모를 가진 사람이 있다는 사실이 신기했다. 순간 가슴속에서 뜨거운 감정이 솟구쳐 올랐다.

'아, 이 땅에도 나와 얼굴이 비슷한 고려인이 있고, 독립운동을 했던 분들의 자녀들이 있구나.'

그런데 그가 좀 이상해 보였다. 얼굴이 창백한 데다 기침을 쉴 새 없이 해댔다. 알고 보니 그는 결핵을 앓고 있었다. 나는 그를 모른 척할 수가 없었다. 그가 결핵 환자가 아니었다면 그저 우연한 만남으로 끝났을지도 모른다. 아마 러시아에 그렇게 오래 있지도 않았을 것이다.

그는 발 디딜 틈 없는 곳에서 거리의 화가들과 지내고 있었다. 나는 근처에 방을 하나 구해 그를 데리고 나와 같이 지냈다. 결핵은 약을 잘 먹고 잘 쉬면 낫는 병이니, 무엇보다 잘 먹이고 편히 쉴 수 있게 해주었다. 그리고 고려인의 후예인 것을 잊지 말라고 태권도와 한국말도 가르쳐주었다. 나는 그가 다 알아 듣지 못해도 시시때때로 한국말로 기도해주었다.

그의 이름은 김블라지미르였다. 함께 지내다 보니 내 이름이 '민교'니까 서로 형제가 되자는 뜻으로 교자 돌림을 써서 '순교'라고 불렀다. 그래서 나는 지금도 그를 순교라고 부른다.

"네 이름은 이제 김순교다. 예수 전하다 잘 죽자!"

문화 충격

처음 러시아에 갔을 때 밤이 되어도 해가 지지 않는 백야(白夜)를 만났다. 밤 12시에도 밖이 대낮처럼 환했다. 나에게는 굉장히 큰 충격이었다. 해가 뜨는 밝은 아침으로 시작해 해가 져서 어두워지는 저녁으로만 하루를 생각했던 시골 촌놈으로서는 어두워야 할 시간에 대낮처럼 환한 게 적응이 되지 않았다.

내가 순교에게 복음을 전한 후, 그와 다니며 사람들에게 복음을 전했다. 순교가 길에서 사람들의 초상화를 그리면, 그동안 나는 그 사람들을 전도했다. 그 사이에 저녁이 되었다. 아직 날은 환했지만, 출출해진 나는 순교에게 말했다.

"우리 이제 밥 먹으러 가자. 내가 밥 사줄게."

내 말에 순교가 아이처럼 좋아했다. 그러더니 자기는 집에 다녀와야겠다고 했다. 오히려 내게 어떻게 이런 옷차림으로 레스토랑에 갈 수 있냐고 반문했다.

나는 '옷차림이 뭐 그리 중요해? 지금 배고픈데 그냥 밥 먹으면 되지'라고 생각했지만 순교는 달랐다. 순교는 정말 멋지게 차려입고 나왔다. 레스토랑에 가는 것이 예배드리러 가는 개념 이상인 것 같았다. 이것은 하나의 '문화 충격'이었다.

러시아 사람들이 음악과 예술을 좋아한다는 얘기는 익히 들었다. 그런데 그들이 문화를 즐기는 정도와 수준은 나의 상상을 뛰어넘는 것이었다. 러시아 사람들은 돈이 생기면 빵부터 사는 것이 아니라 꽃을 산다는 말을 할 정도였다. 경제적으로 여유가 없는 집이라도 음악회와 발레 공연을 즐기는 나라이다. 내가 운동만 해서 그런지 문화 예술에 관심이 적은데, 처음에 이들의 생활 패턴에 충격을 많이 받았다.

그래서 나는 가끔 이런 이야기를 농담처럼 한다.

"우리가 이 땅에서 개떡같이 살다가 천국에 가면 다 문화 충격을 느껴서 다시 지옥으로 내려갈 것 같다."

우리가 이 땅에서 잘 살려면 올바른 천국 개념이 필요하다. 공간 개념의 천국, 즉 우리가 구원 받아 가는 '하늘나라'의 개념만이 아니라 지금 이 땅에서도 하나님나라가 임해야 한다는 것이다. 우리는 이 땅에서도 천국을 살아야 한다. 나중에 그 나라에 가서 문화 충격과 이질감을 느낀다면 어떻게 하겠는가.

하나님이 일하신다

순교와 지낸 지 6개월 만에 순교의 결핵이 말끔히 나았다. 몸을 어느 정도 추스리자 순교는 고향으로 돌아가겠다고 했다. 나는 순교를 그의 고향 우즈베키스탄 타슈켄트까지 데려다주기로 했다. 러시아 레닌그라드에서 타슈켄트까지는 기차로 꼬박 3박 4일이 걸리는 긴 여정이었다. 가는 동안 우리는 꼭 붙어 앉아 많은 이야기를 나눴다. 그리고 이별을 아쉬워하며 다시 만날 날을 기약했다.

그 시절, 나는 하나님을 깊이 만났다. 가족과 떨어져서 혼자 지내니 하나님과 홀로 대면하는 시간이 많았다. 말씀을 실컷 읽고 전도에 힘쓰고 기도도 원없이 했다. 하나님께서 나를 계속 격려해주시는 것을 느꼈다. 나는 이 길이 하나님이 원하시는 일이라고 확신했다.

벅찬 마음에 하나님을 위해서라면 앞으로 어떤 일이든 할 수 있을 것만 같았다.

이때 하나님이 내게 주신 말씀이 있다.

> 너희는 가만히 있어 내가 하나님 됨을 알지어다 내가 뭇 나라 중에서 높임을 받으리라 내가 세계 중에서 높임을 받으리라 _시 46:10

뭔가 해보려는 내 마음을 하나님이 보신 것 같다. 하나님께서는 우리에게 잠깐이라도 가만히 있으라고 말씀하신다. 내가 뭔가 하려고 하는 것을 말리신다. 사울이 예수님을 만나 바울이 될 때까지 광야에서 홀로 지낸 것처럼 6개월이 짧다면 짧은 시간이었지만, '하나님이 나를 통해 일하시는 것이 이런 것이구나' 하는 것을 조금이나마 느낄 수 있었다.

물론 아내와 어린 딸에게는 더없이 미안했다. 잠시 단기 선교를 다녀온다고 해놓고 6개월을 머물러버렸으니까. 하지만 이 시간이 있었기 때문에 나중에 선교사로 헌신했을 때에도 가족을 두고 먼저 나설 수 있었던 것 같다.

선교의 소명

한국에 돌아와 신학교를 마치고, 전라남도 여수에 있는 은현교회에서 3년간 전도사로 사역했다. 담임목사님은 내게 중등부를 맡기셨는데, 내 특기인 축구를 하면서 아이들과 어울리다보니 20명도 안 되던 인원이 3년 만에 200여 명으로 부흥했다.

하지만 나는 러시아에서 받은 선교에 대한 소명을 잊을 수 없었다. 속히 선교를 떠나고픈 마음뿐이었다. 그러나 나를 지지해주는 사람은 거의 없었다. 목사님은 나에게 부목사로 남아 있으라고 하셨지만, 결국 세 번이나 뿌리치고 교회를 나왔다.

지금 생각해보면 목사님의 말씀이 백 번 옳았다. 목사님은 선교사로 헌신하려면 우선 목회를 알아야 하니 한국에서 충분히 목회 훈련을 하고 가야 한다고 강조하셨다. 목회를 해보지도 않고 선교를 하는 것은 무리라고 하셨다. 하지만 나는 주님이 이 땅에 오시기 전에 얼른 선교하러 가고 싶었다.

아내도 내 얘기를 듣고 많이 당황해 했다. 그러면서 물었다.

"우즈베키스탄이 도대체 어디 붙어 있는 나라예요?"

러시아에 갈 때도 금세 온다더니 6개월을 눌러 앉았고, 이번에는 본격적으로 선교를 가겠다고 했으니 아내도 어이가 없었을 것이다.

나는 우즈벡에 가면 과일도 맛있고 굉장히 좋다고 아내를 살살 꼬드겼다. 러시아에서 받았던 은혜들을 나누고, 우즈벡에 있는 순교 형제에 대한 이야기를 많이 들려주었다. 그리고 특히 강조한 것이 있다.

"한번 사는 인생, 젊었을 때 쓰임 받아야 하지 않겠어?"

그러면 아내는 이렇게 말했다.

"꼭 지금 가야 해요? 나중에 가면 안 돼요? 이제 둘째도 생기고 아이들이 한창 예쁠 때인데….."

"나중에도 좋겠지만 그래도 젊었을 때 쓰임 받아야 해!"

나는 좀처럼 뜻을 굽히지 않았다.

우리 아이들을 돌봐주시던 장모님도 내 얘기를 듣고 많이 속상해 하셨다. 잘 살고 있는 줄 알았는데 갑자기 선교를 간다고 하니 당연한 반응이었다. 게다가 우즈벡이 잘 알려진 나라도 아니었고 거리상으로도, 정서상으로도 멀게 느끼시는 것 같았다.

아내가 운영하던 약국 안에 작은 방이 하나 있었다. 나는 그곳을 기도 처소로 삼았다. 수시로 골방에 들어가 기도하고 말씀을 읽었다. 아침에 들어가면 저녁 늦게 나오는 일이 많았다. 그런 나를 보고 아내는 점점 이런 생각이 들었다고 한다.

'당신은 가야 하는 사람이군요.'

나는 사실 그때 이혼까지 생각했다. 아내에게 "따라오지 않으려면 이혼하는 걸로 알고 간다"라는 모진 말도 내뱉었다. 얼마나 무책임한 인간이었는지 모른다. 얼마 전에 그때 생각이 나서 아내에게 "이혼 도장 찍지 않아줘서 고마워!"라고 슬며시 말을 건네기도 했다. 그랬더니 아내는 "어떻게 이혼하는지 몰라서 그랬어"라고 웃으며 답해줬다.

하나님의 양을 먹이는 사람

나는 예수님을 믿게 되었지만, 사실 내가 목사나 선교사가 될 거라는 생각은 꿈에도 하지 못했다. 나는 신학을 많이 공부한 사람도 아니고 어렸을 때부터 예수님을 믿은 것도 아니라서 '목사는 안 된다'고 생각했다. 하지만 요한복음 21장 말씀을 깊이 묵상하고 나서 생각이 달라졌다.

요한복음은 20장 31절에서 기록 목적을 밝힌다.

오직 이것을 기록함은 너희로 예수께서 하나님의 아들 그리스도이심을 믿게 하려 함이요 또 너희로 믿고 그 이름을 힘입어 생명을 얻게 하려 함이니라 _요 20:31

그런데 요한복음 20장에서 마무리되지 않고, 요한복음 21장에서 예수님이 부활하신 후의 사건이 새롭게 전개된다.

십자가에서 부활하신 예수님이 베드로를 찾아가 물으신다.

"시몬아, 네가 이 사람들보다 나를 더 사랑하느냐."

예수님은 자신을 부인한 베드로에게 나타나셔서 "나를 사랑하느냐?"라고 물으셨고, 베드로는 이에 "주님 그러하나이다"라고 대답했다.

예수님이 베드로에게 물으실 때 헬라어로 '아가파오'라고 하셨고, 베드로는 '필레오'라고 대답했다. 아가파오와 필레오의 해석에 사람마다 약간의 차이가 있다. 그런데 내 관점에서 쉽게 표현하자면, 아가파오는 횡적인 사랑을 하느냐고 질문한 것이다. 이것저것 다 사랑하면서 "예수님도 사랑하느냐?"라고 질문하셨다는 말이다. 아가파오는 하나님의 사랑이라는 관점에서 보면 보편적이고 포괄적인 사랑을 뜻하지만, 사람의 관점에서 생각하면 이 사람도 사랑하고 저 사람도 사랑하는 보편적인 인류애 같은 말이라고도 볼 수 있다.

이에 반해 베드로가 답한 '필레오'는 수직적인 사랑을 뜻하는 말이다. 이 사람과 저 사람이 아니라 오직 "예수님만 사랑합니다"라고 한 것이다. 그러자 예수님은 두 번째 질문도 '아가파오'라고 물으셨다. 베드로는 또다시 '필레오'라고 답한다.

그런 다음 예수님은 세 번째로 '필레오'를 써서 물으신다.

"시몬아, 네가 정말 나만을 사랑하느냐?"

그러자 베드로는 변함없이 '필레오'라고 답하면서 "주께서 아십니다"라고 말한다.

그러자 예수님이 말씀하신다.

"내 양을 먹이라."

성경 어디에도 목사가 되라는 직접적인 표현이 없지만, 나는 오직 이 질문과 대답을 통과한 자만이 목사가 될 자격이 있다고 보았다. 이 말씀을 통해 예수님은 나에게 "내 어린 양을 먹이라, 내 양을 치라, 내 양을 먹이라"라는 목회의 사명을 주셨다. 나는 이 말씀을 보면서 두 손을 들고 "오직 주만 사랑합니다"라고 주님을 찬양했다.

그리고 나도 목사가 되겠다고 다짐했다.

사실 나는 목사가 되고 싶지 않았다. 목사는 십자가를 짊어지고 죽는 사람이 아닌가? 목사(牧師)는 원래 양을 치는 사람, 즉 사람을 양육하고 가르치는 선생이라는 뜻이다. 그러나 나는 나무 목(木)자를 써서 십자가(十)를 사람(人)이 짊어지고 가는 형상을 상상했다. 그래서 십자가를 짊어지고 죽는 자가 '목사'(木死)라고 생각한다. 그렇게 생각하면 목사가 계급장을 단 삯꾼이 아니라 양을 위해 목숨을 내놓는 참 목자가 될 수 있지 않을까?

순교의 학위

예수님이 베드로에게 목사가 되라는 뜻으로 "내 양을 먹이라"라고 하신 다음에 또 무슨 사명을 주셨는가? 복음을 위해 죽는 순교의 사명을 주셨다.

> 내가 진실로 진실로 네게 이르노니 네가 젊어서는 스스로 띠 띠고 원하는 곳으로 다녔거니와 늙어서는 네 팔을 벌리리니 남이 네게 띠 띠우고 원하지 아니하는 곳으로 데려가리라 이 말씀을 하심은 베드로가 어떠한 죽음으로 하나님께 영광을 돌릴 것을 가리키심이러라 이 말씀을 하시고 베드로에게 이르시되 나를 따르라 하시니 _요 21:18,19

예수님만 사랑한다고 고백했던 베드로에게 예수님의 양을 먹일

뿐 아니라 예수 전하다 죽는 순교의 학위를 주셨다고 생각한다. 우리가 공부해서 박사 학위를 받을 수도 있지만, '순교의 학위'를 받으려면 오직 예수님만 사랑한다고 고백해야 한다. 나는 이 말씀을 오직 예수님만 사랑하면서 예수님의 양을 먹일 뿐 아니라 복음을 위해 죽기까지 사명을 감당하라는 말씀으로 받아들였다.

조국의 해방을 위해 독립운동을 한 분들도 죽음을 두려워하지 않고 대한민국의 독립을 위해 살았는데, 예수 믿고 나서 내가 이 땅에서 해야 할 운동은 '천국 독립운동'이라고 생각했다. 독립운동가 김구 선생이 조국의 해방을 위해 살았다면, 나는 선교사가 되어 이 땅의 '천국 독립군'으로 쓰임 받고 싶었다. 나는 선교사(宣敎師 - 베풀어 가르치는 스승)가 아니라 선교사(先敎死 - 먼저 가르치다 죽는 자)임을 시인하며 하나님의 도구로 쓰임 받을 날들을 기대했다.

6장

축구공 하나로
선교는 시작되고

우즈벡에서 다시 만나다

1997년 1월, 나는 결국 혼자 짐을 꾸려 우즈베키스탄으로 떠났다. 내가 3년 전에 순교를 고향에 데려다주면서 약속한 것이 있다.

"언젠가 너에게 다시 갈게."

나는 그 약속을 꼭 지키고 싶었다. 자그마한 약속 하나가 연결 고리가 되어 하나님이 순교의 고향인 타슈켄트까지 다시 가게 하신 것 같다.

그렇게 나는 순교와 다시 만났다. 순교는 모스크바에서 처음 보았을 때보다 밝아진 얼굴로 나를 맞아주었다. 이번에는 자신이 도울 차례라면서 고려인들이 모여 있는 시장에 데려갔다. 그들은 시장에서 김치와 반찬류를 팔고 있었다. 순교의 도움을 받아 고려인들 말로 '면목'을 익혔다. 친해진다는 뜻이다. 나는 어느 고려인의 소개로 우즈벡에서 지낼 아파트도 임대했다.

임대한 아파트 화장실에 조그마한 냄비 하나가 있었다. 평범한 냄비 같지는 않지만, 라면 끓여 먹기에 딱 좋은 크기였다.

'이런 것이 왜 화장실에 있지?'

나는 냄비를 냉큼 집어 들고 싱크대로 가져왔다. 냄비를 물에 대충 씻고 한국에서 가져온 라면 하나를 뚝딱 끓여먹었다. 그리고 설거지를 한 후 싱크대에 올려놓았다.

나중에 아파트로 돌아온 순교가 휘둥그레진 눈으로 나를 쳐다보았다.

"아니, 화장실에 있어야 할 게 왜 여기 있죠?"

"아, 라면 끓여 먹기에 딱 좋던데!"

내 얘기를 듣는 순교의 얼굴은 점점 일그러져갔다. 그리고 내가 말을 마치자, 순교는 뒤로 넘어갈 듯이 한참을 웃었다. 그러면서 하는 말이, 그 그릇은 아기들이 쓰는 요강이라고 했다. 내가 보기에는 아무리 봐도 냄비 같은데, 그들은 그것을 아기 요강으로 사용했다. 우즈벡에 적응하려면 아무래도 시간이 많이 필요할 것 같았다.

가장 귀한 것

두 달쯤 지났을까. 아내가 전주에 있던 집과 약국을 정리하고 아이들 둘을 데리고 우즈베키스탄에 왔다. 아내 입장에서는 큰 결단이 필요했을 것이다. 하지만 나는 그때 아내의 마음을 세심하게 헤아리지 못했다.

아내는 후에 이렇게 고백했다.

남편은 추진력이 강하고 고집스러운 것 같지만, 집에서는 자상한 남편
이요 다정한 아빠였다. 그래서 나는 남편이 혼자 선교를 떠났어도 그렇
게 평생 떨어져 지낼 거라는 생각은 하지 않았다. 나를 부르든지 아니면
남편이 다시 오든지 할 거라는 신뢰는 있었다.

하지만 이렇게 계속 떨어져 지낼 수만은 없었다. 나에게도 결단의 시간
이 필요했다. 나는 그제서야 갈급한 마음으로 하나님을 찾았다. 밤 11시
에 약국 문을 닫고 나서 둘째아이를 포대기에 업은 채로 교회로 향했다.
"하나님, 선교를 정말 가야 합니까? 이게 주님의 부르심입니까? 그러면
저는 어떻게 해야 합니까?"

나는 솔직한 심정을 하나님 앞에 털어놓았다.

그리고 그 즈음 교회에서 듣는 설교 말씀은 다 나를 향해 하시는 말씀
같았다. 숫기도 별로 없는 내가 어느 날은 받은 은혜가 커서 목사님을
찾아가 "오늘 말씀을 제게 주신 하나님의 음성으로 받아들였습니다" 하
고 감사 표현을 하기도 했다. 목사님은 믿음이 있는 사람은 무슨 말을
하든 다 자기 것으로 받아들인다고도 말씀해주셨다. 그 말씀이 내게 큰
힘이 되었다.

그럴수록 나는 더욱더 주님께 매달렸다.

"그래요. 남편이 가자고 하니까 가야 할 것 같습니다. 하지만 저도 확신

─────── 복음에 빚진 사람

이 있어야 가지 않겠습니까?"

한참을 울부짖으며 기도하는데 마태복음의 천국 비유가 떠올랐다.

"천국은 마치 밭에 감추인 보화와 같으니 사람이 이를 발견한 후 숨겨 두고 기뻐하며 돌아가서 자기의 소유를 다 팔아 그 밭을 사느니라"(마 13:44).

나는 그때부터 천국의 삶에 대해 곰곰이 생각해보게 되었다.

'나에게 가장 귀한 것이 무엇이지? 그러면 나는 그것을 위해 무엇을 포기해야 하나?'

그러다 내가 쥐고 있는 것을 놓아야겠다는 데까지 생각이 미쳤다.

'그래, 사람을 살리는 일이 세상에서 가장 귀한 일이라면 다 포기하고 갈 수 있는 거구나!'

나는 내게 있는 것을 다 팔아서 보화를 얻겠다는 확신을 얻었다. 그래서 내가 꼭 쥐고 있던 집과 약국과 안정적인 생활을 놓을 수 있었다. 나는 기쁨으로 집과 약국을 정리하면서 '이게 진짜야!' 하고 생각했다.

섬김과 봉사

이슬람 국가에서는 마음대로 예수를 전할 수 없기 때문에 우리가 선교지에서 처음에 한 일은 섬김과 봉사뿐이었다. 내가 활동적이고 겉으로 드러나는 일을 했다면, 내 아내는 섬세하게 한 사람, 한 사람을 돌봐주었다.

내가 씨를 뿌리는 쪽이라면 아내의 비전은 뿌려진 씨앗들을 잘 양육하는 쪽이다. 그래서 더 잘 가르치고, 먹이려고 한다. 나는 일을 벌이고 사람들을 집에 데려오는데 아내는 힘에 부쳤을 것이다. 그 아이들을 다 먹이고 돌봐줘야 하기 때문이다. 그러니 나는 축구를 하면서 스트레스를 푼다고 하지만, 아내는 스트레스가 쌓였을 것이다.

약국 하던 '약사'가 농아들 밥을 해주는 '밥사'가 되었으니 오죽했으랴. 더구나 농아들을 상대하는 일은 그들의 장애 특성상 보통 사람들을 상대하는 것보다 정신적인 스트레스가 심한 편이다.

아내는 결국 갑상선 질환이라는 병을 얻었다. 중앙아시아와 같은 고지대나 사막 지역에서 사역하는 선교사들 중에 갑상선 때문에 고생하는 이들이 많다. 미역이나 다시마 같은 해조류를 구하기 힘들어 요오드 섭취가 부족한 것도 그 이유 중 하나다. 그러나 대부분은 스트레스가 쌓이는데 풀지 못해서 생기는 병인 것 같다. 자기 말로 생각을 표현해야 하는데 자유롭게 표현할 대상도 없고, 그러지도 못하니까 그 흐름이 막혀 갑상선에 문제가 생긴 것 같다.

그러던 차에 둘째 영광이가 결핵에 걸렸다. 아내는 감기인 줄 알고 감기약을 계속 먹였지만 열이 좀처럼 내려가지 않아 확인해보니 결핵이었다. 그때 1년 정도 결핵 약을 먹고 나서 나았지만 지금도 몸이 약한 편이다. 어쩌면 당연한 일일지도 모른다. 우리와 같이 지내던 우즈벡 청년 몇 명이 결핵이었다. 그런데도 우리는 한 집에서 지냈고, 같은 밥상에서 밥을 먹었다. 상식적으로는 밥을 따로 먹어야겠지만, 절뚝발이였던 요나단의 아들 므비보셋이 다윗의 상에서 같

─────── 복음에 빚진 사람

이 식사를 했던 것처럼(삼하 9장) 우리도 결핵 환자와 함께 밥을 먹었다. 그러다 면역력이 약한 둘째가 결핵에 걸린 것이다. 첫째 하늘이 역시 초반에 스트레스로 인한 급성 신우신염에 걸려 한참 동안 소변을 제대로 가리지 못했다.

아내의 선교 비전

아내는 나보다 먼저 신앙생활을 시작했다. 교회에서 주일학교 교사도 하고 성가대도 섬겼다. 하지만 아는 게 별로 없었다. 아내는 선교에 대해 너무 모르고 왔다며 좀 더 준비된 사람으로 왔다면 더 도움이 되었을 텐데 하며 아쉬워했다. 아내는 꼭 자신의 부족한 면만 보는 것 같았다. 그래서 더욱더 기도에 매달렸는지도 모른다.

아내가 온 후로, 우리는 국제기아대책본부에서 NGO 사역을 도왔다. 아내는 약사로 의사들과 함께 이동 진료를 통해 육신이 연약한 자들을 돌봐주었고, 나는 축구 사역으로 장애인들을 섬기게 되었다. 그러다가 한국기아대책본부에서 진행해오던 우즈베키스탄 병원 설립이 무산되면서 1999년 9월부터 미국 영락재단(국제 NGO) 안에서 '농아 파트'를 맡게 되었다.

그런데 사역 방향이 정해지자, 수동적이던 아내가 달라졌다.

"준비가 하나도 안 되어 있다고 생각했는데, 과거의 경험 하나도 그냥 하게 하지 않으신 하나님이세요! 우리에게 수화를 배우게 하셨고, 농아를 만나게 하셨고, 그래서 우즈벡에서 수화 배우기가 더 쉬웠잖아요. 농아들을 이해하는 것도 더 빨랐고요. 내가 약사였던 것도 큰 도움이 되고요."

우리는 하나님을 찬양했다. 하나님께서는 아내의 마음을 세심하게 어루만져주고 계셨다.

아내는 어디서 뭘 배워오거나 좋은 말씀을 듣고 오면 꼭 이렇게 말했다.

"여보, 이 말씀 너무 좋죠? 그런데 이 좋은 것을 우리만 누리면 안 되잖아요. 어떻게 하면 이것들을 농아들에게 전해줄 수 있을까요?"

아내는 이런 안타까움을 자주 토로했다.

하나님을 모르고 살아가는 무슬림뿐만 아니라 토속신앙에 젖어 사는 사람들 모두를 안타까워했다. 이렇게 좋은 예수님을 모르는 사람들에 대해 진심으로 애통해 했다.

농아들 중에는 경제적 문제로 힘들어하기보다 마음이 상한 사람들이 많았다. 특히 여자 농아들 중에 윤락가에서 일하다가 낙태를 하는 경우가 종종 있었다. 아내는 그들을 찾아가 미역국을 끓여주며 섬겼고, 약과 먹을 것을 챙겨주면서도 그들의 마음을 더 위로해주고 싶어 했다.

아내는 이렇게 선교의 사명을 받은 것 같다. 사실 지금은 나보다 훨씬 더 선교의 부르심이 강하다. 여자들이 남자보다 발동이 더 늦게 걸리지만, 한번 발동이 걸리면 더 세게 걸리는 것 같다.

축구공이 아이들을 모으다

사실 나는 우즈베키스탄에서 축구로 선교해야겠다는 마음은 처음부터 없었다. 그저 순교 가족들을 잘 섬기고, 예수 믿게 하고, 가정 구원을 도우려는 단순한 목적이었다.

사역 초기에 우즈벡의 동네 불량배들이 우리 가족을 협박하는 일이 있었다. 우리는 아파트 6층에 살았는데, 그 아파트에 외국인은 우리뿐이었다. 어느 날 문 앞에 낙서가 써 있었는데 '그냥 장난이겠지' 하면서 무심코 지나쳤다. 처음에는 무슨 말인지도 몰랐다. 그런데 지우면 또 무언가 쓰고 가기에 순교 형제에게 물어보니 그 내용은 이랬다.

"저녁 8시까지 아파트 옥상에 돈과 담배를 가져다놓지 않으면 너희 애들을 가만두지 않겠다!"

알고 보니 무시무시한 경고였다. 처음에는 화가 나서 부들부들 떨렸다. 하지만 어쩔 도리가 없어 하나님 앞에 무릎을 꿇고 우리 가족을 지켜달라고 기도했다. 점차 화가 누그러지면서 '이 아이들을 어떻게 하면 우리 편으로 만들까?'에 대한 고민이 시작되었다.

그런데 생각지 않은 곳에서 문제가 풀렸다. 재활의 집 이병창 선생님께서 우즈벡에 오셨을 때, 한국에서 가져온 축구공을 선물해주셨다. 나는 시간이 날 때마다 축구공을 가지고 아들딸과 함께 밖에서 축구를 했다. 물론 우리 아이들이 아직 어릴 때라 공을 주고받고 노는 수준이었다.

동네 아이들이 우리가 축구하는 시간에 하나둘 몰려들었다. 그 아이들이 처음에는 내 눈치를 살피며 구경만 하다가 "같이 하자"는 말에 신나 하며 함께 뛰놀았다. 알고 보니 우즈벡에는 품질이 좋은 축구공이 흔하지 않아서 가죽 재질의 축구공에 아이들의 마음이 녹아내린 것이었다. 그렇게 축구를 같이 하다 보니 우즈벡 아이들이 우리 애들을 괄시하지 않았다. 오히려 좋은 축구공이 있는 집 아이들이라고 치켜세워주기까지 했다. 축구공이 관계 해결의 열쇠가 될 줄은 미처 몰랐다.

하나님이 주신 일거리

아이들이 축구공 하나로 모이자, 이런 생각이 들었다.

'아, 농아 사역도 이렇게 하면 되겠다!'

내가 우즈벡에 간 진짜 이유는 그 지역 농아들에게 선교를 하고 싶어서였다. 그래서 이번에는 축구공으로 농아들을 모으기로 했다. 이왕 시작했으니 일을 벌이기로 마음먹고, 타슈켄트에 있는 농아들을 모아 축구 시합을 열었다. 언제 모이라는 공지를 하고 잔치까지 베풀었다. 언젠가 이병창 선생님이 잘되는 집은 항상 잔치를 한다고 말씀해주셨기 때문이다. 아내와 나는 수중에 있는 돈이 다 떨어질 때까지 잘 먹여보자며 축구 시합 유치와 더불어 잔치를 벌였다. 이때 타슈켄트 한인 교회와 한국인 사업가로부터 후원도 받았다.

나중에는 우즈벡의 수도 타슈켄트뿐 아니라 사마르칸트를 비롯한

다른 도시에서도 축구대회를 개최하면서 농아들을 모았다. 예수 믿는 농아만 모이라고 한 게 아니라 축구를 좋아하는 농아라면 다 모이라고 광고했다.

농아들 중에는 시베리아 횡단 열차를 타고 모스크바에서 블라디보스토크까지 물건을 배달하는 아이들이 있었다. 그런 아이들이 그 먼 거리를 기차를 타고 다니며 '손짓에서 손짓으로' 소문을 내주었다. 우즈베키스탄에 농아들을 위한 축구 시합이 언제 있다고 하면 다른 지역은 물론 주변 나라의 농아들까지 와서 시합을 했다.

그러다보니 찾아오는 인원이 100여 명으로 늘었다. 나는 그중에서 축구를 잘하는 아이들을 눈여겨보았다가 뽑아서 훈련을 시켰다. 3,4년 만에 25명에서 30명에 달하는 선수를 선발했다. 훈련을 하면서도 감독의 눈으로 선수들을 관찰했다. 그중에 한 아이가 축구를 진짜 잘했다. 그런데 확인해 보니 말을 할 줄 아는 아이였다.

"넌 이름이 뭐야? 농아들만 오라고 했는데 네가 왜 왔어?"

"저는 무롯 존이라고 해요. 저희 집 식구는 다 농아인데, 저만 말을 할 줄 알아요. 축구가 너무 하고 싶은데 저도 시켜주세요!"

그 아이가 절실하게 대답했다. 그런데 그 이야기를 듣는 순간, '아, 이거다!' 싶었다.

수화는 국가마다 다르다. 우즈벡에서는 내가 아는 한국식 수화가 전혀 통하지 않았다. 창세기에 나오는 바벨탑 사건(창 11장) 때에도 농아들이 있었던 것은 아닐까 하는 생각도 해보았다. 그런데 무롯 존이라는 아이는 우즈벡 수화를 완벽하게 구사할 줄 알았다. 나는 그에게 수화를 배우기로 하고 축구도 할 수 있게 해주었다.

알고 보니 그는 마피아 밑에서 일하고 있었다. 아프가니스탄 같은 중앙아시아 인접 국가에서는 마약 유통업이 성행한다. 사막이다 보니 마약 생산지가 많고 유통도 활발하다. 그런데 농아들이 마약 운반책 역할을 하는 경우가 많았다. 경찰에 걸리더라도 "에에" 하면서 말을 못한다고 어수룩하게 행동하면 재수 없다고 그냥 보내니까 마약하는 사람들이 농아들을 수하로 삼는 것이다. 무롯 존은 말과 수화를 완벽하게 해서 중간 보스가 되었다. 그는 필요할 때는 농아인 척할 수 있었고, 다른 농아를 부릴 수도 있었다.

농아들의 친구

나는 우즈벡에 선교하러 갔지만, 처음에는 예수의 '예'자도 꺼내지 않았다. 지극히 작은 자 하나를 섬기는 마음으로 아무 말 없이 사람들을 섬겼다.

내가 진실로 너희에게 이르노니 너희가 여기 내 형제 중에 지극히 작은 자 하나에게 한 것이 곧 내게 한 것이니라 _마 25:40

나는 무롯 존이 일하는 곳에 자주 찾아가 먹을 것을 사주는 등 그의 필요를 채워주었다. 그런데 무롯 존은 말 못하는 가족 사이에서

———— 복음에 빚진 사람

편하게 이야기를 나눌 사람이 없었다. 그에게 대화 상대가 필요했던 것이다. 어느 날은 자기 집이 너무 가난해서 막내동생이 정상인으로 태어났는데도 고아원에 보냈다며 울먹이기도 했다. 나는 그저 함께 울어주었다.

이슬람 국가에서는 예수를 전할 수 없지만, 자신의 신앙을 간증할 수는 있다. 나는 무롯 존에게 내가 소록도에서 변화된 이야기와 교도소에서 세례 받은 이야기를 들려주었다. 그렇게 간증하다가 기도하는 가운데 하나님의 은혜로 그가 방언을 받았다. 정말 말도 안 되는 일이 벌어졌다.

더 놀라운 것은 하루에 두 갑씩 담배를 피던 그가 한순간에 담배를 끊어버렸다. 담배 끊은 것을 성령 받은 증표의 전부라고 할 순 없겠지만, 이 아이에게는 한순간이었다.

그가 성령을 받은 후에 이런 고백을 했다.

"예수님은 제게 생명입니다. 제 삶의 목적입니다. 예수님은 저를 치유하셨고 회복하셨습니다."

무롯 존은 모든 핍박을 참아가며 모스크바에서 신학을 해서 지금은 '우즈벡 농아 교회' 전도사로 농아들을 섬기고 있다. 내가 볼 때 그는 굉장히 큰 그릇이다. 우즈벡 사람이고 이슬람 교도였던 배경을 가진 터라 사람들을 전도하기가 더 쉬울 것이다. 그리고 기도의 영이 얼마나 강하게 임하는지 모른다.

그는 예전에는 식구들이 농아인 게 싫어서 농아들을 멀리했다고 한다. 하지만 지금은 모든 농아들이 자신의 친구라고 외친다. 그리고 농아인 아내를 얻어 가정도 이루었다. 농아들을 섬기며 사랑하게 된 것이다. 무릇 존은 예수를 믿고 나서, 나와 처음 만난 날을 이렇게 회상한다.

"어느 날 축구장에서 외국인 한 사람을 만났습니다. 그 사람은 나를 보자마자 얼싸안으며 반겼습니다. 처음 느껴보는 따뜻함이었습니다. 머리부터 발끝까지 사랑이 부어지는 느낌이었습니다. 하늘의 신비였습니다. 제 삶에 사랑의 하나님이 찾아오신 것입니다."

그렇게 한 사람 한 사람을 알아가다가, 한때 농아 축구 선수로 활약했으나 하반신 마비로 3년째 병상에 누워 지내는 농아가 있다는 이야기를 들었다. 그는 이십대 후반의 체르까스였다. 그의 집에 가 보니, 사고 이후 부인마저 떠나고 나이 드신 홀어머니가 시장에 해바라기 씨를 내다 팔면서 어렵게 아들을 수발하고 계셨다.

체르까스는 빛이 잘 들어오지 않는 아파트 5층에서 꼼짝하지 않고 누워만 있었다. 그동안 바깥출입을 한 적도 없고, 찾아오는 이 하나 없었다고 했다. 우리는 그의 집에 자주 들러 욕창을 치료해주고 말동무가 되어주었다. 사람이 그리운 그를 위해 다른 농아들과 함께 문병을 가서 그를 위로했다. 체르까스가 3년 만에 밖에 처음 나왔을 때는 눈이 너무 부셔 선글라스를 써야 할 정도였다. 그 후 농아들의 집단 거주 지역인 까라까무쉬에 아파트 1층 집을 마련해, 혼자서도 휠체어를 타고 다닐 수 있게 배려해 주었다.

———— 복음에 빚진 사람

우리는 결국 그에게 예수를 전했는데, 그가 하나님을 만나고 나서 완전히 변했다. 어린아이가 천천히 말을 배우듯 성경 말씀을 하나씩 알아갔다. 그는 혼자 휠체어를 타고 바깥세상에 나와 햇빛을 마음껏 느끼고 축구 시합도 구경할 수 있게 되었다. 지금은 자동차 주차장에서 안내자로 일하며 돈도 벌고 있다.

그는 지금 완전히 새로운 삶을 살고 있다. 그의 삶에 어둠과 죽음이 물러가고 빛과 생명이 찾아와 이제는 병상에 누워서도 찬양과 감사가 끊이지 않고, 예수님만 믿고 살겠다고 간증하는 삶이 되었다.

축구공 하나로 시작된 선교

축구공 하나로 시작된 선교는 내가 계획해서 시작한 선교가 아니라 선교지 상황에 맞게 하나님이 주신 일거리였다. 축구를 통해 선교할 수 있다는 것은 상상도 하지 못한 일이었다.

나는 초등학교 때부터 운동을 하긴 했지만 주 종목은 축구가 아니라 테니스였다. 세계적인 프로 테니스 선수 이덕희 선수가 내가 다니던 초등학교 출신이었다. 자신의 출신 학교에 대한민국 최초로 테니스부를 만들었고, 나는 우리 학교의 첫 번째 테니스 선수가 되었다. 그러다 중학교에 올라가면서 축구부에 들어갔다. 테니스부가 없었기 때문에 차선책으로 축구를 하게 된 것이다. 그런데 그마저도 중학교 때까지만 하고, 고등학교에 올라가면서 운동을 그만두고 평범하게 대학 입시를 준비했다. 물론 지금도 축구라면 자다가도 벌떡 일어날 만큼 축구를 좋아하는 축구 마니아임에는 틀림없다.

그런데 적응하기 힘든 상황 속에서 축구공 하나가 문제를 해결하고 농아들을 모은 것이다. 농아들을 축구공 하나로 모았으니 어쩔 수 없이 내가 감독을 해야 하는 상황이 되었다. 감독을 하려니까 따로 공부할 필요가 있었다. 나는 독학으로 관련 서적을 탐독하고 비디오를 보면서 열심히 공부했다.

국가에서 인정해주는 것도 아니었지만, 선수들이 30명쯤 되자 국제대회에 참가해서 실력을 겨루고픈 마음이 일었다. 마침 대만에서 농아인 아시안게임이 열린다는 소식을 들었다. 우즈벡에서 농아들이 아시안게임에 출전한 전례는 없었다. 물론 국가의 지원이나 후원은 전혀 없었다. 그런데도 아시안게임에 대한 열망은 사그라지지 않았다. 농아들에게 '희망'을 심어주고 싶었다. 아직 한국에서 가져간 돈이 남아 있던 때라 자비로 참가하게 되었다.

아시안게임 첫 출전!

드디어 우즈베키스탄 농아들이 농아인 아시안게임에 출전했다. 대만에 오긴 했지만, 환경은 열악했다. 비행기 값만 겨우 해결했으니 현지 경비는 최대한 아껴야 했다. 다른 나라 선수들은 다 호텔에서 자는데 우리는 축구장 라커룸을 숙소로 삼았다. 끼니는 초콜릿과 컵라면으로 해결했다.

우리는 매일 새벽마다 여리고 성을 도는 것처럼 운동장 일곱 바퀴를 맨발로 돌면서 연습했다. 그때는 예수 믿는 아이들이 별로 없었는데도 그랬다. 사실 축구화를 아끼려는 이유도 있었다.

그런데 예선전 경기 중에 선수들 몇 명이 부상을 입었다. 태클을 걸다가 심한 마찰로 인해 허벅지에 외상을 입은 것이다. 돈을 절약한다고 슬라이딩 바지를 구입하지 않은 것이 화근이었다. 나는 급한 마음에 상처 부위에 약을 발라주었는데 오히려 상황은 더 안 좋아졌다. 습도가 없는 곳에서 살다가 습도가 높은 대만의 날씨에 땀구멍이 열려 약을 바른 환부에 운동장 풀독이 올라 화상까지 입은 것이다.

우리 팀 선수는 총 열다섯 명, 후보 선수가 네 명밖에 없는 상황이었다. 그렇게 부상자가 속출했는데도 경기마다 계속 이겼다. 예선전 마지막 게임인 네팔과의 경기에서는 28대 0이라는 대회 신기록을 세웠다. 분위기가 좋았다. 예상 외로 우리 선수들이 너무 잘 싸워주었다.

첫 대회 출전에 4강까지 오르는 기염을 토했다. 이렇게 가다가는 우승도 거머쥐겠다 싶었다. 나를 비롯한 선수들 모두 흥분된 상태였다. 정말 꿈만 같았다. 우리 팀은 하나님의 약속대로 승리할 수 있다는 기대감에 가득 차 있었다.

그런데 준결승전에서 어이없이 지고 말았다. 김이 쭉 빠졌다. 그런데 이상했다. 실력으로 볼 때 도무지 질 수 없는 게임이었다. 하나님이 매 경기마다 계속 이기게 해주셨기 때문이다. 엉뚱한 데 맞고도 골이 들어갈 정도로 승세가 이어졌는데 사우디와의 경기에서 진 것이 이해되지 않았다. 기도하는데 하나님께서 이런 마음을 주셨다.

"너희 중에 죄 지은 사람이 있다!"

하나님께서는 우리 선수들 가운데 여호수아서 7장에 나오는 '아간의 죄'가 있음을 깨닫게 해주셨다. 나는 하나님이 깨닫게 해주신 것을 선수들에게 나누었다.

그러자 놀랍게도 한 선수가 눈물로 자신의 잘못을 자백했다. 우리 선수 중 한 명이 일본 팀의 축구공을 훔쳤던 것이다. 일본 선수들이 우리가 사용하는 라커룸이 있는 운동장에서 연습을 할 때, 일본 팀의 축구공을 몰래 한쪽에다 숨겨놓았다고 한다. 결국 일본 선수들은 공을 찾다가 포기하고 그냥 돌아가고 말았다.

사실 공을 훔친 선수가 고백하지만 않았어도 아무도 그런 일이 있었는지 알 수 없는 상황이었다. 그런데 하나님께서는 그를 회개시키셨고, 그것을 지켜본 다른 농아들은 많이 놀란 눈치였다. 그때 많은 선수들이 덩달아 회개하고 예수를 믿었다. '하나님이 정말 살아 계신 분이구나' 하고 느꼈다고 한다. 나는 그 선수를 용서하기로 하고 선수 모두를 격려했다. 그리고 하나님의 도우심을 구했다.

"우리 회개했으니까 3,4위전에서는 이기자. 3등은 하자!"

선수들은 다른 어느 경기보다 더 열심히 뛰었다. 우리 팀은 결국 3,4위전에서 카자흐스탄을 3대 0으로 이기고 3위를 차지했다. 우리는 당당히 동메달을 목에 걸었다. 승리도 기뻤지만, 농아들이 예수님께로 돌아온 기쁨은 훨씬 더 컸다.

　　　　　　　　　　　　　 복음에 빚진 사람

7장

선교의 지경을 넓히시는
주님의 섭리

추방을 당하다

2001년 미국에서 이슬람 테러 단체에 의해 9 · 11 테러가 일어났을 때였다. 당시 나를 비롯한 5명의 한국인 선교사들과 미국 선교사 15명이 그 땅을 떠나야만 했다. 그 무렵, 내가 매스컴에 공개되기도 했는데 그 또한 빌미가 되었다. KBS 〈한민족 리포트〉의 제목이 '우즈벡 한인 목사와 농아 축구단'이었다. 내가 교회를 하고 있다는 것이 공개되어 교회 사역을 하는 것 때문에 추방을 당했다.

지금은 선교사가 추방당하는 일이 많지만, 당시에는 처음 있는 일이었다. 그런데 추방당한 지 얼마 지나지 않아 체육부 장관이 다시 들어오라고 나에게 조용히 연락을 해왔다. 아시안게임이 얼마 남지 않은 시점이었기 때문이다. 그래서 우리 가족은 6개월 만에 다시 우즈벡에 들어갔다. 그러나 우즈벡에서의 생활은 그리 오래가지 못했다. 2003년 3월에 터진 이라크전쟁의 영향으로 나는 또다시 추방을 당했다.

추방을 당하면 하루 혹은 이틀 만에 강제 출국을 당한다. 그런데 이번에는 무슨 일인지 100일이 지나서야 출국하게 되었다. 추방 명령을 내려놓고도 이상하게 집행하러 오지 않았다. 이유는 알 수 없었다. 돌이켜보면 외국에서 비자 없이 100일을 어떻게 보냈나 싶지만, 더욱 바짝 엎드려서 하나님만 의지했던 시간이었다.

나는 곧 추방당할 것을 의식해서 농아 교회 연합으로 수련회도 하고 세례도 베풀었다. 물론 철저히 비밀리에 시행했다. 하나님께서 한 생명이라도 더 구원받을 수 있는 시간을 허락해주신 것 같았다. 언제 출국하게 될지 모르는 상황에서 말씀을 전하고 전도하는 일은 그 어느 때보다 절실하고 소중했다. 이때 자녀를 끝없이 사랑하시는 하나님 아버지의 마음을 조금은 헤아릴 수 있었다.

이제 선교 그만하고 싶다!

나는 결국 한국행 비행기를 타야 했다. 아내와 아이들은 추방당하지 않았다. 실질적인 선교는 여자들이 하는 경우가 많은데도 부인을 네 명 둘 수 있는 남성우월주의 사회라서 그런 것 같았다. 아내는 우즈벡에 남아 교회 재산권과 건물을 양도하는 등의 일을 마무리 짓기로 했다. 우즈벡 농아들이 공항까지 나와 나를 배웅해주었다. 우리는 다시는 못볼 사람들처럼 한참을 부둥켜 안고 울었다.

———— 복음에 빚진 사람

그렇게 농아 교회 식구들을 비롯한 아내와 아이들을 두고 혼자 한국으로 돌아가는 비행기 안에서 내 기분은 말이 아니었다. '이제 선교 그만 하고 싶다'는 인간적인 실망감마저 들었다. 그러고 보니 돈도 다 떨어져가는데 잘됐다 싶은 마음도 들었다.

하나님께서 나를 일방적으로 예수님을 믿게 해놓고는 사람들에게 수치를 당하게 하신 것만 같았다. 하나님께 완전히 속은 기분까지 들었다. 이때 내 안에는 예레미야 선지자와 같은 불평불만이 가득했다.

여호와여 주께서 나를 권유하시므로 내가 그 권유를 받았사오며 주께서 나보다 강하사 이기셨으므로 내가 조롱거리가 되니 사람마다 종일토록 나를 조롱하나이다 내가 말할 때마다 외치며 파멸과 멸망을 선포하므로 여호와의 말씀으로 말미암아 내가 종일토록 치욕과 모욕거리가 됨이니이다 내가 다시는 여호와를 선포하지 아니하며 그의 이름으로 말하지 아니하리라 하면 나의 마음이 불붙는 것 같아서 골수에 사무치니 답답하여 견딜 수 없나이다 나는 무리의 비방과 사방이 두려워함을 들었나이다 그들이 이르기를 고소하라 우리도 고소하리라 하오며 내 친한 벗도 다 내가 실족하기를 기다리며 그가 혹시 유혹을 받게 되면 우리가 그를 이기어 우리 원수를 갚자 하나이다 _렘 20:7-10

우즈벡은 나의 첫 번째 선교지이다. 내가 모든 에너지를 쏟아 부은 곳에서 추방을 당하니 마음이 많이 힘들었다. 한국에 돌아와 한

동안 하나님을 원망하는 데 시간을 허비했다. 모든 것을 다 바쳐 선교했는데 나는 추방을 당했고, 가족들은 병까지 얻었다는 생각에 불평불만과 생색이 점점 더 올라왔다.

그런데 몸이 이상했다. 숨이 점점 가빠지고 힘을 쓰지 않으면 숨쉬기가 어려웠다. 호흡곤란 증세였다. 축구 감독까지 했으니 건강만은 자신하고 있었는데, 숨을 쉴 수 없으니 견디기가 너무 힘들었다. 특히 새벽 2,3시만 되면 더 심해졌다. 이 증상은 한두 달 계속되었다. 아무리 생각해도 하나님 말고는 내 몸을 이렇게 만드실 수 없었다.

"하나님, 제발 살려주세요!"

그것은 선교로 다시 부르신 하나님의 사인(sign)이었다.

"다시 선교하겠습니다! 사람 바라보지 않고 하나님만 바라보겠습니다. 가라 하면 가고 멈추라 하면 멈추겠습니다. 한 번만 살려주세요. 제발 숨 좀 쉴 수 있게 해주세요!"

나는 며칠 동안 울며 불며 회개하는 시간을 가졌다. 그날 이후로 증세는 놀랍게 회복되기 시작했다. 나는 결국 하나님께 백기를 들고 항복할 수밖에 없었다.

그렇게 두 손 들고 우즈베키스탄의 옆 나라 카자흐스탄으로 갔다.

그런데 그때 추방당하지 않았으면 아마 나는 지금까지 우즈벡만 쳐다봤을 것이다. 우즈베키스탄, 우즈베키스탄, 우즈베키스탄 하면서…. 그러나 우즈벡에서 추방을 당하고 사역 현장을 카자흐스탄으로 옮긴 지 6년의 세월이 흐른 지금, 하나님께서 카자흐스탄, 키르기

———— 복음에 빚진 사람

스스탄, 투르크메니스탄, 타지키스탄을 비롯한 중앙아시아 전 지역을 품을 수 있는 큰 꿈을 주셨다. 하지만 그 시절에는 나에게 지경을 넓혀주려 하신 하나님의 마음을 헤아리지 못했다.

우즈벡 국경을 사이에 두고

카자흐스탄 사라가치에는 한국인이 개척한 사라가치 장로교회가 있다. 나는 그곳에서 한동안 지냈다. 사라가치는 카자흐스탄 국경 지역, 그러니까 우즈베키스탄 국경과 인접한 곳이다. 우리는 국경을 사이에 두고 나는 카작에서, 아내는 우즈벡에서 마지막까지 농아들에게 하늘 아버지의 사랑으로 믿음의 뿌리를 내리려고 몸부림쳤다.

무엇보다 아내와 아이들이 걱정이었다. 아내는 겁이 많은 편인데 혼자서 잘해보려고 씩씩한 척했을 아내를 생각하니 마음이 아팠다. 달력을 보니 3월 10일, 결혼기념일인데 같이 있어주지도 못했다. 나는 우즈벡에 있는 아내에게 전화를 걸어 '미안하다'는 말밖에 할 수 없었다. 아내는 딸 하늘이가 물고기 무늬 접시를 선물로 사줬다고 자랑을 한다. 아이들이 나 대신 아빠 역할을 톡톡히 해주고 있었다. 아니, 어쩌면 나보다 더 나은 것 같다.

"엄마, 아빠가 안 계시니 힘드시죠? 힘내세요. 그리고 원하는 것 있으면 다 말하세요. 아빠 대신 제가 해드릴게요. 사랑해요!"

하늘이가 기특하게 이런 말을 했다고 한다.

그래도 아이는 아이다. 밖에서 무슨 얘기를 들었는지 초등학생 아들 영광이가 심각하게 물었다고 한다.

"엄마, 아빠랑 이혼하신 것 아니죠?"

나는 우즈벡에 갈 수 없어서 발만 동동 굴렀다. 첫사랑 우즈벡을 잊지 못하고 다시 돌아갈 방법을 궁리하며 기도하고 매달렸다.

내가 추방을 당할 때, 교회와 사택이 같이 있어서 위험하니까 아내에게 이사를 하라고 당부했다. 그런데 이사한 집에 정착하기도 전에 나를 찾는 사람들이 들이닥쳤다고 한다. 그렇게 추방당한 남편 뒤에 남아 혼자 일을 처리해야 하는 아내의 부담감은 얼마나 컸을까. 나 없이 지낸다는 슬픔 위에 무게를 더했을 것이다. 더구나 그해 겨울은 무척 추웠다. 난방기도 고장이 나서 방에 냉기가 돌았다는 말을 들으니 마음이 더 시렸다.

그렇게 8개월을 자녀들은 아빠 없이, 농아들은 선교사 없이 지냈다. 덕분에 그 시간이 농아 리더들에게는 훈련의 시기가 되었고, 나 없이도 잘해나갈 수 있는 은혜도 주셨다. 무엇보다 그곳에 한결같은 무뚝뚝 존 전도사와 가족 같은 농아들이 있어줘서 든든했다.

농아 사역을 꼭 해야 해?

아내가 나 없이 우즈벡에 남아 있으면서 많이 지쳤나보다. 카자흐스탄에 오자마자 내 눈치를 살피며 말했다.

"여보, 농아 사역을 꼭 해야 하나? 힘드네. 다른 사람들처럼 일반인 사역하면 안 될까? 장애인 사역을 고집한다면 앞으로 맹인 사역을 해보면 어떨까?"

그때마다 내 대답은 한결같았다.

"농아 사역은 하나님이 내게 주신 일이야. 내게 맡기신 일을 안 하면 안 되지!"

누구보다 내 아내는 하나님께서 농아 사역을 얼마나 기뻐하시는지 눈으로 보고 경험했지만, 그 노력과 열심에 비해 효과가 덜한 것에 지쳐 있었나보다. 농아를 상대하다보면 표현이 제한적인 수화를 해야 하기에 말이 왜곡되거나 의사 전달이 제대로 되지 않는 경우가 많다.

아내는 하나님의 마음을 알게 해달라는 기도를 하기 시작했다.

"저희가 농아 사역을 꼭 해야 하나요? 하나님의 마음을 제 마음에 넣어주세요. 하나님의 눈으로 볼 수 있는 눈을 주세요!"

농아인 축구 선수 마나스와 수화 통역을 하는 나타샤 부부에게 두 명의 아들이 있다. 다섯 살 요한이와 두 살 다윗이었는데, 형 요한이는 장난꾸러기였고 동생 다윗은 말이 느렸다. 한번은 아내가 잠시 그 아이들을 돌봐준 적이 있다.

처음에는 둘이서 사이좋게 노는가 싶더니 이불과 베개를 던지고 뒹굴기 시작했다. 아내는 노는 모습이 귀여워 말리지 않고 옆에서 가만히 지켜보았다. 그런데 형 요한이가 흥분해서는 동생에게 베개를 던지고 다윗에게 이불을 덮어씌우더니 숨 막혀 하는 동생을 괴롭히면서 즐거워하고 있었다. 말을 잘 못해 표현을 못하는 다윗은 싫다고 울상을 짓고 형에게서 벗어나려고 안간힘을 썼다.

아내는 보다 못해 동생을 괴롭히는 요한이를 야단치고, 말을 못해서 힘들어하는 어린 다윗을 꺼내주면서 안타까워했다.

그때 아내 안에서 들리는 소리가 있었다고 한다.

"이것이 나의 마음이다!"

아내는 말 못하고 힘들어하는 작은 자 하나를 눈에서 떼지 못하고 바라보시고 힘들어 할 때마다 옆에서 도와주고 싶은 것이 하나님의 마음임을 깨달았다고 한다. 그 후로 아내는 더 이상 "정말 농아 사역을 해야 해?"라는 질문은 하지 않았다.

사라가치 성경 공부

나는 카자흐스탄에 있지만 선교의 첫사랑이 뿌려진 우즈베키스탄 농아 교회를 중심으로 두 달에 한 번씩 사라가치 장로교회에서 성경 공부를 인도한다. 한번 가려면 가기 전부터 준비해야 할 것들이 많다. 가는 여정도 기도로 준비해야 하고, 말씀을 준비해야 한다.

사라가치에 갈 때면 고향에 가는 것 같은 설레는 마음과 푸근함을 느낀다. 시골이라는 느낌이 주는 정서적 안정감과 조금만 더 가면 첫사랑 우즈벡과 가까워진다는 반가움이 일었다. 유일한 한국 가정 사역자들의 섬김과 헌신에 대한 존경심도 우러나온다. 그리고 무엇보다 우즈벡 농아 교회 리더들을 만난다는 기쁨에 사로잡힌다.

사라가치에 도착해 사모님이 정성껏 끓여주신 곰국을 맛있게 먹었다. 오랜만에 만난 우즈벡 농아 교회 리더들은 불편을 감수하고 기꺼이 국경을 넘어왔다. 우리는 서로 사랑의 안부를 나눈 후, 오후 4시부터 시작된 성경 공부는 새벽 2시가 넘어서야 마무리됐다. 농아들에게 졸음은 천적이다. 마음은 하나라도 더 듣고 싶은데 육신의 눈은 자꾸만 감겨 인도자의 수화를 놓치게 된다. 그날 성경공부를 마치고 교회 식당 바닥에서 이불 하나 없이 옷과 양말을 입고 코트를 이불삼아 잠을 청했다.

다음날 아침부터 시작된 출애굽기 성경 공부는 오후 7시에 국경이 닫히기 전까지 쉼 없이 이어졌다. 말씀을 전하는 자와 듣는 자가 성령으로 하나 되어가는 성령의 역사가 있었다. 말씀을 나눈 후, 각자의 광야를 지나온 간증 시간이 하이라이트였다. 말씀과 간증에 눈물 흘리며 듣는 리더들, 자신의 삶을 돌아보면서, '나의 현 위치는 어디인가, 어떤 광야를 지나고 있는가' 하는 이야기를 나누었다. 우리는 성경 공부를 마치고 우즈벡으로, 카작으로 다시 흩어졌다. 처음부터 끝까지 함께하신 하나님께 감사했고, 주님께 쓰임 받을 수 있어서 행복했다.

집에 돌아와 보니 기분 좋은 일이 기다리고 있었다. 아이들이 기특하게도 청소며 빨래에 밥까지 해놓고 쓰레기도 다 치워놓은 게 아닌가. 잘 지내고 있으라고는 했지만 이렇게까지 해줄 줄은 몰랐다. "환영!"이라고 쓴 종이를 들고 맞아주는 아이들이 고맙고 사랑스럽다. 이제는 둘이서도 잘 지낼 수 있으니 걱정 말고 다니란다.

아이들이 어렸을 때는 사역을 다녀오면 부모 없이 지낸 시간들을 보상받으려는 마음이 많았다. 가기 전에는 화를 내기도 하고 꼭 가야 하냐고 은근히 붙잡곤 했다. 그럴 때면 떠날 때마다 마음이 아프고 미안했다. 그런데 어느새 커서 기도로 후원해주고 둘이서만 지낼 수도 있게 되었다. 아이들이 이렇게 자기에게 맡겨진 일들을 잘 감당하는 것 자체가 우리를 돕는 것이고, 동역하는 것이라 생각한다.

나그네 신분

지난겨울 사라가치 성경 공부를 가는데 밤새 눈이 많이 내렸다. 사라가치에 가려면 알마티에서 기차를 타고 15시간을 가야 한다. 기차는 밤새 하얗게 변한 세상을 가르며 거침없이 내달렸다. 침켄트역에 도착해서도 차를 갈아타고 3시간을 더 가야 했다. 총알택시로는 2시간이면 가지만, 안전을 위해 15인승 가젤(승합차)을 탔다.

새해라 선교지에서 꼭 필요한 러시아어 성경구절이 적힌 한 장짜리 달력을 한 아름 얻게 되어 선물로 가져가기로 했다. 선물을 받고 기뻐할 농아들을 생각하며 가젤 운전석 뒷자리에 올라탔다. 승합차에 사람들이 다 차자 차는 곧 출발했다.

밤새 내린 눈으로 도로는 이미 미끄러운 빙판길로 변해 있었다. 지친 승객들은 승합차의 온기로 인해 하나둘씩 졸기 시작했다. 아내도 깜빡 잠이 든 것 같았다. 나는 운전석 바로 뒤에서 위험을 감지하고 계속 기도하면서 갔다.

복음에 빚진 사람

그런데 우려했던 일이 현실이 되었다. 빙판길 위를 시속 70킬로미터로 달리던 차가 감속하지 않고 커브를 돌다가 뒤집어진 것이다. 안전벨트가 없는 낡은 차에 탔던 승객들은 대부분 자리에서 튕겨져 승합차 뒤쪽으로 몰려 엉켜져 있었다.

나는 정신을 차리고 안주머니에 넣어둔 여권부터 확인했다. 그러고 나서야 바닥에 깔려 있던 아내에게 손을 내밀었다. 아내는 바닥에 어깨가 부딪히고 얼굴에 상처가 나긴 했지만, 다행히 크게 다치지는 않은 것 같았다. 나는 "빨리 빠져 나가자"고 아내를 재촉했다. 선교사 신분이 드러나면 안 되기에 현장을 최대한 빨리 빠져나와야 했다. 뒷자리에 둔 선물은 그냥 두고 올 수밖에 없었다.

'그래 어쩔 수 없지. 우리 농아들에게는 너무 미안하지만…'

잠시 눈을 감고 기도했다.

"하나님, 누가 이 말씀을 보든 그 사람이 예수 믿게 해주세요!"

우리는 얼른 사고 현장을 빠져 나와 지나가는 다른 가젤을 잡아 탔다. 차를 잡느라 머리 위에 쌓인 눈이 녹아 눈물이 되어 뺨을 타고 뜨겁게 흘렀다. 나는 떨리는 가슴을 진정시키고 아내의 어깨를 감싸 안으며 기도했다.

"주님, 우리는 이방인이네요. 그래도 이들이 아버지의 사랑을 알게 되기를 원합니다…"

그러고 보니 나는 사고 현장에서 아내의 상태보다 여권을 더 걱정했다. 이방 나그네라는 사실을 무의식중에서도 느꼈나보다. 우리는 교통사고를 당했지만 권리 한번 주장할 수 없었다. 병원 한번 가보자는 말을 할 수 없는, 힘없는 나그네였다.

우여곡절 끝에 사라가치 장로교회에 도착했다. 우즈벡 농아 교회 식구들을 만난 반가움에 서로 얼싸안았다. 아내는 농아들이 걱정할까봐 어깨의 통증과 얼굴 상처에 대해서는 말하지 않고 얼버무렸다.

우리는 다시 그 무서운 차를 타고 20시간이 걸려 알마티 집으로 돌아왔다. 그리고 며칠간 치료를 받아야 했다. 하나님 없이는 정말 아무것도 할 수 없는 존재였다.

위험한 세례식

2010년 5월, 2박 3일간 32시간을 운전해 사라가치에서 농아들 20명에게 세례를 주고 왔다. 지난번 우즈베키스탄 국경이 닫혀 있을 때에는 우즈벡 농아들이 국경 사이로 흐르는 강물을 거슬러 올라와 몰래 성경 공부를 하고 되돌아간 일도 있었다.

농아들이라서 세례를 몸으로 더 깊이 경험하려고 캄캄한 밤에 천산계곡에 숨어 침례 예식을 행하던 중에 사진을 찍는다고 카메라 플래시를 터트렸다가 주민의 신고로 경찰이 출동한 적도 있다.

이번에는 먼저 믿은 농아들이 우즈벡 농아 교회 농아 20명을 인솔해서 우즈벡 국경을 넘어 카자흐스탄까지 세례를 받겠다고 왔다. 그중에는 예수를 믿는다고 부모님의 감금과 반대를 뒤로 하고 여권을 훔쳐서 세례를 받겠다고 국경을 넘어온 농아들도 있었다. 세례

받은 20명 중에 우즈벡인 17명, 러시아인 2명, 고려인 1명이 있었다.

무엇보다 세례를 베풀었던 나 자신이, 그리고 먼저 믿었던 농아들이, 자신들이 전도하고 양육했던 믿음의 형제들의 세례를 통해 서로에게 기쁨의 눈물을 터트리는 아름다운 시간이었다.

하늘로부터 소리가 있어 말씀하시되 이는 내 사랑하는 아들이요 내 기뻐하는 자라 _마 3:17

목숨 걸고 세례를 받은 농아들 모두에게 이러한 말씀이 가슴 깊이 전달되어, 주님 오시는 그날까지 믿음을 지키는 천국 독립군이 되기를 소망할 뿐이다.

8장

농아들에게 임한
하나님나라와 기름부으심

한국이 아니라 중앙아시아인 이유

나는 중앙아시아에서 일반인이 아니라 농아를 대상으로 선교를 하고 있다. 한국에도 농아가 있는데 왜 굳이 외국에서 농아 선교를 하느냐는 질문을 자주 받는다. 그럴 때면 나는 주로 이렇게 답한다.

"한국에는 장애인 사역을 하시는 분들이 많습니다. 체계가 잘 잡혀 있고 재정적 지원도 훌륭합니다. 한국사회에서도 어려운 삶을 살지만 그래도 먹고 살 수는 있지 않습니까. 한국에서는 장애인도 돈을 벌 수 있습니다. 물론 한국에 있는 장애인들이 도움의 손길이 필요 없다는 말은 아닙니다. 다만 이슬람 땅에는 종교적인 이유로 장애인을 도와줄 사람들이 많지 않습니다. 그중에서도 겉으로 멀쩡해 보이는 농아를 섬기는 사람은 더더욱 없습니다."

나는 언젠가 장애인 사역에 관한 선교 포럼에 참가한 적이 있다. 그런데 지체장애, 시각장애, 고아원 사역을 하시는 분들은 많이 만났는데, 농아 사역에 헌신하는 분은 찾아볼 수 없었다.

하나님께서는 내게 이슬람 땅의 농아들을 향한 마음을 주셨다. 내가 그곳에 가야만 하는 이유는 무슬림이라는 잃어버린 영혼들 때문이다. 특히 무슬림 사회에서 신이 버렸다고 취급받는 장애인들 때문이다.

불교는 장애인을 보는 관점을 '전생의 죄' 때문이라고 말한다. 그런데 이슬람은 장애인을 '신이 버린 사람'이라고 말한다. 어쩌면 불교보다 이슬람이 장애인에 대해 더 비정한 것 같다. 그래서 신이 버렸다고 생각하는 이슬람 지역에서 헌신하려는 것이다.

내가 처음부터 예수님을 믿었다면 이런 마음을 갖지 않았을지도 모른다. 그런데 내 나름대로 종교에 심취해 있다가 예수님을 믿고 나니 예수님을 여러 신(神) 중에 하나가 아니라 '만왕의 왕'으로 모시게 되었다. 그래서 만왕의 왕이신 예수님을 특별히 소외된 자들에게 소개해주고 싶은 열망이 컸다.

내가 중점을 두는 사역은 먼저 예수를 믿은 장애인들이 또 다른 장애인들을 섬길 수 있게 안내하는 것이다. 각국의 수화는 다르지만, 구소련 지역 15개 국가와 몽골 그리고 동유럽은 수화가 비슷하다. 그래서 농아 선교의 큰 장점이 되기도 한다. 나는 이런 드넓은 지역에 흩어져 있는 농아들의 영적 회복을 위해 앞장서고 싶다.

이슬람 땅에서 신의 저주로 태어났다고 인식되는 장애인들이 또 다른 장애인을 섬기게 된다면 이슬람 사회에서도 장애인들이 신의 저주가 아님을 인식하지 않을까. 이 사실을 알아차리게 하는 것이 내 사역의 목적이자 방향성이다.

이 생각은 소록도에서 배운 영성에서 나왔다. 한센병에 걸려 소록도에 온 사람들 중에 '신의 저주를 받았다'고 생각하는 경우가 있었다. 구약성경 레위기에 나병 환자는 부정하다고 말하기 때문이었다. 그렇지만 신약성경에는 예수님이 홀로 나환자촌에 들어가셨다고 말한다. 앞뒤가 맞지 않는 것 같지만, 결국 구약 율법에 의해 신의 저주로 태어났다고 하는 사람들을 예수님이 품어주신 것이다. 구약에서는 정결규례를 말한 것이고, 신약에서는 그들조차 십자가 보혈로 품으시는 그리스도의 십자가 사랑을 표현했다.

그렇게 그리스도의 사랑을 나타낸다는 측면에서 볼 때, 이슬람 선교는 장애인을 통해서 하면 매우 효과적이다. 장애인은 알라의 저주를 받았다고 해서 그들의 회당인 모스크(mosque)에도 들어가지 못한다. 그런 장애인들이 거꾸로 예수를 전한다면 어떨까?

소록도 역시 외국인 선교사를 통해 예수를 소개받은 소록도의 한센병 환자들이 "내가 문둥이었기 때문에 예수 믿게 되었다"라고 간증했다. 그래서 나 같은 사람까지 예수에 전염되었던 것처럼, 이슬람 땅에 있는 장애인들이 "우리는 알라의 저주가 아니라 하나님의 사랑으로 장애인이 되었다"라고 간증하고, 장애인이 또 다른 장애인

———————— 복음에 빚진 사람

을 섬긴다면 어떤 일이 일어날까?

소록도에 벨기에에서 온 수녀들이 와서 헌신한 적이 있다는 말을 듣고 나는 한때 벨기에를 선망했다. 또 내가 살던 남원에도 노르웨이 출신의 선교사가 온 적이 있다는 말에 노르웨이를 선망하기도 했다. '어떻게 그 먼 나라에서 여기까지 와서 봉사할 수 있었을까' 하는 마음 때문이었다.

한국에 복음을 전한 파란 눈의 선교사들처럼 나도 앞으로는 중앙아시아 중에서도 더 그늘진 곳을 찾아가 섬겨야 한다고 생각한다.

하나님나라의 본질 사역

장애인 선교는 하나님나라의 본질 사역이다. 하나님께서는 이 마음을 특별히 많이 부어주셨다. 누가복음을 살펴보면, 예수님은 공생애 기간 동안 장애인을 구원할 뜻을 세 가지 관점에서 밝히셨다.

첫째, 예수님은 공생애를 시작하시기 직전에 이사야 선지자의 글을 인용하시면서 소외된 자, 눈 먼 자, 억눌린 자 같은 사람들에게 희년의 해를 선포한다고 하셨다(눅 4:18). 즉, 장애인에게 구원을 베푸시겠다는 것이다.

주의 성령이 내게 임하셨으니 이는 가난한 자에게 복음을 전하게 하시려고 내게 기름을 부으시고 나를 보내사 포로 된 자에게 자유를, 눈 먼 자에게 다시 보게 함을 전파하며 눌린 자를 자유롭게 하고 주의 은혜의

해를 전파하게 하려 하심이라 하였더라 _눅 4:18,19

둘째, 예수님은 세례 요한이 "오실 그이가 당신이오니이까"(눅 7:20)라고 묻자 장애인을 치유하시는 예수님의 현재적 사역에 대해 설명하신다.

요한이 그 제자 중 둘을 불러 주께 보내어 이르되 오실 그이가 당신이오니이까 우리가 다른 이를 기다리오리이까 하라 하매 그들이 예수께 나아가 이르되 세례 요한이 우리를 보내어 당신께 여쭈어 보라고 하기를 오실 그이가 당신이오니이까 우리가 다른 이를 기다리오리이까 하더이다 하니 마침 그때에 예수께서 질병과 고통과 및 악귀 들린 자를 많이 고치시며 또 많은 맹인을 보게 하신지라 예수께서 대답하여 이르시되 너희가 가서 보고 들은 것을 요한에게 알리되 맹인이 보며 못 걷는 사람이 걸으며 나병환자가 깨끗함을 받으며 귀먹은 사람이 들으며 죽은 자가 살아나며 가난한 자에게 복음이 전파된다 하라 _눅 7:19-22

셋째, 예수님은 미래의 천국에서 장애인들이 마지막 주자로 들어올 거라고 말씀하신다(눅 14:15-24). '천국이 이와 같다'고 말씀하실 때, 그 한 예로 마지막 천국 문이 닫힐 때 장애인들이 마지막 주자로 들어온다고 말씀하신 것이다.

———————— 복음에 빚진 사람

잔치할 시각에 그 청하였던 자들에게 종을 보내어 이르되 오소서 모든 것이 준비되었나이다 하매 다 일치하게 사양하여 한 사람은 이르되 나는 밭을 샀으매 아무래도 나가보아야 하겠으니 청컨대 나를 양해하도록 하라 하고 또 한 사람은 이르되 나는 소 다섯 겨리를 샀으매 시험하러 가니 청컨대 나를 양해하도록 하라 하고 또 한 사람은 이르되 나는 장가 들었으니 그러므로 가지 못하겠노라 하는지라 종이 돌아와 주인에게 그대로 고하니 이에 집 주인이 노하여 그 종에게 이르되 빨리 시내의 거리와 골목으로 나가서 가난한 자들과 몸 불편한 자들과 맹인들과 저는 자들을 데려오라 하니라 _눅 14:17-21

천국 잔치에 초청장을 돌리는데 다들 이런저런 핑계를 대며 오지 않았다. 소 산다, 장가간다, 땅 산다, 등등 핑계를 대면서 바쁘다며 오지 않았다. 그러자 하인이 주인에게 와서 일러바쳤다.

"주인님, 다들 바쁘다고 안 옵니다."

그러자 주인이 "그러면 빨리 거리로 나가 강권적으로 내 집을 채워라"라고 명한다. 교회가 전도를 강조할 때 대부분 이 말씀을 인용하여 "강권적으로 내 집을 채워라"라고 플래카드를 내거는데, 예수님이 이 비유에서 말씀하신 특별한 대상을 보통 간과한다.

예수님이 잔치 자리를 채우라고 하실 때 불러오라는 대상은 가난한 자들과 장애인들이었다. 또한 잔치를 베풀 때에도 친한 사람이나 부자를 청할 것이 아니라 가난한 자와 장애인을 청하라고 앞서 강조하셨다.

또 자기를 청한 자에게 이르시되 네가 점심이나 저녁이나 베풀거든 벗
이나 형제나 친척이나 부한 이웃을 청하지 말라 두렵건대 그 사람들이
너를 도로 청하여 네게 갚음이 될까 하노라 잔치를 베풀거든 차라리 가
난한 자들과 몸 불편한 자들과 저는 자들과 맹인들을 청하라
_눅 14:12,13

몸으로 하는 방언과 성령의 기름부으심

최근에 농아들과 함께 내가 전도사 시절에 사역했던 은현교회를
방문했다. 그 교회 김동일 장로님이 농아들 앞에서 나를 이렇게 소
개하셨다.

"옛날에 이민교 선교사님이 전도사였을 때 나에게 말도 안 되는
기도를 해줬는데, 그 기도 때문에 내가 이렇게 살아났습니다."

'아니, 이게 무슨 말씀인가?'

나도 그 장로님을 위해 기도했던 건 기억이 났는데 무슨 기도였
는지는 정확히 기억나지 않았다. 그런데 그 장로님이 말씀하시기를,
내가 기도하면서 "하나님, 우리 장로님을 더 빨리 죽게 해주십시오.
더 아프게 해주십시오"라고 기도했다는 것이다. 그러자 뒤늦게 기억
이 났다. 하지만 내가 그렇게 무식한 말로 기도를 했다는 이야기를
농아들 앞에서 듣자니 낯이 뜨거웠다.

당시 그 장로님은 시청 직원이었는데 단체로 회를 잘못 먹어서 식중독에 걸렸다고 한다. 함께 회를 먹은 15명이 식중독으로 2주 넘게 병원에 있었는데, 자신은 내가 기도를 해줘서 3일 만에 퇴원했다고 하셨다.

기억을 되살려보았다. 그때 나는 새벽 기도 시간에 목사님이 먼저 나가시는 걸 본 다음 장로님께 다가가 몰래 기도를 해드렸다. 성령님이 내게 기도하고 싶은 마음을 강하게 주셨기 때문이다. 그런데 엉뚱하게도 내가 장로님의 손을 잡고 "죽게 해달라"는 기도를 했던 것이다. 다들 식중독에 걸린 장로님을 위해 "고쳐주십시오, 살려주십시오"라고 기도하는데 새파란 전도사가 와서 방언으로 기도하다가 "빨리 죽게 해주십시오. 더 아프게 해주십시오"라는 기도를 했으니 얼마나 황당했을까? 그런데 놀랍게도 장로님은 그 순간 성령의 운행하심을 느꼈고, 그 자리에서 치유를 받았다고 고백하셨다.

나는 사실 예수를 처음 믿었을 때부터 신유의 은사를 굉장히 사모했다. 성경에 나와 있는 것들을 다 해보고 싶은 열망 또한 있었다. 죽은 나사로를 살리셨던 예수님처럼 죽은 시체에게 "일어나라"라고 외쳐보기도 했다. 심지어 바울이 아픈 사람에게 손수건을 던졌다고 하니까 나도 따라 던져보기도 했다(행 19:12). 하나님께서 나 같은 사람을 예수 믿게 하셨다면 '성경에 기록된 일들을 나도 다 할 수 있게 해주셔야 하지 않겠는가' 하고 하나님께 매달렸다.

나를 믿는 자는 내가 하는 일을 그도 할 것이요 또한 그보다 큰 일도 하리니 _요 14:12

그러면서 현상적인 이적을 많이 간구했고 또한 체험하기도 했다.

예수님이 2천 년 전에 오셔서 병든 자와 장애인을 고쳐주셨다면, 영으로 오신 하나님, 곧 성령님은 이처럼 오늘 이 시간에도 우리에게 오셔서 병든 자와 장애인을 고쳐주기도 하신다. 나는 중앙아시아에서 사역하면서 그 옛날 그 장로님을 위해 기도할 때처럼 성령이 장애인들에게 임하시고 치유하시는 역사를 자주 체험했다.

성령이 임하실 때 하나의 증거로 방언을 받기도 한다. 그런데 농아들에게 성령이 임하자 그들이 몸으로 방언을 하는 것을 보았다. 그런 농아가 한두 명이 아니었다. 예배 도중 기도하다가 몸이 마구 떨리고 손도 떨리는 현상이 나타났다. 옆에서 보면 완전히 미친 사람처럼 보일 것이다.

하지만 나중에 기도가 끝난 뒤 그들에게 물어보면 하나님께 기도했다고 말한다. 어떤 기도를 했느냐고 물으면 어떤 장애인은 환상 가운데 예수님의 음성을 들었다는 이야기를 들려준다. 또 어떤 장애인은 기도하는 가운데 누군가의 질병을 치유하는 모습을 보았다고 했다. 그러면 진짜 그 사람에게 치유가 일어나는 일이 있었다.

나는 오랜 시간 이 모습을 지켜보면서 '아, 이게 농아들에게 성령이 임하신 증거로 나타난 몸의 언어였구나' 하고 깨달았다. 하나님

———————— 복음에 빚진 사람

은 영적인 분이시다. 방언은 영이신 하나님이 임하실 때 나타나는 '영(靈)의 언어'라고도 말할 수 있다. 그런데 말을 못하는 농아들에게 성령이 임하실 때 그들이 몸으로 표현하는 방언을 한 것이다.

최근 한국에 돌아와《하늘의 언어》를 쓴 김우현 감독과 교제를 했다. 그에게 이런 나의 체험을 이야기하자 몸의 언어에 대해서는 전혀 몰랐다는 반응을 보였다.

"손으로 어떻게 방언을 합니까?"

김 감독은 방언에 대해 무수한 사례들을 접하고 다양한 풍경들을 보았지만 처음 듣는 이야기라고 말했다. 말을 못하는 사람들의 입장은 생각해본 적이 없었다며 놀라워했다. 그러더니 하나님의 큰 사랑에 감사한다고 가슴 뭉클해 했다.

농아들이 몸으로 혹은 손으로 하는 방언은 말하자면 성령의 기름부으심이 임한, 일종의 '성령의 나타나심'이었다. 그런 것을 보면 성령의 기름부으심이 흐르는 방식은 사람마다 다를 수 있는 것 같다. 방언처럼 영적으로 와서 육적인 치유로 흘러가는 사람이 있는가 하면, 농아들처럼 육적인 부분을 터치해서 영적인 변화로 흘러갈 수도 있다는 말이다. 동일한 성령의 역사이고 기름부으심이지만, 그 흐름의 순서는 사람마다 다를 수 있다.

물론 보통 사람들에게는 영(靈)으로 임해 육(肉)으로 가는 것이 일반적이다. 그런데 하나님께서는 농아들에게는 그 몸의 특성상 기름부으심이 거꾸로 흘러가게끔 해주신 것이라고 생각한다. 몸의 언어를 통해 그들의 생각이 하나님을 향하도록, 즉 영의 세계로 나아가도록 한다는 것이다.

그러나 보통 사람들의 눈으로 보면 그들의 행동은 미친 사람이 하는 것처럼 보일 것이다. 비록 말을 못하는 농아이지만 겉으로는 멀쩡한 사람이 온몸을 뒤틀기도 하고 팔을 이상하게 떨고 흔들기도 하기 때문이다.

그래서 부모들이나 주변 사람들이 처음에는 그들이 미친 줄 알고 정신병원에 입원시키는 경우도 있었다. 어느 돈 많은 집 부모가 그렇게 했는데, 그 아이가 몰래 병원을 탈출해 예배를 드리고 가기도 했다. 진단 결과 아무 이상이 없었고 정신병도 아니었다. 그들이 몸의 언어로 임하신 기름부으심을 통해 실제적으로 생각 너머에 계신 하나님을 만난 것이다. 우리는 다 생각 안에 하나님을 가둬놓고 사는데 생각 너머에 계신 하나님을 만나고 나서 알게 되었다.

'아, 하나님이 이렇게도 역사하시는구나.'

농아에게 임한 하나님의 특별 은사

하나님께서는 성령의 기름부으심과 역사를 통해 농아들에게 치유의 역사를 많이 베풀어주기도 하셨다. 우즈벡 농아 교회에 스비에따라는 농아가 있다. 그녀가 결혼해서 낳은 아이도 농아였는데, 머리는 보통 아이의 2배 정도로 컸다. 의사는 고칠 수 없고 머리가 치료된다 해도 걷지 못할 거라고 했다. 아이의 이름은 샤샤였다. 그런데

스비에따가 예수를 믿고 기도하는 가운데 하나님께서 그녀에게 신유의 은사를 주셨다. 그리고 스비에따는 아이의 이름을 '임마누엘'로 바꾸었다. 도저히 불가능하다고 했는데 약 3년간 기도했을 때 지금은 믿기지 않을 정도로 정상이 되어 농아학교에 다니고 있다.

마가복음 16장에 나오는 말씀대로 믿는 자에게 나타나는 이적을 믿고 이름부터 바꾸어놓고 간구했던 것이다. 말하자면, 다 나은 후에 이름을 바꾼 것이 아니라 믿음으로 이름을 바꾸었더니 역사가 일어났다.

> 믿고 세례를 받는 사람은 구원을 얻을 것이요 믿지 않는 사람은 정죄를 받으리라 믿는 자들에게는 이런 표적이 따르리니 곧 그들이 내 이름으로 귀신을 쫓아내며 새 방언을 말하며 뱀을 집어올리며 무슨 독을 마실지라도 해를 받지 아니하며 병든 사람에게 손을 얹은즉 나으리라 하시더라 _막 16:16-18

나는 그래서 은혜를 받은 농아들에게 이름을 바꾸라고 권한다. 이름을 굳이 바꿀 필요는 없지만 이름에 대한 사명의식을 주는 것이다. 그렇게 바뀐 이름이 하나님이 주신 것으로 해석이 되면 그렇게 살라고 권면한다.

학김은 낫 놓고 기역자도 모르던 농아인데 축구를 너무 좋아해서 우리 교회 공동체의 일원이 되었다. 그런데 그가 은혜를 받고 방언을 받았다. 언젠가 내가 골방 기도에 대한 말씀을 전한 적이 있다.

> 너는 기도할 때에 네 골방에 들어가 문을 닫고 은밀한 중에 계신 네 아
> 버지께 기도하라 은밀한 중에 보시는 네 아버지께서 갚으시리라 _마 6:6

농아들의 특징은 말씀을 들으면 그대로 실천을 잘한다. 그런데 학김은 자신에게 기도할 만한 골방이 없으니까 화장실을 골방으로 삼았다. 문제는 화장실에 한번 들어가면 나올 줄을 몰랐다. 화장실 문을 걸어 잠그고 두세 시간씩 기도를 했다. 그는 선천적 농아라 소리를 전혀 들을 수 없다. 그래서 자기 자신도 그렇게 오랫동안 기도한 줄을 모른다. 그러다보니 사람들은 화장실 문 앞에 계속 서 있어야 했다.

한번은 내가 학김에게 물어보았다.

"너, 무슨 기도 했니?"

그러자 어제 들었던 설교를 환상 가운데 다시 들려주셨다면서, 자기가 아는 범위 안에서 설명을 해주었다. 나는 하나님이 깊이 인도하시는 기도를 한 것 같다고 해석해주고 격려해주었다. 그러면서 넌지시 앞으로는 화장실을 잠그고 기도하지 말라고 일렀다.

그런 그를 통해 특별한 경험도 했다. 교회 마당에 미니 축구장 배수 공사를 할 때였다. 옆에 있던 학김이 나를 불러 손으로 말했다.

"목사님, 여기가 끊어졌어요!"

──────── 복음에 빚진 사람

"뭐라고? 그럴 리가…."

나는 아무 소리도 못 들었는데 들을 수 없는 학김이 그 부분에서 '뚝' 하는 소리를 들었다는 것이다. 그가 손으로 말한 자리를 확인해 보니 진짜로 파이프가 끊어져 있었다. 믿기 힘들었지만 사실이었다. 만약 학김이 지적해주지 않았다면 40~50센티미터 가량 파들어간 배수 공사를 완전히 다시 해야 할 뻔 했다. 나는 이런 것을 보면서 섬뜩섬뜩 놀라곤 한다.

'아, 하나님은 사람의 소리가 안 들리는 학김에게 때로 직접 말씀하시는구나. 이들을 하나님의 사람으로 잘 양육해야겠다.'

나는 조용히 이런 다짐을 했다.

낫고 싶지 않아요!

농아 축구 선수들은 대부분 선천적 농아이지만 후천적 농아도 있다. 한국에서 침술 봉사단체가 방문한 적이 있는데, 중이염 등으로 후천적 농아가 된 사람은 침술로 고칠 가능성이 있다기에 그런 선수들에게 침술을 받아볼 것을 권유했다.

후천 농아의 경우, 기도를 통해 치유의 역사가 일어난 적도 있었다. 약간의 청각이 남아 있는 상태에서 기도한 결과 완전히 들리게 된 것이다. 전적인 하나님의 은혜였다.

축구팀 선수로 활약하는 고려인 마나스도 후천적 농아였다. 내가 그에게 치유를 위해 기도해주겠다고 했다. 기도를 받고 나면 앞서 치유된 아이들처럼 "너도 듣게 될 거야"라고 말했다. 그런데 이상하게 그는 절대로 기도를 받지 않겠다고 고집을 부렸다. 그러면서 하는 말이 믿기지 않았다.

"목사님, 제 귀를 위해 기도해주지 마세요. 저는 들리면 안 돼요."

"아니, 그게 무슨 소리야? 왜 들리면 안 되는데?"

나는 손짓말을 더 빨리하며 말했다.

"소리가 들리면 목사님과 축구하러 못 다니잖아요! 차라리 농아로 살겠어요."

마나스가 온몸을 이용해 진지하게 말했다.

농아 축구 선수로 계속 뛸 수만 있다면 귀를 치유받지 않아도 괜찮다는 말이었다. 농아들이 축구 시합을 하기 전에 실제로 농아인지 아닌지를 테스트한다. 귀가 들리면 우리 팀에 속할 수 없기 때문이다. 고마운 마음도 들었지만 한편으로는 안타까웠다.

하나님께서 이 세상을 진단하신 후 처방을 내리셨다. 세상을 진단한 결과, 세상에는 예수님이 필요하다는 처방을 내리신 것이다. 세상이 다 죄로 물들어 있었기 때문에 그 처방으로 예수님을 주신 것이다.

하나님이 세상을 이처럼 사랑하사 독생자를 주셨으니 이는 그를 믿는 자마다 멸망하지 않고 영생을 얻게 하려 하심이라 _요 3:16

——————— 복음에 빚진 사람

감독이라면 선수의 상태와 능력을 진단할 것이고, 의사라면 환자를 진단한다. 그런 것처럼 목사로서 나는 기도를 통해 농아들을 영적으로 진단해본다. 내가 기도했을 때 어떤 아이는 기도하면 하나님이 귀를 열어주실 것 같다는 확신이 들 때가 있다. 이런 진단을 '영적 분별'이라고도 한다. 똑같은 현상에 대해 무조건 기도한다고 해서 다 되는 것은 아닌 것 같다. 분별을 하고 난 다음에는 받은 '처방'대로 열심히 응답될 때까지 기도한다.

그런데 후천 농아일지라도 마나스처럼 자신이 낫고 싶어 하지 않는 경우도 있었다. 그런 아이들에게는 그냥 축구를 계속하면서 이 모습 그대로 감사하면서 살자고 한다.

우리는 날마다 새로운 꿈을 꾸고 있다.
일터 교회를 세우려고 계속 궁리하는 이유는
그저 아비 된 마음으로 놓아 한 사람, 한 사람을 먹이고 싶기 때문이다.
이 땅의 장애인들이 각자의 삶의 터전에서
하늘을 향해 두 팔을 높이 뻗으며 환호하는 모습을 꿈꿔본다.

3부

아버지의 일거리를
계속 주시옵소서

9장

하나님나라를 꿈꾸는
일터 교회 만들기

하늘 비자

키르기스스탄 비자를 받기 위해 필요한 서류를 준비하면서 어려움을 많이 겪었다. 얼마나 신경을 썼는지 비자를 받고 나서 설사까지 할 정도였다. 왜 이렇게 과정이 복잡하냐고 불평도 늘어놓았다. 하지만 만약 나에게 우즈베키스탄 비자를 준다고 했다면 '이 수고에 몇 배라도 감당할 수 있었을 텐데' 하는 생각이 들어 웃음이 나왔다.

나는 우즈베키스탄에서 추방을 당해 그곳은 더 이상 가고 싶어도 갈 수 없는 나라가 되었다. 국제법에 따르면 종교적 추방일 경우 5년이 지나면 비자가 회복될 수 있다는데 웬일인지 아직도 비자가 나오지 않는다.

비자 서류를 어렵게 준비하면서 문득 이런 생각이 들었다.

'하늘나라에 들어가기 위해 필요한 서류는 무엇일까? 이렇게 복잡하고 어려운 것일까. 하늘 비자에는 유효 기간이 있을까? 하늘 비자를 받을 수 있는 조건은 무엇일까? 하늘 비자는 하늘에서만 필요할까. 아니면 이 땅에서도 필요할까?'

세 개의 서클

나는 우즈벡에서 추방당한 후 카자흐스탄으로 사역지를 옮기면서 체육부 소속으로 영주권을 받고 공식적으로 들어갔다. 이제는 선교사인 내 신분을 당당히 밝힐 수도 있게 되었다.

내가 두 번이나 반복되는 추방으로 영적인 암흑기를 맞았을 때, 바다 한가운데 떠 있는 고장 난 돛단배처럼 앞으로 나갈 힘도 없었다. 무엇보다 농아 선교에 대한 목표도 사라져버렸다. 이때 먼 등대의 희미한 빛 같은 것이 내 영혼에 말씀으로 찾아왔다.

내 아버지께서 이제까지 일하시니 나도 일한다 _요 5:17

이 말씀을 통해 '일 속에서 만난 하나님, 땀 속에 찾아오신 하나님' 이라는 슬로건을 내걸고 농아들에게 일터를 제공하는 사역으로 방향을 잡게 되었다.

나는 우즈벡에서 추방당하기 전만 해도 이슬람에 대해 제대로 알지 못했다. 그래서 나는 교회와 개인(혹은 가정) 중심의 사역만을 했다. 그러다 추방을 당하고 카자흐스탄으로 사역지를 옮기는 과정에서 이슬람 사회에 대해 깊이 이해하게 되었다. 즉, 이슬람 사회에 세 개의 서클(circle)이 돌고 있다는 사실을 인식하게 된 것이다.

이슬람은 '개인과 모스크(mosque, 예배당)와 일터'가 서로 맞물려 세 개의 원처럼 돌고 있다. 그래서 이슬람을 '운마 공동체'(이슬람 신앙 공동체)라고 부른다.

그런데 나는 이슬람 땅 우즈벡에서 7년간 선교하면서 '개인과 교회'라는 두 개의 서클만 돌렸다. 개인에게 예수를 전하고 교회를 세운 것인데, 즉 개인(가정)과 교회에만 관심을 두었다는 말이다. 무엇이 빠졌는가? 일터가 빠졌다. 예수를 전하고 교회 공동체 사역은 했지만, 일터가 빠졌다는 사실을 카자흐스탄에서 새롭게 인식하게 되었다.

지금도 이슬람권에서는 예수 믿는 사실이 알려지면 졸업을 못하는 대학들도 많다. 신학 공부도 당연히 할 수가 없다. 따라서 그들이 예수를 믿으면 일자리를 잃을 위험도 감수해야 한다. 그만큼 큰 희생이 필요하다. 더구나 이슬람의 장애인들은 개인적인 삶을 유지하기도 힘든 사회 풍토에서 종교적인 이유로 예배당(모스크)에도 들어가지 못한다. 그러니 일자리를 얻기가 더더욱 어렵다.

'그렇다면 이 문제를 어떻게 해결해야 할 것인가?'

이때 주신 지혜가 바로 '일터 교회'에 대한 개념이다. 분명한 일터이지만 신앙 공동체이기도 해서 '일터 교회'라고 이름 붙였다. 즉, 농아들이 직업 공동체로서 비즈니스를 하며 경제적 자립을 한다면 이슬람 사회에서 충분히 삶을 영위할 수 있고, 일터 자체가 교회 공동체 역할을 할 수 있으리라 생각했다.

중앙아시아 경제의 허브라는 카자흐스탄 알마티에 사는 장애인들의 경제적인 자립을 위해 하나님께서는 이렇게 나에게 이슬람의 움마 공동체를 이해할 수 있는 은혜를 주셨다. 이곳 성격에 맞게 일터교회를 세우게 하신 것이다. 그리고 이슬람 땅에서 사역하면서 장애인들에게 필요한 일자리를 창출하는 것이 이 시대에 필요한 하나님의 선교 전략임을 깨닫게 해주셨다.

춤추는 콩나물 교회

일터 교회의 시초는 '춤추는 콩나물 교회'이다. 무엇을 먼저 시작할지 고민하다 소자본으로 농아들의 자립을 도울 수 있는 것이 콩나물 장사일 것 같았다. 나는 인터넷으로 수소문한 끝에 전북 정읍에서 20년 넘게 콩나물만 키우며 사역하시는 '콩나물의 달인' 김종국 목사님을 찾았다. 마침 한국에 축구 경기가 있어서 간 김에 그 분을 찾아가 머리 숙이고 콩나물 재배법부터 배웠다.

그렇게 2006년 11월, 콩나물 교회를 개척했다. 콩나물을 기르기 위한 시설로 40피트 컨테이너를 개조해 시작했지만, 한겨울 중앙아시아 사막에서 불어오는 매서운 날씨를 견디기에 석탄 난로 화력으로는 턱없이 부족했다. 또한 한여름의 폭염은 콩나물을 기르는 데 큰 문제였다.

콩나물을 잘 기르기 위해 필요한 것은 콩과 물이지만, 그보다 더 중요한 것은 따뜻한 마음과 손길이었다. 적당한 온도와 습도 조절은 물론이요 시간에 맞춰 때마다 물을 줘야 하기 때문이다.

콩나물을 본 적도 없는 농아들이 실수를 거듭해가며 콩나물 기르는 실습을 한 끝에, 알마티에 있는 한국인 가게와 한인 교회에 '춤추는 콩나물'이라는 이름의 콩나물을 판매하기 시작했다. 보통 콩나물은 반듯하고 길쭉하지만, 우리가 키우는 콩나물은 꼬불꼬불해서 '춤추는 콩나물'이 되었다. 보기에는 그래도 맛이 좋고 그 모양을 내는 비법도 따로 있다. 그래서 처음에는 판매에 자신이 있었는데 웬일인지 콩나물이 좀처럼 팔리지 않았다. 나는 농아들과 한국 식당을 찾아다니며 애원했다.

"콩나물 좀 사주세요. 우리 콩나물 좀 사주세요!"

함께 다니던 농아가 힘들었는지, 울먹이며 내게 '그만 하자'고 애원할 정도였다. 그만큼 장사가 안 됐다. 나는 콩나물이 왜 팔리지 않는지 처음에는 그 이유를 몰랐다.

우리가 키운 콩나물은 촉진제를 쓰지 않아서 콩나물이 가늘다. 다른 콩나물은 길고 두툼해서 사람들이 튼실해 보이는 콩나물을 선호했다. 우리가 재배한 '춤추는 콩나물'은 약품을 쓰지 않아 건강에는 좋아도 팔리지 않으니까 소용이 없었다.

콩나물이 계속 잘 팔리지 않자, 하나님께 기도했다.

"하나님, 어떻게 해야 합니까?"

——————— 복음에 빚진 사람

이듬해 부활절에 하나님이 주신 마음으로 일을 벌였다. 마침 카자흐스탄에서 한국인 연합 부활절 예배를 드리는데 성도 200명이 모인다는 소식을 들었다. 우리는 콩나물 200봉지를 미리 준비했다.

부활절 예배에 참석한 한국인들에게 콩나물을 한 봉지씩 나눠주면서 "콩나물의 모습으로 부활하신 예수님을 찬양합니다!"라고 외쳤다. 부활절에 삶은 계란을 나눠주는 대신 콩나물에 생명의 떡으로 오신 예수 그리스도를 연결한 것이다. 좀 억지스러운 면도 있었지만 그때는 그만큼 절실했다.

하나님께서 우리를 불쌍히 여기셨는지, 이 일을 계기로 콩나물 교회가 부흥하기 시작했다. 주문량이 늘고 수익도 늘었다. 월 수익이 500달러 정도 나기도 했다. 엄청난 금액은 아니지만 감사하게도 농아들이 콩나물을 판매하여 얻은 수익금의 일부를 우즈베키스탄과 키르기스스탄의 농아들에게까지 흘려보내고 있다. 또한 콩나물 교회를 통해 장애인들의 자립 공동체가 모델로 세워지기를 소망한다.

행복한 두부 교회

춤추는 콩나물 교회가 어느 정도 자리가 잡혀갈 때였다. 나는 밤하늘을 바라보다가 문득 하나님께 물었다.

"하나님, 콩나물 다음에는 뭘 할까요?"

하늘에 웬 콩 하나가 떠 있는 것이 보인 것이다.

'아, 하늘에도 콩이 있네?'

하늘에 휘영청 떠 있는 달이 내게는 콩으로 보였다.

'아, 콩이구나. 콩!'

한동안 동그란 물체는 내 눈에 다 '콩'으로 보였다. 나는 콩에 관한 책을 두루 섭렵한 후에 두부 교회를 세우기로 결정했다. 북경까지 가서 두부 기계를 사오면서 두부 만드는 법도 배워왔다. 그리고 교회 이름은 '행복한 두부 교회'라고 지었다.

두부 교회도 자리가 잡히기까지 순탄치는 않았다. 처음 두부를 만들다가 농아인의 실수로 두부가 응고되지 않아 버리는 일도 있었고, 겨울에는 물이 나오지 않아 두부 생산을 중단한 적도 있었다. 또 두부 가열기를 작동하다가 전기 과열로 기계가 멈추는 일도 다반사였다.

그럼에도 불구하고 행복한 두부는 콩을 물에 불리고 두부를 포장하기까지 하나하나 정성으로 만든다. 무엇보다 늘 같은 품질의 두부를 만들기 위해 사용되는 모든 재료들을 철저하게 보관하고 관리하는 일은 기본이다. 특히 두부를 응고시킬 때 사용하는 간수는 계절에 따라 조금씩 달라져야 같은 맛을 내게 되므로 특히 중요하다. 따뜻하게 피어나는 두부의 뽀얀 살결처럼 우리 마음도 뽀얗게 피어나는 사랑으로 가득하기를 소망하며 두부를 만들고 있다.

누구를 위한 비즈니스인가

'춤추는 콩나물 교회'와 '행복한 두부 교회'는 얼마간 순풍에 돛을

단 듯 번창했다. 그런데 얼마 전부터 콩나물 교회와 두부 교회에 이상 징후가 감지되었다.

새벽녘에 눈을 뜨자마자 이런 생각이 들었다.

'오늘 목사님들 월례회가 있는데 두부와 콩나물을 어떻게 팔지?'

나는 깜짝 놀라 눈을 크게 떴다.

'아니, 내가 지금 무슨 생각을 한 거지? 내가 왜 이러지?'

나는 고개를 흔들며 정신을 차려 보았다.

성경 말씀을 생각하고 찬송을 부르며 눈을 떠야 하는데, 나는 어느새 세상 장사꾼이 다 되어 있었다.

그 무렵 내가 농아 축구팀을 이끌고 농아인 아시안게임과 올림픽 출전에 정신이 없다 보니 콩나물 물량을 제때 준비하지 못해 매출이 하락세를 보이고 있었다. 게다가 우리가 하는 콩나물 교회와 두부 교회가 잘 된다는 소문을 듣고 다른 한국 분들이 콩나물 장사와 두부 장사를 시작했다. 농아들이 하도록 내버려둘 줄 알았더니 그것도 사업이라고 경쟁이 붙은 것이다.

2009년 9월 농아인 올림픽에서 실패를 맛보고 돌아온 날, 어떤 한국인이 두부를 포장해서 판매하는 것을 보았다. 처음에는 '그럴 수도 있지' 하고 생각했는데, 손님들이 그쪽으로 몰리자 신경이 곤두섰다. 교회에 다니는 분이 그런다는 데 인간적인 실망감도 들었다.

우리도 포장기를 사면 어떻겠냐는 의견이 나왔다. 나는 그래도 우리가 선교사인데 두부 때문에 경쟁하지 말고 하던 대로 봉지에 넣어

팔자고 했다. 그러나 비즈니스의 세계는 냉혹했다. 그래서 요즘 나도 모르게 계속 이 생각만 하고 있었나보다. 다시금 누구를 위해 비즈니스를 하고 있는지 내 모습을 점검할 시간이 되었다. 밖에서 들려오는 화려한 음악소리에 장단을 맞추는 사람이 아니라 내 안에서 들려오는 성령님의 소리에 춤추고 살아야 한다. 밖에서 주는 음식으로 배불러 행복한 것도 좋지만, 영원한 생명이신 예수 그리스도로 인해 내 안에서 나오는 행복을 누리고 살리라 다짐해본다.

실패해도 좋다, 천냥하우스 교회

일터 교회라고 해서 모두 성공을 거둔 것은 아니다. 천냥하우스 교회가 대표적인 실패 사례이다. 전주에 '온리원'(Only One)이라는 생활필수품 매장이 있다. 샴푸, 세제 등의 생활필수품을 품목당 천 원에 판매하는 곳이다. 한국에서 천 원이라면 카자흐스탄에서는 한국 돈으로 5천 원 가량은 받을 수 있다는 계산이 섰다.

'아, 이제 떼돈 벌 수 있겠다.'

하지만 나는 이 일로 상당한 시행착오를 겪었다. GP선교회에서 천만 원을 융자 받아서 시작했는데, 나는 우선 유통을 잘 몰랐다. 컨테이너에 실으려면 운송비와 세금을 내야 하니까 경제성을 따지면 컨테이너 하나에 최소한 5천만 원 어치는 실어야 한다고 들었다. 그렇지만 우리는 그 안에 750만 원어치 밖에 싣지 못했다. 시작부터 남지 않을 장사였다. 그런데 더 혹독한 일이 기다리고 있었다. 컨테이너를 겨울에 보낸 것이 화근이었다. 시베리아 횡단열차에 실린 제품 중에 샴푸와 세제와 캔 제품들이 낮은 기온 때문에 얼고 터져버려서 쓸 수도 없게 되었다.

그래도 처음에는 꼭 필요한 상품을 가져와줘서 고맙다는 인사를 들으며 성황을 이루었다. 현지에서 소매로 팔고 싶다며 물건들을 가져가기도 했다. 그런데 인기 품목이 다 빠지고 나자 물건 회전이 안 되는 것 또한 문제였다.

비즈니스에 대한 준비가 전혀 없는 상태에서 한국에서 값싸고 품질 좋은 물건을 들여와 유통시키면 많은 이익을 낼 수 있겠다는 막연한 기대감이 실패의 원인이었다. 하지만 천냥하우스의 실패는 우리가 일터 교회를 세우는 데 꼭 필요한 경험이었다. 비록 물질적인 손해는 보았지만 그 이상의 소중한 경험을 얻은 것에 감사하다.

이 실패 경험은 앞으로 세워질 여러 일터 교회의 든든한 반석이 될 것이다. 천냥하우스라는 커다란 반석 위에 세워지는 일터 교회는 비바람이 불어도 흔들림 없는 굳건한 교회가 될 것을 믿는다.

뻥뻥 터지는 뻥튀기 교회

네 번째 교회는 '뻥튀기 교회'이다. 카자흐스탄에서 도넛 사업을 하시는 분의 권유로 시작했다. 현지인들에게 현장에서 직접 뻥튀기를 만드는 과정을 보여주면 상당한 호기심을 보인다. 뻥튀기 기계에 작은 쌀을 집어넣는데 '뻥' 하고 터지니까 신기해하는 것이다. 사람들의 왕래가 많은 봄부터 초겨울까지 꾸준하게 사람들에게 맛과 즐거움을 선사하는 간식거리로 사랑을 받고 있다. 뻥튀기 교회는 입맛과 호기심이 어우러진 농아인 자립 터전이 되었다.

뻥튀기 교회의 꿈은 자동차에 뻥튀기 기계를 싣고 도시간 거리가 먼 카자흐스탄의 여러 지방을 다니며 복음을 전하는 것이다. 낮에는 뻥튀기를 만들어 팔고 밤에는 그 지역 사람들에게 복음을 전하는 것이다. 그러면 뻥튀기 교회 사역은 한곳에 머무는 것이 아닌 카자흐스탄 전체를 향한 교회 사역이 될 것이다. 그래서 개인적으로 뻥튀기 교회가 앞으로 더 부흥이 됐으면 좋겠다.

이 일을 하기 위해 이스라엘 민족을 애굽에서 이끌어내기 위해 모세를 준비하셨던 것처럼 요셉과 하밀라 전도사 부부를 미리 준비시켜주셨다. 순교의 누나인 하밀라('하나님의 평안'이라는 뜻) 전도사는 폐결핵으로 오랫동안 죽음과 싸워왔다. 왼쪽 폐의 3분의 2가량 절제 수술을 받았는데도 하나님의 은혜로 회복되었으며, 남편 요셉은 신학생이다. 다시 살려주신 하나님의 은혜에 보답하기 위해서라도 뻥튀기 교회를 위해 헌신하고 있다.

꿈꾸는 일터 교회

우리는 날마다 새로운 꿈을 꾸고 있다. 일터 교회를 세우려고 계속 궁리하는 이유는 그저 아비 된 마음으로 농아 한 사람, 한 사람을 먹이고 싶기 때문이다.

일터 사역을 하면서 삶이 변화된 농아들이 많다. 카작에 사는 농아들은 저녁에 주로 카페나 레스토랑을 다니면서 열쇠고리나 인형을 판다. "나는 농아입니다. 이것 좀 사주세요"라고 외치며 장사를 하면서 먹고 사는 것이다. 그런데 이런 아이들이 예수를 믿으니까 장사를 하면서 복음을 전하는 사람으로 변하게 된다. 물건을 파는 데만 주력하는 것이 아니라 동시에 예수를 전하는 것이다. 예전에는 물건만 팔았다면 지금은 물건과 함께 예수님을 전한다.

농아 축구팀도 마찬가지다. 예전에는 축구만 했다면 지금은 골 세리머니를 이용해 예수님을 전한다. 티셔츠 속옷에 미리 "예수님은 구원자입니다!"라는 글귀를 써놓고, 골을 넣으면 윗옷을 벗어 메시지를 전하는 것이다. 그리고 그라운드에서 기도한다.

무엇보다 큰 기쁨은 일자리를 얻게 된 농아들이 매우 행복해 한다는 것이다. 이 땅의 장애인들이 각자의 삶의 터전에서 하늘을 향해 두 팔을 높이 뻗으며 환호하는 모습을 꿈꿔본다. 앞으로 우리가 꿈꾸는 일터 교회가 카자흐스탄을 시작으로 중앙아시아를 넘어 중동으로, 예루살렘 땅끝까지 기도의 터전 위에 세워지게 될 것이다. 이 땅에 뿌려지는 꿈이 열매를 맺게 되기까지!

일터 비즈니스

나는 미리 이론을 알고 '일터 교회'를 시작한 것이 아니다. 시작하고 나서야 이에 대한 이론을 다룬 책이 있는 것을 보았다. 나는 전혀 모르고 시작했는데 '이 시대에 일터 비즈니스를 통한 사역이 하나님이 원하시는 일이었구나'라는 확증을 얻게 되었다. 더구나 이슬람 땅에서 일터 사역은 그 자체로 매우 중요한 가치가 있다.

연변과학기술대학교에서 사역하시던 정진호 교수님이 내가 있는 카자흐스탄 농아인센터를 방문하신 적이 있다. 정 교수님은 농아들이 일하는 '일터 교회'를 방문하고 깊은 관심을 보이셨다. 자신도 연변에서 일터 교회를 연구하고 실험하는 중이었는데, 이론으로만 생각했던 일을 우리가 실제적으로 하고 있다고 말씀해주셨다. 더구나 이슬람 사회에서 장애인들과 함께 일터 교회를 현실화하는 것에 감탄하며, 일터 교회 사역에 관심이 있는 주변 분들에게 소개해주셨다.

우리가 하고 있는 일터 교회 중에 적은 자본으로도 시작이 가능한 것들이 있다. 농아들이 이 일을 하면서 기쁨과 자부심도 느끼며 일 속에서 하나님을 만날 수 있는 일터 교회들을 세움으로, 알마티 뿐 아니라 중앙아시아 여러 지역의 농아들에게 경제적으로 자립할 수 있는 기회를 주고 싶다. 이런 일터 교회가 장애인 뿐 아니라 현지 교회의 자립을 위해서도 좋은 도구가 되는 모델이 되고 싶다.

아울러 '알라(신)의 저주로 태어났다'라고 인식된 이슬람 땅의 장애인들이 일터 교회를 통해 구체적인 삶의 현장에서 예수를 그리스도라고 고백함으로 하나님의 형상을 회복하는 하나님의 사람들이 날마다 더해가기를 간절히 소망해본다.

10장

소록도 영성에 전염된
장애인 선교

눈으로 보는 예배

어느 성탄절 예배 시간이었다. 아무리 십자가를 걸지 못하는 이슬람 사회의 교회라지만 예배 시간이 다 되어가는데 너무 조용하다.

'사람들이 아직 안 왔나?'

나는 갸우뚱하며 문을 열고 들어갔다.

그런데 예배당 안에는 사람들이 많이 와 있었다. 평소에는 3,40명 남짓 모이지만, 성탄절이라 100명 가까이 되는 것 같았다.

'역시 농아 교회라 사람들이 많이 모여 있어도 조용하구나.'

우리는 예배 때 찬양 CD를 크게 틀어놓고 찬양을 한다. 음악을 좋아하는 농아인들이 많다고 한다면 좀 의아하겠지만, 어느 정도 청력이 남아 있는 이들을 위해 찬양을 크게 틀어놓는다. 조금이라도 더 잘 들으려는 농아들은 스피커 속에라도 들어갈 것처럼 귀를 기울인다. 찬양할 때 움직이는 농아들의 손짓은 일렁이는 파도 물결 같다. 정확하지 않은 음정과 박자일지라도 열심히 찬양을 한다.

농아들은 기도 시간에 고개를 숙이거나 눈을 감지 않는다. 기도하는 사람이 하는 수화를 눈으로 보면서 기도한다. 앞에서 기도하는 사람은 눈을 감지만, 성도들은 눈을 뜨고 기도를 하는 것이다.

말씀을 전할 때는 시청각 자료를 이용해서 설교할 때가 많다. 성경 본문을 읽을 때도 사회자가 성경 본문을 수화로 읽어나가면 성도들은 자기 성경을 보는 게 아니라 사회자를 본다.

나는 설교할 때 칠판에 써가면서 말씀을 전한다. 그리고 최대한 액션을 많이 취한다. 농아들은 눈으로 보는 것에 100퍼센트 의지하기 때문이다. 농아들이 잠시 눈을 뗀다거나 졸리면 설교의 흐름을 잘 이해하지 못하고 쉽게 흥미를 잃는다.

설교 시간이 끝나면 서로의 삶을 나누는 간증 시간이 있다. 말씀에 따라 살다가 승리하거나 실패한 이야기들을 나누는 귀한 시간이다.

예배는 보통 2시간을 훌쩍 넘기기 때문에 산만해진 농아들을 집중시키기 위해서는 온갖 방법이 동원된다. 사회자가 발을 굴러 진동을 전달하거나 전등을 껐다 켰다를 반복하기도 한다. 이렇게 해야 겨우 집중을 하기 때문이다.

예배가 살아야 영혼이 살고, 예배가 회복되어야 그 영혼이 회복된다. 마찬가지로 장애인들도 예배가 회복되어야 한다. 그래야 그 영혼이 회복되고 구원을 얻는 길이 열릴 것이다. 장애인들에게 회복되어야 할 것은 이뿐만이 아니다.

장애인의 회복

내가 볼 때, 장애인들에게 회복되어야 할 세 가지 영역이 있다. 첫째는 영적인 회복, 둘째는 육체적인 회복, 셋째가 경제적인 회복이다.

첫째, 영적인 회복이 가장 시급하다. 영적인 회복은 예수님이 장애인들을 구원하실 때 가장 우선하신 것이기도 하다. 영적 회복이란 하나님의 아들로 거듭나게 한다는 구원의 측면이 있다. 또한 창세기 1장 말씀처럼 태초에 우리를 지으신 하나님의 창조 목적을 회복하는 것이기도 하다.

> 하나님이 이르시되 우리의 형상을 따라 우리의 모양대로 우리가 사람을 만들고 그들로 바다의 물고기와 하늘의 새와 가축과 온 땅과 땅에 기는 모든 것을 다스리게 하자 _창 1:26

나는 하나님이 지으신 지금 내 모습에 감사하다. 사람은 누구나 자신의 있는 그대로의 모습에 감사해야 한다. 그렇지 않고 자신의 외모에 콤플렉스가 있거나 자존감이 낮아 감사하지 못한다면, 그가 비록 몸이 건강할지라도 마음에 장애가 있는 것이다. 그래서 누구라도 자신의 모습 그대로 감사할 수 있다면 그는 영적으로 회복된 것이다.

그렇다면 한센병 환자는 한센병 환자대로, 농아는 농아대로 어떤 장애를 가진 장애인이든 자신의 현재 모습 그대로 받아들이고 인정하고 감사할 수 있다면 어떨까? 그 자체가 그들에게 영적인 회복이 임한 증거이다.

무릇 존 전도사는 참으로 신실한 하나님의 종이다. 그의 이야기를 더 하자면, 무릇 존의 영적인 회복 과정은 참으로 놀라웠다. 그에게 영적 회복은 자신의 '정체성', 즉 자신이 누구인가를 알게 되는 회복이었다. 자신이 영적인 존재라는 것, 즉 하나님 없이는 살 수 없는 존재라는 사실을 알게 된 것이다. 자신이 영적 존재라는 사실을 아는 것이 영적 회복의 가장 기본이 된다.

영적 회복은 이처럼 자신이 누구인지를 전혀 모르고 살아온 사람에게 자신이 누구인지를 알게 해주는 것이다. 무릇 존과 같이 예수님을 영접하고 영적 회복이 일어나 자신이 농아로 태어난 것이 오히려 감사하다고 고백하는 이들이 많다. 그렇게 자신을 있는 그대로 사랑하고 감사할 수 있도록 회복되는 것이다. 그런 농아들이 나아가 '내가 하나님 없이는 살 수 없는 존재'라는 인식을 하게 되는 것이다.

둘째, 장애인의 육체적인 회복이 필요하다. 이 땅에 사는 우리에게 육체의 건강은 반드시 필요하다. 하나님께서 때로 신유의 은사를 통해 장애인 가운데 치유하실 사람을 치유하셨고 때로는 의학의 힘을 통해 치유하기도 하셨다. 그러나 농아 축구팀에 남으려고 치유를

　　　　　　　　　————— 복음에 빚진 사람

거부한 마나스처럼 이미 영적인 회복을 이룬 사람에게는 육체적인 결함이 문제가 되지 않는다. 어쩌면 장애인들이 마약과 폭력과 무기력한 생활에서 벗어나 축구를 통해 건강한 정신과 몸을 회복하고 유지하는 것이 진정한 육체적 회복이 아닐까 생각한다.

셋째, 경제적인 회복 또한 중요하다. 이 땅에서 물질이 우리의 주인은 아니지만 반드시 필요한 부분이다. 특히 장애인에게는 경제적 회복이 절실하다. 일터 교회 사역은 그들의 경제적 회복을 위한 것이다.

삶의 회복은 영적 회복과 육체적 회복과 경제적 회복이 동시에 이루어지는 것이 가장 바람직하다. 나는 이 세 가지 관점에서 장애인 사역을 하고 있으며, 우리 공동체가 지향하는 방향성이기도 하다.

이 세 가지 회복의 영역은 '개인과 교회와 일터'라는 세 가지 영역이 원을 그리며 움직이는 이슬람 공동체의 생활 문화에도 부합한다. 또한 내가 그들과 함께할 뿐 아니라 그들과 한편이라는 공동체 의식이 장애인들의 닫힌 마음 문을 여는 회복을 이루는 데 도움이 되는 것 같다.

전적으로 그들 편에 섰을 때

우즈벡에서 팀을 모아 2부 리그에 등록해 시합을 할 때였다. 경기 도중 그라운드에서 갑자기 싸움이 벌어졌다. 선수들끼리 엉겨붙어 심판에게 항의를 하면서 티격태격 했다. 급기야 싸움이 걷잡을 수 없이 커져 서너 명이 뒤엉켜 싸우고 있었다. 나는 순간적으로 갈등했다.

'이걸 같이 싸워줘야 하나, 아니면 벤치를 지키고 있어야 하나?'

가서 말리든지 아니면 어떻게든 해야 하는 상황이었다. 사소한 다툼이 거의 패싸움으로 번져가고 있었기 때문이다.

결국 내가 그라운드로 뛰어들어 놓아들 편에 섰다. 그들이 잘했다, 잘못했다 따지는 말도 하지 않았다. 무조건 우리 선수들 편을 들기 시작했다. 솔직히 말하면 그냥 싸웠다. 옳지 않은 일인 줄 알면서도 감독이 그라운드에서 벌어진 선수들의 싸움에 합세를 한 것이다.

만약 이렇게 동참하지 않고 가만히 보고만 있었다면 우리 선수들이 나를 어떻게 생각했을까? 예를 들어 적(敵)의 화살이 날아와 아군이 맞았다면 어떻게 해야 하는가? 화살을 빼내고 "이 화살이 어느 방향에서 왔는가?"하며 맞은 부위를 살피거나 "혹시 독이 묻어 있지는 않은가?"하는 것을 조사하려고 국립과학수사연구원에 의뢰하는 일 따위는 하지 않을 것이다. 그러는 사이 화살은 계속 날아올 것이고, 화살의 상처와 독 때문에 아군이 죽게 될 것이다. 그럴 때는 그냥 같이 응전하는 것이 옳다. 그런 것과 마찬가지라고 생각했다.

그래서 그 순간, 누가 잘못했는지를 따지기 전에 놓아들 편을 들며 같이 싸웠다. 나는 교도소에서 싸움을 말리고 제압하던 실력을 발휘해 싸움을 말리는 척하면서 상대방을 제압했다. 결국은 그날 경찰서에 붙잡혀갔다가 간신히 풀려났다.

———— 복음에 빚진 사람

그런데 이 일이 농아들에게 큰 힘이 되었나보다. 부끄럽게도 감독이 선수들의 싸움에 끼어든 것인데, 이 일로 농아 선수들이 '이민 교라는 사람은 우리 편이구나'라는 생각을 하게 되었다. 선교사라는 사람이 자기들을 위해 싸우기까지 했다는 사실에 감동을 받은 것이다. 아직 모든 선수들이 예수를 믿는 것은 아니지만, 이 일을 계기로 예수 믿는 선수들도 많아졌다. 아마도 닫혀 있는 농아들의 마음을 여는 계기가 된 것 같다.

눈으로 보이지 않는 농아들의 영적인 회복을 돕기 위해 이렇게 눈에 보이는 현실적인 행동을 해서라도 동참할 필요가 있다. 나는 그때 하나님의 사랑으로 그 싸움에 동참했다. 사람들이 그때의 내 행동을 이해하든 말든 상관 없이, 나는 하나님이 그렇게 해도 좋다고 허락해 주셨다고 생각한다.

소록도 영성

이슬람 사회에서 장애인은 "너는 신이 저주했다"는 말을 듣고 살아간다. 그래서 자신의 정체성을 잃기가 쉽다. 그런데 나 같은 사람이 간증하고, 함께 축구를 하고, 땀 흘리고, 같이 싸워주고, 그들을 대변하보니 그들이 결국 '내가 사랑받는 존재구나. 내가 하나님 없이는 살 수 없는 존재구나'라는 사실을 알아차리게 되었다. 이런 과정을 통해 영적인 회복이 이루어지는 것이다. 즉, 자신의 모든 것을 있는 그대로 받아들이고 모든 것을 은혜요 감사로 여기게 된다. 그런데 놀랍게도 이것은 소록도의 한센병 환자들이 내게 보여준 것과 같은 개념이었다.

원불교의 도를 전하려던 나는 당연히 예수를 믿고 싶지 않았다. 나는 소록도에 부처를 전하러 갔다가 소록도 한센인들의 진실한 고백 때문에 예수를 믿고 지금은 목사요 선교사까지 되었다. 그들이 나에게 소개해준 예수는 문둥이조차 감사를 고백하게 만든 예수님이었다. 그들의 행복이 나에게 예수를 전염시켰다.

예수님이 얼마나 귀한 분이신가? 내가 한센병 환자를 통해 예수님께 전염되었듯이 우리들이 고백하는 예수님 때문에 주위 사람들이 다 예수에 전염되기를 소망한다. 그러면 우리가 먼저 예수님 때문에 행복해질 것이다. 이것이 소록도 영성의 시작이다. 소록도 영성은 내가 어디를 가든 전하고 싶은 메시지이고, 한국교회가 잊지 말아야 할 믿음의 유산(遺産)이라고 강조하고 싶다.

소록도 영성의 특징은 모든 것이 은혜요 감사이고 면류관을 바라보고 사는 삶이다.

첫 번째 소록도 영성 – 모든 것이 은혜요 감사이다

소록도의 한센병 환자들은 부처를 전하려는 젊은이에게 예수 믿으라고 하면서 자신들은 행복하고 모든 것이 감사하다고 했다. 그들이 그렇게 감사하는 이유는 그들에게 영적인 회복이 일어났기 때문이다. 그래서 그들의 모습을 있는 그대로 보고 받아들이며 감사할 수 있는 것이다. 나는 이것을 '소록도 영성'이라고 부르고 싶다. 그 영성이 나를 이렇게 변화시켰다.

최근 농아들을 인솔하고 한국을 방문했을 때 소록도에 데려갔다. 소록도에 계시는 세 분의 어르신에게 간증을 특별히 부탁드렸다. 세 분 모두 50년 넘게 소록도에서 사신 장인심 권사, 이남철 장로, 천우열 전도사님이셨다.

이분들이 들려주신 간증에 공통으로 들어간 말이 있었다.

"내가 문둥이가 아니었다면 예수 믿지 않았을 텐데 하나님이 나를 나병 환자로 만들어주셔서 내가 예수님을 믿었습니다. 그것이 매우 감사하고 행복합니다."

그리고 지금의 모든 상황이 하나님의 은혜라고 하셨다. 이처럼 소록도 영성을 대표하는 말은 일체 모든 것이 은혜요 그 은혜에 감사하는 것이다. 자신이 문둥이라는 것을 받아들이기까지 얼마나 힘들었겠는가. 쉽지 않았을 것이다. 무려 50년이 넘도록 소록도에서 한센병 환자로 사신 분들의 입에서 지금은 감사가 흘러나온다. 한센병 환자가 되어 문둥이라는 소리를 듣는데도 그것을 오히려 은혜와 감사로 받아들이는 것이 우리가 배워야 할 영성이다.

두 번째 소록도 영성 – 면류관을 향해 달려간다

소록도 사람들은 이 땅에 소원을 둔 것이 아니라 저 천국에서 받게 될 면류관이라는 상급을 바라는 신앙을 가졌다. 천국에 가느냐

지옥에 가느냐는 예수 믿는 우리에게 이미 정해진 것이다. 지금 우리가 목표 삼아야 할 신앙의 태도는 이 땅에서는 하나님나라를 이루는 삶을 살면서 면류관을 향해 달음질하는 것이다.

> 이제 후로는 나를 위하여 의의 면류관이 예비되었으므로 주 곧 의로우신 재판장이 그날에 내게 주실 것이며 내게만 아니라 주의 나타나심을 사모하는 모든 자에게도니라 _딤후 4:8

> 시험을 참는 자는 복이 있나니 이는 시련을 견디어 낸 자가 주께서 자기를 사랑하는 자들에게 약속하신 생명의 면류관을 얻을 것이기 때문이라 _약 1:12

> 내가 달려갈 길과 주 예수께 받은 사명 곧 하나님의 은혜의 복음을 증언하는 일을 마치려 함에는 나의 생명조차 조금도 귀한 것으로 여기지 아니하노라 _행 20:24

면류관을 사모하는 신앙 영성은 단순하게 구원만 생각하는 것이 아니다. 하나님나라와 그 의를 먼저 구하며 이생을 살아가는 사람만이 면류관을 사모할 수 있기 때문이다. 이 또한 천국 복음을 믿고 따르는 삶이다.

그런 점에서 소록도의 그리스도인들의 삶은 면류관을 향해 달려

가는 삶이다. 그들이 빨리 죽기를 바라는 것은 한센병에 걸린 이생의 삶이 힘들어서만은 아니다. 빨리 상(償)을 받고 싶어서 죽음을 기다리는 것이다. 그래서 면류관을 받게 되는 죽음은 오히려 축제가 된다. 그들의 장례식이 축제와 같았던 것이 바로 그런 이유 때문이다.

소록도의 한센병 환자들에게 그런 영성이 있다면 우리에게는 어떤 영성이 있어야 할까?

교회 역사를 보면 권사 직분은 한국교회에만 있는 것 같다. 권사(勸士)라는 게 무엇일까? 교회의 권사란 말 그대로 복음과 올바른 신앙생활을 권하는 사람을 뜻하겠지만, 내가 생각하는 '권사'(勸死)란 '올바른 죽음을 권하는 사람'이라고 생각한다. 그래서 나는 집회 때 권사님들에게 감히 이렇게 도전하곤 한다.

"예수님 때문에 잘 죽읍시다. 서로 잘 죽자고 권면합시다. 면류관을 향해 서로 죽음을 경주합시다. 권사님은 다 일어나십시오. 우리 잘 좀 죽읍시다. 권사님부터 잘 죽는 사람이 됩시다."

장로교에서 권사님을 지칭할 때는 대부분 나이 많은 부인일 경우가 많다. 대개는 살아온 날들이 앞으로 살 날보다 많은 분들이다. 그렇다면 예수 믿는 사람답게 진짜 멋있게 죽는 길을 권하는 사람이 되어야 하지 않을까? 그렇다면 잘 죽는다는 것이 무엇일까?

먼저 그리스도 안에서 자신이 죽은 자인지 돌아보아야 한다.

내가 그리스도와 함께 십자가에 못 박혔나니 그런즉 이제는 내가 사는 것이 아니요 오직 내 안에 그리스도께서 사시는 것이라 이제 내가 육체 가운데 사는 것은 나를 사랑하사 나를 위하여 자기 자신을 버리신 하나 님의 아들을 믿는 믿음 안에서 사는 것이라 _갈 2:20

스데반의 순교를 통해 사울이 바울이 된 것처럼, 권사님들의 올바른 죽음을 통해 한국교회가 살아나고 크리스천의 영성이 드러나기를 바란다.

어디 권사뿐이겠는가? 장로와 집사 같은 직분자들도 마찬가지다. 직분은 계급장처럼 생각하고 받은 것이 아니다. 오히려 받은 직분만큼 예수 안에서 자아를 죽이고, 실제로 죽음을 잘 준비하는 자세가 필요하다. 장로나 안수집사가 될 때 목사님으로부터 안수를 받는데, 안수는 구약의 레위기 관점으로 보면 죽음을 앞둔 희생양에게 하는 것이다. 따라서 안수를 받는다는 것은 계급장을 달았다는 의미가 아니라 '죽음'을 뜻한다. 세례도 마찬가지 아닌가? 세례는 죽고 다시 사는 '거듭남'을 상징하는 것이다. 따라서 예수를 믿는 사람이라면 모두 '잘 죽는 것'을 준비해야 한다.

목사도 마찬가지다. 하나님이 특별히 목사라는 직분을 주신 것은 십자가를 짊어지라는 뜻이다. 십자가를 예수만 짊어졌다고 생각하지만 내가 짊어져야 할 십자가도 있다. 그러므로 목사나 장로나 권사와 같은 직분은 계급장을 단 것이 아니다. 진짜 특공대들은 계급장이 없듯이, 우리는 십자가를 지고 가는 하나님나라의 특공대일 뿐이다.

세 번째 소록도 영성 – 나를 드러내지 않고 하나님이 하시는 일을 드러낸다

소록도에 있는 분들은 자신이 비록 한센병 환자이지만 하나님이 하시는 일을 나타내는 일이라면 절대적으로 순종하며 산다. 그들이 스스로 한센병 환자가 될 것을 결정한 것이 아니듯, 예수 믿게 된 것도 자신의 뜻이 아니었다. 그들이 범사에 감사하는 것과 면류관을 사모하는 모든 영성이 바로 여기에서 출발한 것 같다.

어떤 사람들은 자기가 하나님을 정의해놓고 자기 생각대로 하나님을 믿는다. 그러나 우리는 예수님이 믿으신 하나님을 믿어야 한다. 나는 특별히 요한복음을 읽는 가운데 깨닫게 되었다.

나는 처음 예수를 믿고 성경을 읽을 때 특별히 요한복음에서 큰 빛을 보았다. 그 빛을 발견하기 전에 먼저 고민한 말씀은 요한복음 11장의 죽은 나사로가 살아나는 이야기였다. 나사로가 살아났다면 "죽은 나사로가 지금 어디 있는가?" 하는 생각이 들었다.

다른 사람도 아니고 예수님이 살렸으면 지금까지 살아 있다가 '짠' 하고 나타나 "내가 옛날에 그 나사로야. 그러니까 너희들도 예수 믿어!"라고 하면 쉬울 텐데, 왜 이렇게 어렵게 예수를 믿게 하시는 걸까?

궁금했던 나는 사람들에게 물어보고 다녔다. 다들 말하길, 나사로도 결국 죽어서 천국에 갔다고 했다. 그래서 나는 또다시 묻고 또 물었다. '다른 사람도 아니고 예수님이 살렸다면 나사로가 지금 살아 있어야 하지 않나?' 하는 질문에 사로잡혔다.

꽝장히 궁금했지만, 누구도 시원하게 대답해주지 않았다. 나는 그 질문을 가지고 요한복음을 씹어 먹듯이 읽었다. 그러다 요한복음을 처음부터 다시 읽는 가운데 9장에서 얽혀 있던 실타래가 한순간에 시원하게 풀렸다.

> 예수께서 길을 가실 때에 날 때부터 맹인 된 사람을 보신지라 제자들이 물어 이르되 랍비여 이 사람이 맹인으로 난 것이 누구의 죄로 인함이니이까 자기니이까 그의 부모니이까 _요 9:1,2

예수님이 길을 가다가 맹인 된 자를 보았는데 주위 사람들은 다 맹인 된 자가 부모의 죄 때문이거나 그 자신의 죄 때문에 맹인이 된 것이라고 생각했다. 그래서 예수님을 시험하기 위해 예수님의 의견을 묻는다.

그러자 예수님은 이렇게 답하신다.

> 예수께서 대답하시되 이 사람이나 그 부모의 죄로 인한 것이 아니라 그에게서 하나님이 하시는 일을 나타내고자 하심이라 때가 아직 낮이매 나를 보내신 이의 일을 우리가 하여야 하리라 밤이 오리니 그때는 아무도 일할 수 없느니라 내가 세상에 있는 동안에는 세상의 빛이로라
>
> _요 9:3-5

──────── 복음에 빚진 사람

그 사람이 소경이 된 이유가 누구의 죄 때문도 아니요 하나님이 하시는 일을 나타내려 하시려는 것 때문이라고 말씀하셨다. 내가 그때까지 수없이 고민했던 것이 '이 땅에 왜 장애인이 있을까' 하는 질문이었다. 그랬던 나에게 요한복음 9장은 정말 빛과 같은 해답이었다.

예수님이 맹인 된 자를 본 것이지 맹인 된 자가 예수를 본 것이 아니다. 마찬가지로 내가 예수 믿은 것이 아니다. 많은 사람들은 "나 하나님 믿어. 나 예수님 믿어" 하면서 내가 예수님을 믿었다고 말한다. 그러나 내가 예수 믿은 게 아니라 하나님이 나에게 찾아오신 것이다. 하나님께서 나를 예수 믿게 하셨다!

나는 정말이지 예수를 믿고 싶지 않았다. 당연하지 않은가? 그래서인지 나는 내가 예수 믿은 것이 아니라 하나님이 예수를 믿게 하셨다는 확신이 있다. 이 말씀을 통해 그 확신을 갖게 되었다.

예수님이 맹인 된 자를 향해 하나님의 하시는 일을 나타내기 위함이라고 하셨듯이, 한센병 환자를 통해서도 하나님이 하시는 일을 나타내실 것이다. 소경이든 한센병 환자든 누구든지 자기가 원해서 그렇게 된 것이 아니다. 하나님이 하시는 일을 나타내시는 것뿐이다.

내 의지나 나의 생각으로 예수를 믿게 된 것이 아니었듯이 나의 나 된 것도 내가 되려고 된 것이 아니지 않은가? 사도 바울도 그가 쓰는 서신의 시작에 항상 "하나님의 뜻을 따라 그리스도 예수의 사도로 부르심을 받은 바울"이라고 고백했고, 자신이 수고한 모든 일이 하나님의 은혜라고 고백했다.

그러나 내가 나 된 것은 하나님의 은혜로 된 것이니 내게 주신 그의 은
혜가 헛되지 아니하여 내가 모든 사도보다 더 많이 수고하였으나 내가
한 것이 아니요 오직 나와 함께 하신 하나님의 은혜로라 _고전 15:10

바울 스스로 예수를 믿은 것이 아니라 하나님께서 다메섹 도상으
로 가는 그에게 나타나셔서 강권적으로 예수를 믿게 하시고, 사도로
부르신 사실을 늘 기억했기 때문에 이런 고백을 했던 것이다.

우리도 하나님의 은혜로 예수를 믿게 되었으니 예수님을 내 생각
대로 믿어서는 안 된다. 그런데 혹시 내 생각대로 하나님을 믿고 있
지는 않은지, 하나님의 교회가 아니라 자기 생각의 교회를 다니고
있는 것은 아닌지 생각해보자. 하나님을 자기 생각의 틀 안에 가둬
두고 교회 생활과 신앙생활의 방법까지 자신이 결정한다면 그것이
곧 바리새인이 아니고 무엇일까? 우리는 하나님의 마음, 하나님의
사정, 하나님의 편, 하나님이 원하시는 삶을 살아야 한다.

예수님이 곧 하나님이셨지만, 예수님은 자기 방법대로 살지 않고
하나님의 말씀, 즉 아버지가 말씀하신 대로 믿고 사셨다. 우리도 그
렇게 살라고 모범으로 보여주신 것이다. 예수님은 마지막 때에 믿음
있는 자를 찾기 힘들다고 하셨는데, 올바른 믿음을 갖기 위해 내 생
각대로 하나님을 믿지 말고 예수님이 믿었던 하나님을 믿어야 할 것
이다. 이것이 또한 소록도 사람들이 하나님을 믿는 방식이기도 하다.

소록도 사람들은 한센병 환자이지만 이 땅에서 할 수 있는 하나님

의 일을 하며 살고 있다. 그들을 통해 나 같은 사람이 예수 믿게 되었다. 소록도에 계신 분들의 신앙이 만약 자기의 생각에 맞춘 것이었다면, 그렇게 모든 것이 은혜이고 감사라고 말할 수 있을까? 오직 하나님 중심의 신앙을 가졌기 때문에 나에게도 예수 믿으면 행복하다고 자신 있게 말할 수 있었던 것이다.

소록도 교회에서는 지금도 나 같은 사람이 목사가 된 것을 하나님의 작품으로 생각하고 나를 위해 헌금도 하시며 언제나 중보하고 계신다. 자신들이 전도해 땡중을 목사로 만들었다고 간증하는 것이다. 지금도 소록도 구북리 교회에 가면 나에 대한 기사들을 스크랩해 교회 벽에 붙여 두고 있다. 낡고 낡은 10년 전 기사까지 코팅까지 해놓으셨다. '소록도에서 회심한 이민교 선교사'라는 제목 아래….

11장

나는 살아 있는 산,
활산이 되리라

죽음이란 무엇인가?

내가 속해 있는 파송선교단체인 GP 선교회에서는 4년마다 한 번씩 선교사와 선교단체 사이에 계약서를 갱신한다. 계약서 질문 가운데 이런 것이 있다.

"만약 선교지에서 죽으면 당신의 시신을 어떻게 할 것인가?"

그때마다 나는 계약서에 이렇게 쓴다.

"내가 죽으면 시신을 한국으로 가져오지 말고 우즈벡 농아 교회 마당에 있는 살구나무 아래 묻어 달라."

그건 내 솔직한 마음이다. 농아들이 살구나무에서 열리는 살구를 따먹곤 하는데 어떤 때는 많이 열리고 어떤 때는 조금 열린다. 언젠가 조금 열릴 때 서로 더 먹겠다고 싸우는 모습을 보았다. 그래서 내가 거름이 되어서라도 농아들에게 살구를 많이 먹이고 싶다는 생각을 한다.

나는 처음 선교지에 갔을 때 이왕이면 빨리 죽고 싶었다. 선교 갈 때 어차피 죽을 각오를 했으니 순교를 하는 게 당연하다는 생각까지 했다. 처음이 가장 뜨겁지 않은가. 처음에는 "부름 받아 나선 이 몸" 하고 고백하면서 대단한 각오를 하고 선교를 하러 간 것이다.

우즈벡에 간 지 약 1년쯤 지난 1998년 7월, 이상기온 때문에 키르기스스탄과 우즈베키스탄의 샤히마르단(Shahimardan) 계곡에 홍수가 밀어닥쳤다. 천산(天山)에 눈사태가 나서 눈이 녹아내린 빙하호의 홍수였다. 온도가 서서히 높아져야 정상인데 갑자기 영상 30도에서 40도 이상으로 기온이 오르는 무더위가 닥친 것이다. 그러다보니 만년설이 녹아내리면서 산 아랫동네가 몽땅 물에 잠기고 말았다.

내가 국제기아대책기구에 있을 때였는데, 한국 대사관을 통해 들으니 그곳에 갈 사람이 없다고 했다. 그래서 내가 화장터에서도 일해본 경험이 있다고 하면서 가겠다고 자원했다. 나는 타슈켄트에서 약 다섯 시간 떨어진 마을에 가서 죽은 시신들을 거두는 일을 했다. 그곳에 한국 사람은 나밖에 없었다. 대부분은 외국에서 온 구호 의사들이었다.

그 더운 여름에 죽은 시체들이 무수히 쏟아져 나왔다. 방송에서는 100여 명의 사상자가 나왔다고 보도했지만, 실제로는 훨씬 더 많은 시신이 나왔다. 날씨가 더워서 넘쳐나는 시신들 속에 흑사병이 돈다는 소문이 있었다.

그때 나는 속으로 이런 생각을 했다.

"야, 죽기에 너무 좋은 찬스다."

나는 그 현장에서 시신을 수습하다가 병에 옮아 죽으려고 본부에서 주는 흑사병 예방약도 먹지 않았다. 하지만 지금까지 죽지 않고 살아 있다.

구호를 하고 돌아오는 길에 '무슨 이유로 눈사태가 나서 사람들이 그렇게 많이 죽었을까?'가 가장 궁금했다. 구호 전문가에게 물어보았더니 눈사태가 난 산이 민둥산이기 때문이라고 했다. 산이 형태만 있지 나무가 하나도 없었던 것이다. 나무가 많았다면 아무리 더운 날씨에 눈이 녹아내렸다고 해도 나무들이 그 물을 빨아들여 그렇게까지 큰 홍수가 나지는 않았을 것이다. 그 순간 이런 생각이 들었다.

'산에 나무가 없으니까 사람을 죽이는구나. 산은 살아 있어야겠구나. 나는 살아 있는 산, 활산(活山)으로 살아 있어야겠구나! 그래야 사람들을 많이 살리겠구나.'

살아 있는 화산이라는 뜻의 활화산(活火山)이 아니다. 나는 그동안의 생각을 버리고, '살아 있는 산'이 되어 사람을 살리는 삶을 살아야겠다고 다짐했다.

사람을 살리는 길

그렇다면 어떻게 사는 것이 살아 있는 산, 사람을 살리는 산으로 살아가는 길일까?

———— 복음에 빚진 사람

첫째, 모든 것에 감사하는 것이다

2009년 7월에 내 아버지가 돌아가셨다. 나는 늦둥이 막내아들로 태어나 아버지의 사랑을 유달리 많이 받았다. 아버지는 일본에서 대학을 나오시고 일제시대 때부터 시작한 초등학교 선생님을 46년간 하셨다. 나는 그런 아버지로부터 혼나본 기억이 없다.

장례식에서 만난 원불교의 어르신들로부터 "왜 원불교를 떠나서 예수 믿느냐?"라는 질문을 많이 받았다. 내가 기독교 선교사가 되었다는 소문을 일찌감치 듣고 전부터 궁금하셨나보다. 그러면 나는 이렇게 대답해드렸다.

"예수님이 꼭 우리 아버지 같아서요."

"예수가 왜 네 아버지 같다는 거냐?"

"우리 아버지가 저를 그렇게 사랑해주셨거든요."

그러면서 그들에게 내 나름대로 누가복음 15장의 이야기를 설교처럼 들려주었다. 누가복음 15장에는 용서받은 탕자 이야기가 나온다. 내가 전도할 때 주로 전하는 말씀이기도 하다.

나는 누가복음 15장이 미완성 작품 같다는 생각을 한다. 누가복음 15장은 끝난 이야기 같지 않다. 예수님이 이상하게도 같은 자리에서 똑같은 의미의 이야기를 세 가지 다른 비유로 말씀하셨기 때문이다. 잃어버린 양, 잃어버린 드라크마, 잃어버린 아들 비유이다. 이 세 가지 비유의 공통분모는 잃어버린 것을 되찾는 것이다. 그런데 이 말씀이 미완성 같다고 말한 이유는 이렇다. 잃어버린 양을 찾는 목자 같은 하나님의 사랑을 받고 잃어버린 드라크마를 찾은 주인이 기뻐하듯이 내가 구원받은 것을 천국에서 기뻐하며, 잃어버린 아들 같던 나를 용서해주시고 다시 아들로 삼으신 거라면 이제부터 나는 어떻게 살아야 하는가를 고민해야 하기 때문이다. 다시 찾았다는 데서 이야기가 끝나는 것이 아니라, 다시 찾은 우리가 어떻게 사느냐가 문제다. 그래서 누가복음 15장이 미완성의 이야기라고 말하는 것이다.

내가 완성한 답은 이것이다.

내가 다시 찾은 사람이라면, '나는 미친 사람이라는 소리를 들을 정도로 감사하면서 살아야겠구나.'

일체에 감사하며 사는 것, 이것이 살아 있는 산으로 사는 첫 번째 길이다. 이것은 또한 앞서 언급한 소록도의 영성이기도 하다. 일체의 은혜에 감사하자는 것. 무조건 감사하자는 것이다.

죄의 크기를 비교하며 따지는 사람들은 적게 죄 지은 것을 용서받으면 적게 감사하거나 아예 감사하지 않겠지만, 소록도의 한센병 환자나 지체장애인들을 보고나서 내게 건강한 몸과 팔다리가 있다는 걸 알면 미친 사람처럼 감사하지 않을까? 이것이 감사하는 영성으로 흘러가는 것 같다. 내가 용서받은 탕자라는 사실을 의식하지 못하는 것이 문제일 뿐이다.

교도소에는 특별사면이라는 게 있다. 언제 죽을지 모르는데 사형수가 갑자기 8·15 특사로 석방이 되었다고 하자. 그렇다면 너무나 감사할 것이다. 우리는 죽을 수밖에 없는 죄인이었다. 그러나 예수 십

——— 복음에 빚진 사람

자가 보혈의 공로로 죄사함을 받고 구원받았다. 그래서 사도 바울은 항상 기뻐하라고 말한 다음에 이어 범사에 감사하라고 한 것이다.

무조건 감사하는 것, 이 또한 소록도의 영성이다. 용서받은 탕자가 가져야 할 영성이다. 한센병 환자들도 감사하고, 장애인들도 예수를 믿으면 감사하고 사는데, 당신의 몸이 멀쩡하다면 왜 감사하지 못하는가?

둘째, '무엇으로 갚을까?' 하며 살아가는 것이다

돌아온 탕자는 아버지에게 미안해서 '내가 이 은혜를 아버지에게 어찌 갚을까?' 하는 마음으로 살아갈 것이다. 내가 용서받았으니 아버지의 마음이 무엇인지를 생각하며 살아가자는 것이다. 신앙생활이란 하나님을 기쁘시게 해드리는 것이다. '내가 용서받은 탕자라면 어떻게 하면 아버지를 위해 살아드릴까?' 하고 고민하며 그 빚을 갚고 싶을 것이다.

내가 선교사로 헌신한 이유는 바로 이 말씀 때문이었다. 땡중이던 나를 부르셔서 목사로 삼으시고 하나님의 동역자로 부르신 것이 너무나 감사해서 어떻게든 그 구원의 은혜에 보답하고 싶었다. 하나님 아버지로부터 진 사랑의 빚을 갚으려는 마음, 이것이 선교사의 마음이자 우리의 마음이어야 할 것이다. 우리 각자는 하나님께 어떤 빚을 졌는가? 하늘 아버지에게 진 빚을 갚을 생각을 하고 사는가?

소록도의 한센병 환자들도 선교에 동참하고 있다. 소록도 교회에서 태국과 필리핀에 교회를 세우고 단기 선교도 다녀온다. 소록도의 크리스천들이 그렇게 하고 있다면, 하물며 이 땅의 크리스천들이라면 어떻게 해야 할까? 우리들이 용서받은 탕자라면 우리 하늘 아버지에게 빚을 갚아야 하지 않겠는가. 건강한 것에 대한 빚을 갚자. 복음의 빚을 갚는 사람이 되자. 우리는 어떻게 예수 믿었는가? 오직 하나님의 은혜 때문이 아니었는가?

나는 내 육신의 아버지에게 받은 사랑이 크다. 그 사랑이 하나님 아버지의 사랑의 빚을 갚자는 데까지 생각이 이르도록 한 것 같다. 나는 내 육신의 아버지에게 진 빚을 갚고 싶었다. 그래서 아버지가 돌아가시기 전 약 한 달간, 중환자실에서 죽음을 기다리시는 아버지를 섬겼다.

나는 죽어가는 사람을 많이 본 사람이다. 아버지는 굉장히 건강한 분이셨다. 그런데 육신의 배터리가 다 떨어져 발끝에서부터 말라가면서 서서히 죽어가고 계셨다. 그래서 가족들에게 "인위적인 시술 같은 것은 하지 말자"라고 말했다. 그리고 어머니와 하늘이 영광이, 아내와 함께 병원에서 아버지의 죽음을 기다렸다. 아이들이 할아버지의 죽음을 지켜보는 것이 참 교육이고 선교 이상의 일일 거라고 생각했다.

나는 아버지에게 쉬지 않고 복음을 전했다. 아버지는 아무런 반응이 없으셨지만, 아랑곳하지 않고 한 달 동안 아버지 귀에 대고 계속해서 복음을 전했다.

복음에 빚진 사람

노환으로 죽어가는 아버지의 몸의 기관이 서서히 소멸하는데, 죽기 전에 마지막까지 열려 있는 것이 귀였다. 눈도 안 보이고 말도 못하고 후각도 사라지는데 귀는 마지막 순간까지 살아 있었다.

나는 아버지에게 이렇게 말씀드렸다.

"아버지, 아버지가 이 땅에서 내 아버지가 되어주셔서 참 고맙습니다."

아버지가 나에게 대답하지는 못하셨지만, 이렇게 말씀하셨다고 생각한다.

"나도 네가 내 아들이어서 자랑스럽다."

셋째, 하나님과 더불어 먹이는 사람이 된다

사복음서에 공통적으로 나오는 말씀은 오병이어의 이적이다. 그런데 마태, 마가, 누가는 오병이어의 이적을 기록할 때 예수님이 이렇게 말씀하셨다고 기록한다(마 14:13-21 ; 막 6:30-44 ; 눅 9:10-17 ; 요 6:1-14 참조).

"너희가 먹을 것을 주라."

그런데 요한복음의 저자 요한은 이렇게 표현한다.

"우리가 먹을 것을 주자!"

예수께서 눈을 들어 큰 무리가 자기에게로 오는 것을 보시고 빌립에게 이르시되 우리가 어디서 떡을 사서 이 사람들을 먹이겠느냐 _요 6:5

나는 살아 있는 산, 활산이 되리라　　　　　　　　　183

예수님이 빌립에게 "우리가 어디서 떡을 사서 이 사람들을 먹이 겠느냐"라고 물으셨다. 나는 이 말씀에 큰 비밀이 있다고 생각한다. 그 말은 예수님이 나 같은 놈을 동역자로 사용하시겠다는 말씀이 아 니겠는가.

"민교야, 우리가 같이 먹이자!"

"살구나무야, 네가 나와 같이 농아들을 먹이자."

선교사 서약서에 내가 죽으면 살구나무 밑에 묻어달라고 한 것도 바로 이 말씀 때문이다.

한 마리 새도 하나님이 허락하셔야 땅에 떨어지는 것이 아니겠는 가? 그러므로 내가 하나님과 함께 누군가를 먹일 수 있다는 것이 은 혜이다.

나는 농아 교회 리더들을 모아놓고 이렇게 이야기했다.

"최소한 우리가 오천 명을 먹이고도 남는 일을 하자. 영적으로든, 육적으로든, 우리의 일터 교회를 통해서든, 메시지를 통해서든 하나 님과 함께 다른 농아들을, 다른 장애인들을 먹이며 살자."

쓰임 받는 게 더 중요하다

목회자들이 사도행전을 가르칠 때 결론으로 "초대교회로 돌아가 자"는 말을 강조한다. 초대교회로 돌아가자고 말할 때는 베드로나 바울이 설교할 때 수천 명이 회개하고 교회가 부흥했다는 양적 성장 만 강조할 때가 많은 것 같다. 하지만 꼭 그렇게 볼 것만은 아니라고 생각한다.

만약 성도 수가 늘어나는 것이 바울의 목적이었다면 사도행전 28장은 "100만 명이 모였더라"는 기록으로 끝나야 하지 않았을까? 그런데 사도행전 28장은 바울이 로마 한구석 셋집에 머물면서 찾아오는 이들에게 복음을 전하고 성경을 가르쳤다는 기록으로 끝난다.

나는 사도행전의 진정한 의미가 무엇이냐고 묻는 장애인들에게 이렇게 가르친다.

"바울이 하나님 앞에 쓰임 받은 것에 대한 감사의 행전이다."

사도행전에 이은 바울서신들을 살펴보라. 복음의 원수와 같던 사울을 부르셔서 사도로 삼으시고 이방에 복음을 전하는 사도로 삼으신 것에 대한 감사가 빠지는 서신서가 거의 없다.

요한복음에 기록된 오병이어 이적 기록에서 예수님이 "우리가 함께 먹이자"는 말씀을 읽을 때, 우리가 하나님 앞에 동역자로서 쓰임 받고 있다는 사실에 감사하는 메시지로 받아들여야 하지 않을까.

나는 농아들에게도 우리가 이 땅에 사는 동안 항상 기도해야 할 제목이 있다면 이것이라고 말한다.

"하나님, 저 좀 써주십시오. 하나님과 함께 먹고, 또 먹일 수 있도록 저를 좀 써주십시오!"

교회에 성도 수가 늘어나는 것도 중요하고 좋은 일이다. 하지만 바울의 의도는 이것이 아니었을까. 바울은 비록 죽을 때까지 육신에 가시가 있었지만 그것을 통해서도 감사했다. 그가 사도가 된 것이 전적인 하나님의 은혜임을 고백하면서 끊임없이 복음을 전파했다. 환경이 어떠하든 범사에 감사했다.

　나 같은 놈을 하나님이 바울처럼 사용하셔서 이방인을 위한 선교사로 부르시고, 하나님나라의 도구로 쓰임 받는 것이 너무나 감사하다. 이제는 꼭 선교지에서 죽는 것이 진정한 죽음이라고 생각하지는 않는다. 하나님나라를 위해 살아 있는 산으로 사는 것, 그 자체가 곧 그리스도 안에서 내가 죽은 삶이다.

　그러나 내가 나 된 것은 하나님의 은혜로 된 것이니 내게 주신 그의 은혜가 헛되지 아니하여 내가 모든 사도보다 더 많이 수고하였으나 내가 한 것이 아니요 오직 나와 함께 하신 하나님의 은혜로라 _고전 15:10

　　　　　　　복음에 빚진 사람

12장

패스 잘하는
인생이 되자

패스의 원리

내 인생의 절반은 '축구'라고 해도 다름없다. 축구를 통해 중앙아시아에서 농아들을 만났고 선교 사역을 뿌리내렸기 때문이다. 축구를 통해 삶의 교훈도 많이 얻었다. 특히 내 마음에 뿌리내린 인생관 혹은 인생철학이 있다. 그것은 "잘 패스하자"는 것이다. 축구를 잘하는 원리와 승리의 비결은 패스를 얼마나 잘하느냐에 달려 있다. 기량이 뛰어난 선수들로 구성된 팀이라 해도 선수 혼자 공을 가지고 있으면 상대팀에게 금세 빼앗기게 된다. 그러나 서로에게 빠르고 정확하게 패스를 해주면 또다시 공을 받아 골을 넣을 기회도 생긴다.

내가 축구감독을 하면서 '진짜 축구를 잘하는 선수가 누구일까?' 하는 생각을 해보았다. 물론 감독마다 보는 눈이 다르기 때문에 정답이 있는 것은 아니다. 공격 축구를 할 것인지 수비 지향적인 축구를 할 것인지에 따라 선수 선정도 달라진다. 또한 지고 있는 상황과 이기고 있을 때의 상황도 다르다.

하지만 취향이나 상황에 관계없이 중요한 역할이 있다. 그것은 바로 패스를 잘해서 골로 연결해주는 선수이다. 그래서 나는 패스를 잘하는 선수가 축구를 진짜 잘하는 선수라고 생각한다. 즉, 골을 넣은 선수 못지않게 골을 넣을 수 있게 어시스트(패스)를 잘한 선수가 축구를 잘하는 선수라는 것이다. 그래서 경기가 끝나면 골을 넣은 선수 이상으로 어시스트를 잘해준 선수를 더 많이 격려해주려고 한다. 패스를 잘하는 선수를 생각만 해도 기분이 좋아진다.

우리 인생의 총 감독이신 하나님도 어떤 면에서는 패스하는 사람을 칭찬하지 않으실까? 우리가 하나님나라에 들어가는 날, 하나님은 어떤 사람을 더 칭찬하실까? 선교사가 선교 현장이라는 축구 경기에서 골을 넣는 공격수라면, 골을 잘 넣을 수 있게 패스하는 사람은 기도와 물질로 후원(패스)하는 후원자들이 아닐까 생각한다. 후방에서 기도와 헌금으로 선교에 동참하는 선교 후원자들이 바로 하나님께 칭찬받을 훌륭한 선수들이다. 받은 것을 혼자 가지고 누리는 것이 아니라 패스하는 것이 선교를 활성화하는 원리인 것이다.

중앙아시아 농아들이 소록도를 방문했을 때, 한센병 환자들이 채소를 가꾸고 팔아 모은 돈, 과부의 두 렙돈 같은 돈을 농아들에게 헌금해주셨다. 그들이 보기에는 작은 패스였을지 몰라도 내 눈에는 결정적으로 골을 넣는 효과적인 패스였다. 너무 감사했다.

패스의 위대한 승리

몇 년 전, 한 교회에서 농아 축구 선수들에게 멋지게 패스해주신 일이 있었다. 선수들을 인솔하고 축구 시합을 하러 한국에 왔을 때였다. 수중에 가진 돈이 적어 선수들이 머물 숙소와 식비를 고민해야 했다. 마침 내가 존경하는 키르기스스탄의 최갈렙 선교사님이 감자탕교회(서울광염교회)에 나를 소개해주셨다. 최 선교사님을 후원하는 교회라는데, 나는 그때 그 교회를 전혀 몰랐다. 우즈벡에서 농아 축구 선교를 하는 이민교 선교사가 농아 선수들과 한국에 방문했는데, 감자탕교회에서 한 끼 식사라도 대접해주면 좋겠다고 최 선교사님이 부탁한 것이다. 마침 그 교회에는 'SOS 기금'이라는 일종의 긴급 구호기금이 있었다. 그 돈이면 선수들의 밥 한 끼 정도는 사줄 수 있을 거라고 했다. 우리는 한 끼 식사가 아쉬웠던 참이라 감사하며 교회의 호의를 받아들였다.

당시 우리 농아들은 시합 때문에 한국에 약 일주일간 머물러 있었다. 우리는 수원 월드컵경기장에서 축구시합을 하는 날 교회에 초청을 받았다. 주일 4시 게임이었던 것으로 기억한다. 그런데 서울 동북부 지역에 있는 감자탕교회의 저녁예배가 7시에 시작되는데 그때 오면 어떻겠느냐는 연락이 왔다. 우리는 한 끼라도 얻어먹으려고 시합이 끝나자마자 씻지도 못하고 달려갔다.

땀 냄새 풀풀 나는 선수복을 입고 교회에 도착했을 때, 예배는 이미 진행 중이었다. 그런데 느닷없이 담임목사인 조현삼 목사님께서 나에게 선교 간증을 부탁하시는 것이 아닌가. 전혀 생각하지 못한 일이라 두서없이 그간의 일을 간증하고 농아 축구팀을 소개하는 것으로 간신히 마쳤다. 그런데 뜻밖에도 성도들이 많은 은혜를 받은 것 같았다. 목사님이 성도들에게 통성기도를 하게 한 다음 강단에서 공개적으로 물으셨다. 아직 예배가 끝나지 않았을 때였다.

"이 선교사님, 뭐 필요한 것 있으세요?"

나는 선교사로 사역하면서 이런 이야기를 전에 들어본 적이 없었다. 정신이 멍해져 가만히 앉아 있는데 목사님이 다시 물으셨다.

"선교사님, 뭐가 필요하시냐고요?"

갑자기 울컥하며 목이 매어왔다.

'아, 나에게 뭐가 필요하냐고 물어보는 사람도 다 있구나.'

감동이 밀려왔다. 사실 그때 우리에게 차 한 대가 필요했다. 농아들이 단체로 사용할 수 있는 작은 승합차 한 대가 있었으면 했다. 하지만 차마 그 말은 꺼낼 수가 없었다. 그런데 목사님이 다시 성도들에게 통성기도를 시키시더니 또다시 "정말 필요하신 것이 없으시냐?"라고 물으셨다. 그래도 나는 아무 말도 하지 못했다. 그러자 목사님이 갑자기 교회의 재정 담당자를 부르셨다.

"오늘 재정이 얼마 남아 있습니까?"

"천만 원 조금 넘게 남았습니다"라는 답이 돌아왔다. 이번에는 목사님이 성도들에게 이렇게 물으셨다.

"우리 교회가 이 돈을 이 선교사님과 농아 축구팀에게 드리면 어떨까요?"

교인들은 '아멘'으로 화답했고, 나는 그 돈을 바로 우즈벡 현지에 남아 있던 무룻 존 전도사에게 패스했다. 우리에게 승합차 한 대가 생겼음은 물론이다. 헌금(패스)해주신 감자탕교회 식구들과 패스의 열매인 '다마스'를 타고 실크로드의 중심을 달리며 함께 복음을 전하고 싶은 심정이었다.

십자가의 원리, 패스의 원리

십자가는 보면 볼수록 상징성이 있다. 위에서 오는 패스와 옆으로 가는 패스가 교차된 것이다. 그런데 위에서 오는 패스의 길이가 더 길다. 기독교의 십자가는 가로보다 세로의 길이가 더 길다. 따라서 십자가의 원리를 따르는 패스도 하늘에서부터 오는 것을 더 근본적이고 기본으로 생각하고 우선순위로 삼아야 한다고 생각한다.

우리가 우선적으로 패스해야 할 것은 하늘의 위로이다. 하나님의 말씀과 복음을 전하는 것이다. 그래서 구원의 즐거움에 동참하도록 해주는 것이다. 그리고 먹을 것과 입을 것, 선교에 필요한 것도 패스하는 것이다. 이것이 십자가의 도를 따르는 하나의 방편이다.

우리가 패스를 잘하려면 어떻게 해야 할까? 우선 자유해야 한다. 자유로워지려면 십자가를 통과해야 한다. 즉, 사도 바울이 "나는 날마다 죽노라"(고전 15:31)라고 했던 것처럼 내가 십자가에서 죽으면 패스하기가 쉬워진다. 패스를 잘하는 인생은 그리스도와 함께 십자가에서 죽은 인생이기 때문이다. 일체에 감사하는 사람만이 자기가 가진 것을 붙들지 않고 패스할 수 있다. 우리가 한 달란트를 받은 사람처럼 받은 것을 땅에만 묻어 두지 말고, 다섯 달란트를 받은 사람들처럼 죽기 전에 가진 것을 다 패스하여 남기고 가는 인생이 된다면 얼마나 좋을까?

이 시대에 기부 문화를 활성화하는 길도 바로 이 패스의 원리에 있다. 나 혼자 가지고 있으면 빼앗길 수 있다. 그러나 하나의 목표를 향해 뜻을 합하고 패스한다면 승리할 수 있을 것이다.

우리가 하늘에서 오는 것들을 패스하고, 이 땅에서 얻은 것들을 패스할 것도 있다. 즉, 위에서 아래로 내려오고 옆으로 흘러가는 것이다. 위에서 아래로 내려오는 하나님의 사랑을 흘려보내고 옆으로는 이웃에게 우리가 받은 사랑을 흘려보내는 것이다. 그것이 곧 이웃에게 패스하는 것이 아니겠는가.

공동체 의식을 심어준다

내가 농아 축구팀을 창단한 목적을 크게 보면 패스의 원리와 같은 개념의 공동체 의식을 심어주려는 마음이 있었다. 나는 농아 축구 선수들에게 축구는 결코 혼자 할 수 있는 운동이 아니라고 강조한다. 패스는 나에게 하는 것이 아니라 다른 사람에게 하는 것이다. 따라서 패스를 잘한다는 것은 공동체 의식으로 똘똘 뭉쳐 있는 것이라고 말할 수 있다.

가족 공동체는 '식구'(食口)라고 한다. 같이 밥을 먹는 사람들이라는 뜻이다. 나는 선수들과 같이 밥을 먹을 때 이렇게 가르치곤 한다. 진정한 공동체라면 시합 도중에 하는 패스로만 끝나는 게 아니라 경기가 아닌 나머지 시간에도 서로 패스하는 것, 이것이 진정한 공동체의 모습이라고 할 수 있다.

또한 큰 그림으로 보면, 우리 모두는 '지구촌'이라는 하나님의 학교에 입학한 학생들이다. 지구라는 학교에서 농아 축구 선수로 살면서 축구를 통해 서로 협력하고 더불어 살아가는 세상이라는 것을 알게 해주는 것이다. 지금은 비록 작은 공동체에서 축구 선수로 뛰고 있지만 우리의 영향력은 중아아시아, 중동, 유럽, 아프리카 나아가 땅끝까지 미칠 수 있다. 우리는 '하나님나라 공동체'이다. 이 땅에서 하나님의 사람들은 다 하나님나라의 사람들이기 때문이다.

당신도 하나님나라의 학교에 입학한 사람이다. 하나님나라의 학교에서 공부하고, 하나님나라의 일을 위해 각자의 자리에서 일을 하고 있다. 언젠가 이 학교를 졸업하는 날, 이왕이면 좋은 성적으로 졸업하자. 그래서 우리가 지금 이렇게 공동체 훈련을 받는 것이다. 이 땅에서 잘 패스하고 살면 하나님나라의 학교를 우수한 성적으로 졸업할 것이다. 입학했다가 몸이 아파서 조퇴할 수도 있고, 병이 들어 중퇴할 수도 있다. 하지만 가능하면 끝까지 인내해서 하나님의 학교를 졸업하자. 나만 잘 먹고 잘 살려고 하지 말고 최소한 5천 명을 먹이고도 남을 일을 하며 살자.

우리는 모두 하나님의 일을 하고 있다.
다른 사람은 할 수 없는 일이다.
당신이 하는 일이 무엇이든 하나님의 소명이라고 믿는다면,
그것은 더 이상 당신의 일이 아니라 하나님의 일이다.
그렇다면 그 일이 어떻게 고행이겠는가?
은혜로 받은 소명이니 희행인 것이다.

4부

고행의 삶을 떠나
희행의 삶을 향해

13장

내가 예수 믿고서
가장 크게 변한 것

'고행'에서 '희행'으로

나는 원불교인이었다. 내 부모님이 기독교인이었다면 모태신앙이라고 소개하겠지만, 어머니 뱃속에서부터 법당에 다녔으니 어쨌든 나도 모태신앙이다. 그래서 누구보다 종교적이었던 사람이 예수를 믿고 나니까 내 삶에 혁명적인 변화가 일어났다.

나는 예수를 믿고 나서 무엇보다 기쁨과 자유를 얻었다. 나는 예수 믿어 기쁘고 예수 믿어 자유하다. 자유하기 때문에 기쁘고, 기쁘기에 또한 자유하다. 나는 그렇게 인생관, 즉 나의 세계관이 달라지는 전환점을 성경에서 발견했다.

성경을 읽다가 데살로니가후서에 "항상 기뻐하라"(살후 5:16)라는 말씀을 보고 깜짝 놀랐다. 다른 종교에는 이런 말이 없다. 어떻게 한마디로 기뻐하라고 할 수 있는가. 그러나 기독교에는 "항상 기뻐하라"라고 말할 수 있을 정도의 기쁨이 있다. 나는 바로 이 말씀에서 예수 믿기 전에 매여 있던 '고행'(苦行)의 삶이 변해 '희행'(喜行)의 삶으로 변하는 전환점을 맞이했다.

나에게 원불교를 심어준 아버지께 기쁨이 무엇이냐고 묻자, 이렇게 답하셨다.

"기쁨은 기(氣)가 뿜어 나와서 생기는 거라서 기쁨이라고 하는 거다."

기(氣)를 해석하는 것은 사람마다, 혹은 종교적 관점에 따라 다르겠지만, 내가 예수를 믿고 나서 기독교 관점에서 아버지가 한 말을 다시 생각해보았다. 그것은 성령이 주시는 에너지 같은 것이 아닐까 하고 말이다. 어떤 힘이 내 속에서 자연스럽게 흘러나오는 것, 그것이 예수님이 말씀하신 '생수'(生水)가 아닐까. 그래서 바울도 항상 기뻐하라고 단언한 것이다.

나를 믿는 자는 성경에 이름과 같이 그 배에서 생수의 강이 흘러나오리라 _요 7:38

이 말씀은 이론이 아니다. 예수를 믿고 내 속에 성령이 임하면 내 정신과 육체가 반응한다. 성령이 임하면 자연스레 기쁨이 솟아난다. 그래서 내가 예수 믿고 변화되어 처음 자유를 얻었던 말씀이 바로 "항상 기뻐하라"였다.

이것은 내게 혁명이었다. 원불교에서 기독교로 옮겨와 진리를 찾았을 뿐 아니라 인생관이 '고행'에서 '희행'으로 바뀐 것이다. 마치 홍해가 갈라지는 듯 했다. 이 말씀은 하나님께서 내게 주신 최고의 메시지였다.

불교는 인생을 고행이라고 한다. 문자 그대로 인생이 고통의 연속이라는 것이다. 모든 것이 괴로움에서 시작해서 괴로움으로 끝난다고 한다. 지금 나의 괴로운 모습은 전생에 행한 업(행위) 때문이다. 따라서 이 괴로움을 없애기 위해 어떤 노력을 해야 한다고 믿는다.

물론 인생에는 고통이 있다. 하지만 고통스러울 정도로 정해진 법을 지키려고 애쓰는 행위를 전제할 때 얻는 것이 기쁨이라면, 그것은 또한 고행일 것이다. 그러나 기쁜 마음이 진정으로 우러나와 그 법을 지킬 수 있다면 어떨까? 기쁨은 한문으로 '기쁠 희'(喜)를 쓴다. 그렇다면 인생 자체가 '고행'이 아니라 '희행'이라고 해야 하지 않을까? 기독교인은 십자가를 통해 죄에서 자유로워진 사람이다. 그리스도께서 십자가를 통해 우리에게 자유를 주셨기 때문이다. 이제 우리는 더 이상 율법에 매여 고행의 삶을 살 필요가 없다.

그러므로 율법의 행위로 그의 앞에 의롭다 하심을 얻을 육체가 없나니 율법으로는 죄를 깨달음이라 이제는 율법 외에 하나님의 한 의가 나타났으니 율법과 선지자들에게 증거를 받은 것이라 곧 예수 그리스도를 믿음으로 말미암아 모든 믿는 자에게 미치는 하나님의 의니 차별이 없

──────── 복음에 빚진 사람

느니라 _롬 3:20-22

율법 외에 나타난 하나님의 한 의(義), 곧 예수 그리스도를 믿음으로 말미암아 얻는 의를 통해 우리는 하나님 앞에 의롭다 함을 얻게 되었다. 이것은 오직 은혜로 된 것이다.

너희는 그 은혜에 의하여 믿음으로 말미암아 구원을 받았으니 이것은 너희에게서 난 것이 아니요 하나님의 선물이라 _엡 2:8

그리스도인은 구원을 은혜의 선물로 받았다. 따라서 억지로 고통스럽게 법을 준수하려는 고행의 삶을 살 필요가 없다. 오히려 은혜로 기쁘게 지켜나갈 수 있는 것이다. 즉, 자유롭고 즐거운 삶을 살게 된다. 이제는 죄와 사망의 법에서 자유롭기 때문이다.

그러므로 이제 그리스도 예수 안에 있는 자에게는 결코 정죄함이 없나니 이는 그리스도 예수 안에 있는 생명의 성령의 법이 죄와 사망의 법에서 너를 해방하였음이라 _롬 8:1,2

더 이상 율법에 매여 있을 필요가 없는 사람은 자유인의 신분이 되어 그 법을 기쁘게 지켜나갈 수 있다. 이때 자유롭게 되었다는 말은 더 이상 율법을 지키지 않아도 된다는 뜻이 아니다. 좋은 주인이

시켜서 하는 일을 기쁨이 아니라 억지로 한다. 그러나 노예 신분에서 벗어나 자유인이 되면 자유인으로 해방시켜주신 은혜에 감사해 기쁜 마음으로 그 법을 지켜나간다는 말이다. 그래서 예수님은 진리이신 예수님을 알면 자유롭게 된다고 말씀하셨다.

진리를 알지니 진리가 너희를 자유롭게 하리라 _요 8:32

그런데도 자신이 힘들게 살아간다는 생각에 빠져 고민하고 원망하고 있다면, 그는 아직 율법에 매여 있는 것이다. 여전히 종교인인 것이다.

기독교는 종교가 아니라 생명이다!

종교는 문자적으로 해석하면 인생의 근본이 되는 가르침이다. 그러나 나는 기독교는 종교가 아니라고 외친다. 기독교는 생명이다. 예수 믿으면 영원히 살면서 기쁨과 자유를 누리게 된다. 그런데 아직도 율법적인 기준에 따라 기독교를 믿으려는 사람들이 있다.

이 대목에서 내가 평소에 강조하는 이야기가 있다. 좀 독특한 표현이지만, 예수님은 '기독교'라는 종교를 모르고 부활하셨다. 예수님의 부활로 기독교가 시작된 것은 맞지만 예수님이 기독교라는 종교를 창시하려고 부활하신 것은 아니다. 우리를 죄와 사망의 법에서 해방시키시고 구원하셔서 하나님나라의 법을 따라 사는 사람으로 부르기 위해 다시 사신 것이다. 결코 또 하나의 종교를 만들고 그 종교의 법에 따라 고행을 하라고 부활하신 것이 아니다. 그런데 어떤 사람들은 기독교를 종교로 만들려고 한다. 그런 사람에게는 기쁨이 없다.

우리가 어떤 일을 하든지 그 일이 기쁨이 되어야 한다. 하나님이 그 일을 하라고 나를 이 땅에 보내주셨다면 그 일은 기쁨일 수밖에 없다. 우리는 모두 하나님의 일을 하고 있다. 다른 사람은 할 수 없는 일이다. 기독교 용어로 말하면 곧 소명이다. 당신이 하는 일이 무엇이든 하나님의 소명이라고 믿는다면, 그것은 더 이상 당신의 일이 아니라 하나님의 일이다. 그렇다면 그 일이 어떻게 고행이겠는가? 은혜로 받은 소명이니 희행인 것이다.

나는 원불교의 지도자가 되려고 고난(苦難)의 길을 걸었던 사람이다. 어느 날은 눈이 쏟아지는 날에 고무신을 신고 지리산 천왕봉을 몇 차례 오르는 고행의 길을 걷기도 했다. 그런 내가 예수를 믿게 되었다는 것이 그 어떤 이적보다 가장 큰 이적이다. 부처를 전하던 사람이 이방 땅에 선교사로 나가서 다시 오실 예수님을 소망 중에 기다리며 증거하는 삶을 살고 있다. 이적 중의 이적이 아닌가! 이런 이적 속에서 나의 일이 아닌 하나님의 일에 쓰임 받고 있다는 것이 감사할 뿐이다. 그래서 나는 날마다 이렇게 기도한다.

"예수님, 제게 아버지의 일거리를 계속해서 주십시오. 고행이 아닌 희행의 삶을 살고 싶습니다!"

'명령'에서 '자원함'으로

또한 예수를 믿고 나서 나는 자유를 얻었다. '자유'에 대한 말씀은 갈라디아서에서 찾았다.

그리스도께서 우리를 자유롭게 하려고 자유를 주셨으니 그러므로 굳건하게 서서 다시는 종의 멍에를 메지 말라 _갈 5:1

그리스도께서 우리에게 자유를 주셨다. 예수 믿고 자유를 얻었다는 것은 종에서 자유자로 해방되었다는 것이다. 따라서 더 이상 종의 멍에를 멜 필요가 없다. 그런데 많은 크리스천들이 마땅히 해야 할 신앙의 덕목들을 명령으로 받아들이는 것 같다. 예를 들어 "헌금하라, 기도하라, 감사하라, 찬양하라"라는 말을 마지못해 율법적으로 한다면 어떻게 기쁨이 있겠는가? 하나님의 은혜에 감사해 헌금하고, 하나님이 하신 일이 놀라워 찬양하며, 하나님과 친밀한 교제를 나누기 위해 기도하는 것이 아니라, 그것을 종교 생활로 여긴다면 마지못해 따르는 종처럼 멍에로 느낄 수도 있다.

그러나 나의 존재 자체가 달라졌다는 것을 알게 되면 어떨까? 나는 더 이상 종이 아니라 자유인이 되었으며, 내가 감사할 수밖에 없고 찬양할 수밖에 없는 존재임을 깨달으면 어떻게 될까? 헌금과 찬양과 기도를 억지로 하지는 않을 것이다. 율법을 지키는 것처럼 헌금하는 자는 '율법'을 지키는 것이고, 예수 그리스도가 주신 자유를

———————— 복음에 빚진 사람

누리는 사람은 '자유'로 헌금하는 것이다. 내가 헌금할 수밖에 없는 존재임을 아는 것, 이것이 성경이 말하는 자유의 원리이다.

누가 시켜서 하는 것은 아직 초등학교 수준을 벗어나지 못한 것이다. 사도 바울은 초등학문에 매여 있지 말라고 했다.

이제는 너희가 하나님을 알 뿐 아니라 더욱이 하나님이 아신 바 되었거늘 어찌하여 다시 약하고 천박한 초등학문으로 돌아가서 다시 그들에게 종노릇 하려 하느냐 _갈 4:9

이는 젖을 먹는 자마다 어린아이니 의의 말씀을 경험하지 못한 자요 단단한 음식은 장성한 자의 것이니 그들은 지각을 사용함으로 연단을 받아 선악을 분별하는 자들이니라 _히 5:13,14

복음 안에서 장성했다는 말은 단단한 음식도 먹을 수 있는 사람이 되었다는 뜻이다. 그런 사람들은 누가 시키기 전에 '내가 뭘 해야 할까?' 하고 생각한 다음 알아서 한다. '기도하라'는 말을 율법으로 생각해서 지키려는 자와 내가 기도할 수밖에 없는 존재임을 알고 기도하는 것은 큰 차이가 있다.

나는 "기도제목은 곧 기도 응답이다"라는 말을 많이 한다. 다시 말하면 기도제목을 붙잡는 것 자체가 곧 응답을 붙잡는 것과 같기 때문이다. 그런 관점에서 나는 장애인들에게도 기도하라고 강요하지 않고 그들이 기도할 수밖에 없는 존재임을 알려준다. 자신이 영적 존재라는 것을 알게 해주면 기도할 수밖에 없기 때문이다. 의도적으로 감사하라고 가르치는 게 아니라 자신이 감사할 수밖에 없는 존재임을 알려주면 장애인들도 영적으로 자유해지고 기쁨을 누리며 감사함으로 살 수 있게 된다.

우리 농아들은 특히 얼굴 표정이 밝고 환하다. 한번은 우즈벡 농아들이 여수 여성자활센터 '징검다리'라는 모임에서 간증을 했다. '징검다리'는 윤락가에서 도망을 나왔거나 폭력 남편에게 구타를 당한 여성들의 모임이다. 그들이 농아들의 간증을 듣고 놀라워 하며 이렇게 반문했다.

"농아들이라면 사는 게 힘들 텐데 어떻게 얼굴이 그리 밝죠? 어떻게 하면 얼굴에 기쁨이 가득할 수 있나요?"

그날은 충분히 설명하지 못했지만, 나는 우리 농아들이 성경이 말하는 삶의 원리를 알기 때문이라고 말해주고 싶었다. 곧 예수 안에서 자신이 어떤 존재인지를 알아야 한다는 말이다. 그러려면 먼저 예수를 믿고 거듭나야 한다!

거듭난 사람

내가 예수를 알기 전에는 사람이 태어났다 죽으면 모든 것이 끝나는 줄 알았다. 그런데 요한복음은 세상에 두 종류의 사람이 있음을 암시한다.

육으로 난 것은 육이요 영으로 난 것은 영이니 _요 3:6

평생 하나님을 모르고 이 땅에 잠시 왔다가 그저 육체로만 살다 가는 사람들이 있다. 육체로 태어났다가 죽은 몸은 이 땅에 생일이 있는 사람들이다. 생일(生日)은 내가 어머니의 자궁을 통해 실제로 이 땅에 태어난 날이다. 그런데 예수님이 니고데모에게 "사람이 거듭나지 아니하면 하나님의 나라를 볼 수 없느니라"(요 3:3)라고 말씀하신다. 다시 태어나야, 즉 거듭나야 하나님나라에 갈 수 있다고 한다.

니고데모는 유대인의 지도자였지만 이 말씀을 도무지 이해할 수 없었다. 니고데모가 예수님께 물었다.

"어떻게 태어나야 합니까? 어머니 배 속에 다시 들어가야 합니까?"

그러자 예수님이 이렇게 대답하셨다.

예수께서 대답하시되 진실로 진실로 네게 이르노니 사람이 물과 성령으로 나지 아니하면 하나님의 나라에 들어갈 수 없느니라 육으로 난 것은 육이요 영으로 난 것은 영이니 내가 네게 거듭나야 하겠다 하는 말을 놀랍게 여기지 말라 바람이 임의로 불매 네가 그 소리는 들어도 어디서 와서 어디로 가는지 알지 못하나니 성령으로 난 사람도 다 그러하니라

_요 3:5-8

예수님은 바람이 부는 소리를 들어도 어디서 와서 어디로 가는지 알지 못하듯 성령으로 난 사람도 그렇다고 말씀하신다.

나는 이 말씀을 이렇게 이해했다. 육체로 태어난 적이 있는 자연인(自然人)에게는 누구나 죽음이 있지만, 태어난 적이 없는 영(靈)이 성령으로 거듭나면 영생을 얻게 된다. 문제는 성령으로 새롭게 나야 한다는 것이다.

그렇다면 거듭남의 본질은 무엇인가? 내가 하나님의 형상을 따라 지어졌으며 태어나본 적이 없는 존재임을 아는 것이다. 그래서 하나님의 씨, 곧 영적 DNA가 내게 있음을 알게 된다.

그러나 우리는 죄로 말미암아 하나님과 멀어져 있었다. 이제 예수를 구주로 믿고 회개함으로 성령 안에서 새롭게 태어나면 하나님나라에 들어갈 수 있게 된다. 그래서 나는 예수님이 거듭난다고 말씀하신 뜻이 사람의 육체가 어머니의 자궁에서 태어나듯, "나의 (영적) 자궁 안에서 새롭게 태어나보라"라는 말로 이해했다. 이것이 곧 거듭남 혹은 중생이다.

예수님은 요한복음 11장에서 이렇게 말씀하신다.

예수께서 이르시되 나는 부활이요 생명이니 나를 믿는 자는 죽어도 살겠고 무릇 살아서 나를 믿는 자는 영원히 죽지 아니하리니 이것을 네가 믿느냐 _요 11:25

당신은 예수를 믿는가? 거듭났는가? 그래서 영원히 죽지 않는 존재가 된 것을 믿는가? 이 말씀은 지금 당신을 향한 질문이다. 이 질문들에 답해보라. 당신 안에 하나님의 형상이 회복되었는가? 당신 안에 하나님의 씨앗이 심겨져 있는가? 즉, 당신 안에 하나님의 DNA가 있음을 알고 있는가?

날마다 생일

이 땅에 태어난 날을 '생일'(生日)이라고 한다. 이날은 요한복음 3장이 말하는 영적으로 거듭난 생일과 다른 것이다. 하나님나라에는 한번 태어났다고 해서 다 들어가는 것이 아니라 거듭난 사람이어야 갈 수 있다. 그래서 거듭나는 것이 육신의 생일을 기념하는 것보다 중요하다.

나는 내 자녀는 물론 교회 식구들 어느 누구에게도 생일잔치를 해준 적이 없다. 생일은 기억하지만, 생일잔치를 할 돈이 있으면 그 돈으로 선교하자고 한다. 내가 무얼 잘했다고 생일잔치를 하는가. 잔치를 하려면 차라리 부모님에게 해드리자. 내가 부모님을 통해 세상에 나왔으니 생일은 부모님께 감사하는 날이 되어야 한다. 나를 위한 생일잔치를 하는 것은 내가 육체로 왔다는 것을 기억하고 자랑하는 것에 지나지 않는다.

그러나 영적 거듭남을 통해 우리가 영적 존재임을 안다면 우리의 일상과 생일을 보는 관점이 달라져야 한다. 오늘, 매일 매일이 생일이다. 크리스천이라면 '날마다 생일'(everyday birthday)이라고 생각해야 할 것이다. 그래서 내가 아침마다 눈 뜨면 하는 기도가 있다.

"하나님, 오늘 또 생일입니다. 어제 죽을 수도 있었는데 아침에 또다시 눈을 떴으니까요."

오늘 나는 다시 태어났다. 오늘은 하나님이 내게 주신 진정한 생일이다. 오늘은 나에게 첫날이자 마지막 날이기도 하다. 이렇게 오늘을 맞이하는 것이 옳지 않을까? 그렇게 맞이하는 하루는 매우 값질 것이다.

사형수는 사형선고를 받아도 정확히 언제 죽을지는 모른다. 법무부 장관의 결재가 나기 전까지는 그저 죽을 날만 기다리는 것이다. 그러다 어느 날 감옥 문이 삐그덕 하고 열리면 '아, 오늘 내가 죽는구나' 하고 안다. 게다가 사형 집행은 어둠이 짙어지는 저녁 무렵에 시행한다. 그러니 사형수들이 눈을 뜨고 맞이하는 아침은 날마다 새로 시작하는 생일과 다름없다. 나는 교도소에서 사형수들을 볼 때마다 하루가 남다를 거라는 생각을 하곤 했다.

영으로 거듭난 사람도 날마다 맞이하는 아침을 예사롭게 여기지 않았으면 좋겠다. 매일 아침, 날마다 맞이하는 생일이라고 생각하고 하루를 소중하게 여기자. 하나님의 시간 개념으로는 하루가 천 년 같고 천 년이 하루 같다고 하시는데, 나에게 오늘 하루는 천 년처럼 소중하다. 그런 하루를 주신 것에 감사하다.

——————— 복음에 빚진 사람

14장

약한 나로 강하게 하는
십자가 사랑

십자가 묵상

나는 예수님을 믿고 나서 성경에 대한 질문이 엄청나게 많았다. 예를 들면, 바울이 다메섹 도상에서 예수님을 만난 후 비늘 같은 것이 눈을 가리고 있다가 벗겨졌다는데, 그 비늘은 어떻게 생긴 것일까 하는 식이었다(행 9:18). 그러나 가장 궁금했던 것은 십자가였다. 도대체 십자가가 무엇이기에 예수님이 달려 죽으셔야만 했는지 궁금했다. 사복음서 기자들은 예수님의 십자가 사건을 '기록'했고, 바울은 바울서신에서 십자가에 대해 '설명'했다. 그리고 후대의 신학자들은 십자가 사건을 '해석'했다.

그런데 그 십자가를 예수만 지고 마는 것이 아니라 나도 지고 가라고 하신다. 예수님이 지신 십자가가 첫 번째 십자가라면, 내가 지는 십자가는 두 번째 십자가이다. 내가 그리스도와 함께 십자가에 못 박혀 죽었으니 나를 부인하고 예수로 사는 것이다(갈 2:20). 그래서 일까? 사람들은 십자가를 왠지 부담스러워 하는 것 같다.

그렇다면 나는 십자가를 어떻게 이해해야 할까? 나는 '십자가'라는 주제를 붙들고 오랜 세월 묵상했다. 십자가의 의미는 하나님이 내게 주신 큰 주제였다.

'행복한 두부 교회'가 어느 고난주간에 생산을 중단한 적이 있다. 알마티 지역의 전기가 약해서 두부 기계가 작동이 종종 멈추곤 했는데 기어이 기계가 고장나버린 것이다. 그래서 두부 교회 공동체 식구들이 현실적으로도 물질의 고난주간을 맞게 되었다. 하지만 하늘의 신령한 양식으로 매일 매일 정확하게 먹이시는 하나님의 은혜를 경험하는 고난주간이기도 했다. 고난주간은 어느 때보다 절실하게 다가왔다. 나는 그 고난주간에 '우리에게 십자가란 무엇인가? 십자가의 삶이란 무엇인가?'라는 묵상을 더 깊이 하게 되었다. 그리고 특별 새벽기도회에서 십자가에 대해 묵상한 말씀을 농아들에게 나누었다.

십자가는 더하기다

예수님은 자기 십자가를 지고 주님을 따르라고 말씀하신다. 그렇다면 우리 공동체에게 고난주간에 말씀하시는 주님의 십자가는 무엇인가. 그때 주님은 이 말씀을 생각나게 하셨다.

———— 복음에 빚진 사람

그러므로 무엇이든지 남에게 대접을 받고자 하는 대로 너희도 남을 대접하라 이것이 율법이요 선지자니라 좁은 문으로 들어가라 멸망으로 인도하는 문은 크고 그 길이 넓어 그리로 들어가는 자가 많고 생명으로 인도하는 문은 좁고 길이 협착하여 찾는 자가 적음이라 _마 7:12-14

이것은 '고난'에 대한 직접적인 말씀이 아니라 내가 받고 싶은 대로 남을 대접하라는 말씀이었다. 남이 하나를 부탁하면 둘을 해주고, 겉옷을 달라고 하면 속옷까지 주며, 오리를 함께 가자면 십리를 더 가주라고 하신다(마 5:40,41). 나보다 남을 더 풍성하게 해주라는 말씀이다. 그렇게 남을 살리는 것이 곧 예수님이 걸어가신 십자가의 삶이기도 했다. 그렇다면 십자가는 더하기가 아닐까.

사실 남에게 그렇게 하기는 쉽지 않다. 어렵다. 그래서 십자가의 길이 좁다고 말씀하신 것 같다. 하지만 그 좁은 길은 생명으로 인도하는 문이다. 따라서 구원으로 인도하는 좁은 문으로 가는 것이 바로 십자가의 길을 가는 것이다. 십자가는 좁은 문이다.

내가 농아 축구팀과 함께 한국에 경기를 하러 왔을 때, 경주 부근에서 경기를 하고 관광차 불국사에 들른 적이 있다. 나는 불국사에서 '불상'을 가만히 쳐다봤다. 불쌍했다. 옛날에는 그 앞에서 절하며 참선하던 내가, 불상을 보면서 '불쌍하다'는 생각을 한 것이다. 그런 다음 십자가를 보았다.

'아, '더하기'구나!'

십자가는 더하기였다. 십자가는 열 십(十)자 모양이다. 플러스, 곧 더하기가 아닌가. 빼기도 곱하기도 나누기도 아니고 더하기다. 나는 농아들에게 예수를 전하다보니 '어떻게 하면 좀 더 이해하기 쉽게 표현을 할까?' 이런 고민을 많이 한다.

누가 오리를 가자 하면 그 두 배인 십리를 동행하라고 하셨던 것처럼 나는 십자가를 더하는 것으로 적용했다. 즉, 십자가를 지는 것은 남에게 열 배로 잘해주는 것이라 여기고, 누군가 나에게 부탁해오면 최선을 다해 열 배를 해주려고 한다.

하나님이 원하시는 것은 우리 인생이 생명을 얻되 더 풍성한 생명을 누리고 살아가는 것이다(요 10:10). 우리가 그런 삶을 살려면 서로 더해주는 것 외에 또 다른 방법이 어디 있겠는가? 이것이 십자가의 삶이 아닐까? 서로에게서 '빼기'를 하지 말고 '더하기'를 해주자. 하나님께서 말씀하시면 그 말씀에 100배의 열매를 맺는 풍성한 삶을 살아가는 것이 십자가의 또 다른 진리가 아닐까 생각한다.

십자가는 하늘 중력이다

주님은 '우리는 하늘에서 온 자요, 하늘 시민권자로서 하늘에 속한 사람들'이라고 말씀하신다. 우리가 거할 곳은 하늘이며 예수님이 그 거처를 예비하고 계신다는 것이다.

너희는 마음에 근심하지 말라 하나님을 믿으니 또 나를 믿으라 내 아버지 집에 거할 곳이 많도다 그렇지 않으면 너희에게 일렀으리라 내가 너희를 위하여 거처를 예비하러 가노니 가서 너희를 위하여 거처를 예비하면 내가 다시 와서 너희를 내게로 영접하여 나 있는 곳에 너희도 있게 하리라 내가 어디로 가는지 그 길을 너희가 아느니라 _요 14:1-4

이 말씀을 묵상하다가 우리는 지구의 중력이 아닌 하늘의 중력을 따르는 사람이라는 생각이 들었다. 이 땅에 속해 있지만 하늘 중력, 즉 성령의 이끌림을 받고 사는 삶인 것이다.

언젠가 기도하는 중에 내가 하늘의 구름에 거꾸로 매달려 있는 환상을 보았다. 비행기에서 땅을 내려다보는 것처럼 내가 사는 세상이 깨알처럼 작게 내려다보였다. 중력이 완전히 뒤집어진 것이다. 그런 것처럼, 비록 몸은 이 땅의 중력에 의지해 살아가지만, 내가 의지해야 할 중력은 하늘, 성령으로부터 나오는 것이어야 한다.

한편 이런 상상도 해보았다. 예수님이 이 땅에 완전한 사람으로 오셨지만 동시에 완전한 하나님으로서 하늘 중력에 의지해 세상을 보신 것은 아닐까. 예수님은 그렇게 아버지와 하나가 되어 아버지의 일을 하러 오셔서 십자가를 지신 것이다.

십자가는 영(zero)이다

주님은 나를 따라오려거든 자기를 부인하고 자기 십자가를 지라고 말씀하신다.

이에 예수께서 제자들에게 이르시되 누구든지 나를 따라오려거든 자기를 부인하고 자기 십자가를 지고 나를 따를 것이니라 누구든지 제 목숨을 구원하고자 하면 잃을 것이요 누구든지 나를 위하여 제 목숨을 잃으면 찾으리라 사람이 만일 온 천하를 얻고도 제 목숨을 잃으면 무엇이 유익하리요 사람이 무엇을 주고 제 목숨과 바꾸겠느냐 _마 16:24-26

우리의 생각이 끝날 때, 즉 우리가 아무것도 아닌 영(zero)이 될 때 하나님의 역사가 시작된다. 자기부인이란 자기를 '제로'로 여기는 것이요 이것이 곧 십자가를 지는 것이다. 내 생각을 가득 채운다면 예수님을 따를 수 없다. 예수님은 "나의 원대로 마시옵고 아버지의 원대로 하옵소서"(마 26:39)라고 외치면서 십자가의 길을 가셨다.

우리도 십자가를 통과하면 우리는 무엇이 되는가? 영(0)이 된다. 제로이다. 아무것도 없다는 것이다.

내가 그리스도와 함께 십자가에 못 박혔나니 그런즉 이제는 내가 사는 것이 아니요 오직 내 안에 그리스도께서 사시는 것이라 _갈 2:20

우리는 이미 십자가에서 그리스도와 함께 못 박혀 죽었다. 그래서 바울이 칼과 화살의 위협에도 눈 하나 깜짝하지 않고 사망에게 명령할 수 있는 것이다.

사망아 너의 승리가 어디 있느냐 사망아 네가 쏘는 것이 어디 있느냐

_고전 15:55

이것이 영적 전쟁을 할 줄 아는 사도 바울의 당찬 고백이다. 곧 십자가 앞에서 자기 부인을 하는 것이다. 자기 부인을 통해 제로가 되면 죽음 앞에서도 당당할 수 있다. 바울을 죽이려는 사망의 영에게 십자가는 능력이 되었다.

십자가는 부메랑이다

주님은 전도하기를 그치지 말라고 말씀하신다.

그들이 옳게 여겨 사도들을 불러들여 채찍질하며 예수의 이름으로 말하는 것을 금하고 놓으니 사도들은 그 이름을 위하여 능욕 받는 일에 합당한 자로 여기심을 기뻐하면서 공회 앞을 떠나니라 그들이 날마다 성전에 있든지 집에 있든지 예수는 그리스도라고 가르치기와 전도하기를 그치지 아니하니라 _행 5:40-42

믿음의 선진들은 자신들이 어디에 있든지 예수가 그리스도임을 날마다 가르치고 전도하기를 쉬지 않았다. 어떤 핍박이 있어도 전도에 힘쓰고 부메랑처럼 끝없이 이어지는 복음의 행진을 했다. 부메랑은 던지면 돌아오는 것이다. 믿음의 선진들은 그렇게 부메랑처럼 십

자가의 길을 갔다. 어떤 핍박에도 아랑곳하지 않고 또다시 전도했다. 그들은 죽음을 두려워하지 않고 계속해서 복음을 전한 것이다.

그들이 죽고 나면 끝이 아니라 하나님의 천국으로 가고 면류관을 받게 되기 때문이다. 그 동력이 바로 십자가이다. 부메랑 같은 동력으로 십자가의 길을 간 것이다. 그래서 십자가는 부메랑이다. 갔다가 다시 오는 것이다. 끝이 아니라는 말이다. 우리도 믿음의 선진들처럼 끊임없이 십자가의 길을 가자.

십자가는 하늘 작품이다

십자가에 달리신 주님은 고통 가운데 "엘리 엘리 라마 사박다니…"(마 27:46)라고 호소하셨다.

그런데 십자가 앞에 있던 사람들은 예수님에게 얼른 십자가에서 내려와 보라고 조롱한다. 그러나 예수님은 못 내려오신 것이 아니라 안 내려오신 것이다.

이르되 성전을 헐고 사흘에 짓는 자여 네가 만일 하나님의 아들이어든 자기를 구원하고 십자가에서 내려오라 하며 그와 같이 대제사장들도 서기관들과 장로들과 함께 희롱하여 이르되 그가 남은 구원하였으되 자기는 구원할 수 없도다 그가 이스라엘의 왕이로다 지금 십자가에서 내려올지어다 그리하면 우리가 믿겠노라 _마 27:40-42

──────── 복음에 빚진 사람

예수님이 십자가에서 그렇게 모욕을 당하면서도 내려오지 않으신 이유가 무엇일까? 나는 예수님이 우리를 작품으로 만들기 위해 내려오지 않으셨다고 생각한다.

나는 농아들에게 십자가를 통해 장애인까지도 하늘의 작품으로 인정받도록 하셨다고 말하곤 한다. 우리는 장애인이든 아니든 예수님의 십자가를 통해 만들어진 하나님의 작품이다.

작품과 상품은 다르다. 상품은 마트에 가면 많다. 찍어내기 때문이다. 그러나 작품은 단 하나밖에 없다. 기성복은 상품이지만, 맞춤복은 작품이다. 고객 한 명만을 위해 만드는 옷이기 때문이다. 요즘에는 기성복이 많아졌지만, 내가 어렸을 때만 해도 아버지들은 양복점에 가서 양복을 맞춰 입으셨다. 맞춤 양복은 대개 기성복보다 비싸다.

내가 질문 하나를 해보겠다. "많은 것과 적은 것 중에 어느 것이 더 귀한가?" 적은 것이 더 귀할 것이다. 이 땅에 나처럼 육체가 정상인 사람은 많다. 그러나 장애인은 상대적으로 적다. 따라서 장애인들은 귀한 사람들이다. 지금부터 장애인을 하나님의 작품으로 보자. 그들이 팔과 다리를 흐느적거리며 길을 거닐더라도 그것은 바보 같은 모습이 아니다. 특수복을 입고 특별하게 춤추고 다니는 멋진 모습이다.

이런 시각은 어떻게 가질 수 있는가? 십자가를 통과하면 된다. 소록도의 한센병 환자들이나 중앙아시아의 농아들도 십자가를 통과했기 때문에 있는 그대로의 자신을 사랑하게 된 것이다.

따라서 십자가는 "나는 나다!"라고 있는 사실 그대로 선포하도록 하는 능력이다. 나는 농아들에게 "나는 유일한 하나님의 작품이다!"라고 선포하며 살자고 한다.

나는 농아들이 하나님의 작품이 되도록 돕는 선교사다. 그렇다면 나는 누가 이렇게 만드셨는가? 물론 하나님이 하셨다. 그런데 소록도에 계신 분들은 지금도 자랑처럼 이렇게 말씀하신다.

"목사님은 소록도가 만들어낸 하늘 작품입니다."

옳은 말씀이다. 소록도 사람들에게 전도를 받아 목사가 된 원불교 땡중은 이민교 한 명뿐이기 때문이다. 나도 작품이다. 하늘 작품이요, 소록도가 만들어낸 작품이다.

십자가는 하나님과 이웃을 사랑하는 것이다

주님은 네 마음과 목숨과 뜻을 다해 하나님을 사랑하고 네 이웃을 네 몸같이 사랑하라고 말씀하신다. 하나님을 사랑하고 이웃을 사랑하며 사는 삶이 십자가의 삶이다. 예수님은 그렇게 십자가의 길을 걸어가셨고, 우리에게도 그런 삶을 요구하신다.

예수께서 이르시되 네 마음을 다하고 목숨을 다하고 뜻을 다하여 주 너의 하나님을 사랑하라 하셨으니 이것이 크고 첫째 되는 계명이요 둘째도 그와 같으니 네 이웃을 네 자신 같이 사랑하라 하셨으니 이 두 계명

단지 좋아하는 정도가 아니라 사랑하라고 하신다.

좋아하는 것과 사랑하는 것은 다르다. 오래 전에 집에서 고양이를 키운 적이 있다. 상식적으로 고양이는 쥐를 잡아먹는다. 그런데 고양이가 쥐를 잡아먹지 않을 때가 있었다. 고양이의 배가 두둑하게 불러 있을 때였다. 고양이는 배가 부르면 잡아먹지 않고 쥐를 가지고 논다. 배가 고프면 먹고 배가 부르면 먹지 않았다. 그래서 고양이는 쥐를 좋아하는 것이지 쥐를 사랑하는 것이 아니다.

스스로 크리스천이라고 하면서 자신의 기도가 응답되고 잘 살기만을 바란다면, 그것은 예수님을 좋아하는 것이지 사랑하는 것은 아니다. 그러나 예수님만 사랑했다고 고백한 베드로에게 순교의 자격을 주신 것처럼 우리가 예수님을 사랑한다면 어디까지 사랑하게 된다는 말인가? 마음을 다해, 목숨을 다해, 뜻을 다해 사랑해야 한다는 말이다. 그렇게 하나님을 사랑하고 이웃을 사랑해야 한다. 이것이 십자가의 결론이라는 사실을 알았다. 말로만 "성경이 이렇게 말한다 더라" 하면서 살아서는 안 된다. 전심을 다해 온몸으로 하나님을 사랑하고 이웃을 사랑해야 한다.

사나 죽으나 주님의 것

나는 십자가에서 죽었다. 그리고 예수님이 그러셨던 것처럼 십자가를 지기 위해 잘 죽을 작정을 하며, 죽음을 준비하며 살고 있다. 예수님이 내게 지라고 하신 두 번째 십자가, 곧 내 십자가를 지고 살고 있다.

예수님은 십자가의 길을 스스로 가셨다. 내 아버지가 돌아가실 때가 어느 정도 예견된 상황에서 내가 아버지를 간병했듯이, 예수님도 이 땅에 오셨을 때 자신의 삶이 언제까지 이어질지 예견하셨을 것이다. 그런 면에서 예수님은 스스로 죽음을 선택하신 것과 다름없다. 예수님은 십자가를 피하지 않으셨다.

우리 역시 십자가를 스스로 져야 한다. 내가 그리스도와 함께 십자가에 못 박혀 죽는 것이다(갈 2:20). 그러면 어떻게 하는 것이 십자가를 지는 것인가? 목숨을 다해 하나님을 사랑하고 내 몸처럼 이웃을 사랑하며 살아가는 것이 곧 십자가에서 죽는 것이다.

십자가 하나만 묵상해도 나에게는 적용할 부분이 이렇게 많았다. 예수 십자가만 생각해도 우리 삶의 모든 문제에 해답을 얻을 수 있을 것이다. 우리는 이제 사나 죽으나 주님의 것이다.

이제 내가 살아도 주 위해 살고
이제 내가 죽어도 주 위해 죽네.
하늘 영광 보여주며 날 오라하네.
할렐루야 찬송하며 주께 갑니다.
그러므로 나는 사나 죽으나 주님의 것이요.

사나 죽으나 사나 죽으나

날 위해 피 흘리신 내 주님의 것이요.

_복음성가 〈이제 내가 살아도〉

15장

주님 앞에서 답해야 할
세 가지 질문

장애인 선교의 소명

흔히 장애인을 연약하고 작은 자라고 말한다. 옳은 말이다. 그러나 자칫하면 그 말이 장애인을 상대적으로 낮추는 말로 들릴 수도 있다. 우리는 십자가의 관점으로, 장애인이 일반인보다 더 귀한 작품 같은 존재라고 생각했으면 좋겠다.

"약한 것들을 택하사 강한 것들을 부끄럽게 하려 하시며"(고전 1:27)라는 말씀도 있듯이, 하나님나라를 이루시는 하나님의 전략 가운데 장애인을 통해 하시는 일이 분명히 있으신 것 같다.

그렇다면 왜 하나님은 나를 장애인 선교로 부르신 것일까? 하나님나라에 어떤 비밀이 있기에, 이렇게 장애인을 섬기고 선교하는 일로 부르신 것일까? 나는 마태복음 25장에서 그 빛을 보았다.

임금이 대답하여 이르시되 내가 진실로 너희에게 이르노니 너희가 여기 내 형제 중에 지극히 작은 자 하나에게 한 것이 곧 내게 한 것이니라 하시고 _마 25:40

마태복음 25장에는 세 가지 비유가 나온다. 우리에게 익숙한'열 처녀 비유'와 '달란트 비유'와 '양과 염소 비유'이다. 그런데 마태복음 25장의 비유는 그 앞에 나오는 24장과 같이 읽어야 한다. 25장 1절에서 가리키는 '그때에'는 예수님이 24장에서 말씀하신 '인자가 다시 올 그때'를 말하기 때문이다.

마태복음 24장에는 '재난의 징조', '가장 큰 환난', '무화과나무' 비유가 나온다. 마태복음을 24장까지만 읽으면 훗날 우리의 운명이 천국 혹은 지옥의 결과만 있다고 생각하고 신앙생활을 하게 될지도 모른다. 그러나 25장을 이어서 읽으면 그것이 전부가 아님을 알 수 있다. 하나님 앞에 설 '그때에' 환난을 피해 깨어 있으려면 어떻게 해야 할지에 대해 잘 설명해주고 있기 때문이다.

마태복음 25장은 인자가 다시 올 때에 우리가 하나님으로부터 세 가지 질문을 받게 될 것을 알려주는 말씀이다.

첫 번째 질문, 깨어 있었느냐?

세 가지 질문 가운데 첫 번째는 열 처녀 비유 속에 숨어 있다. 이 비유에는 미련한 다섯 처녀와 슬기로운 다섯 처녀가 등장한다.

미련한 자들은 등을 가지되 기름을 가지지 아니하고 슬기 있는 자들은 그릇에 기름을 담아 등과 함께 가져갔더니 _마 25:3,4

열 처녀 모두 신랑이 더디 오는 바람에 다 졸며 잤다. 밤중에 신랑이 왔다는 소리를 듣고 일어나 등을 켜는데, 기름을 준비한 처녀들은 신랑을 맞을 수 있었지만, 준비하지 못한 처녀들은 혼인잔치에 들어가지 못했다.

나는 기름을 준비한 처녀들이 깨어 있는 사람들이었다고 생각한다. 기름을 미리 준비했기 때문이다. 따지고 보면 열 처녀 모두 기다리다 지쳐 잠이 들었다. 그러나 슬기로운 처녀들은 기름을 준비했으므로 비록 잠이 들었으나 결과적으로 깨어 있는 것이나 다름없었다고 보는 것이다.

이 말씀을 이런 질문으로 바꿔보자.

"너는 깨어 있었느냐? 지혜로운 처녀처럼 살았느냐?"

그렇다면 깨어 있다는 말이 무엇일까? 다시 말해, 기름을 준비하고 있었다는 것은 무엇일까? 일반적으로 기름은 성령의 기름부으심, 곧 성령의 임재와 성령 그 자체를 상징하는 말이다. 그렇다면 슬기로운 처녀들은 성령에 의지하여, 성령을 따라 살았다는 말이 된다. 따라서 슬기로운 처녀처럼 깨어 있는 신앙이란 성령을 따라 기도하며 사는 삶이 아닐까? 나는 이 말을 내 생각과 내 필요를 위해 기도하는 것과 구분하여 하나님의 영을 따라 다른 사람과 하나님나라를

———— 복음에 빚진 사람

위해 기도하는 삶이라고 적용하고 싶다.

다시 말해, "깨어 있었느냐?"라는 질문은 "깨어서 기도했느냐?"라는 질문이기도 하다. 또한 깨어 있는 사람의 기도는 자기 자신만을 위해 하는 기도가 아니라 남을 위해 하는 기도이다. 내 생각으로 하는 기도가 아니라 성령에 의해 기도하는 '영의 기도'이다.

최근에, 주중대사를 지낸 김하중 장로님이 쓴 《하나님의 대사》를 읽고 매우 놀랐다. 우선 한국교회에 이런 책이 나온 것에 놀랐고 참 감사했다. 이 책은 개인의 필요 중심의 기도를 기도의 전부인 양 제한적으로 알았던 한국의 크리스천에게 기도의 진정한 넓이와 깊이를 보여주고 있다. 김하중 장로님은 이 책에서 '혼의 기도', 즉 뭔가 해달라는 식의 필요를 채우려는 기도만 하지 말고 성령님에 의지하여 하나님의 음성을 듣고자 기도하는 '영의 기도'를 드리라고 말한다. 영의 기도를 하게 되면 자신의 필요만을 위해 기도하지 않으며, 이웃과 국가와 하나님나라를 위해 중보하게 된다는 것이다. 그래서 김 장로님은 매일 300명, 15년간 만 번의 중보기도를 하셨던 것이다.

나는 소록도에 있는 한센병 환자들이 이렇게 기도하는 것을 보아 왔다. 그들은 매일 시간을 정해놓고 깨어 기도했다. 그들이 무슨 중보기도를 하겠느냐고 가볍게 생각해서는 안 된다. 한센병 환자들이 모이면 자신의 건강과 형편을 위해 기도하는 것이 아니라 국가와 한국교회와 선교사를 위해 기도했다.

현재 내게 없는 것을 구하는 것만이 기도가 아니다. 물론 경제적, 육적인 필요를 위해서도 기도해야 하지만, 그것이 기도의 전부인 양 착각하면 안 된다는 말이다.

그렇다면 깨어 있는 자로서 기도하려면 어떻게 해야 하는가? 먼저 나에게 있는 것이 무엇인지를 찾아 감사해야 한다. 나에게 무엇이 있는가를 알아차리는 것이다. 예를 들어, 나에게 두 팔과 두 다리가 있는 것을 당연하게 생각하지 말고 감사하자는 것이다.

두 번째 질문, 얼마를 남겼느냐?

달란트 비유에는 각각 다섯 달란트, 두 달란트, 한 달란트를 받은 종들이 나온다. 사람마다 받는 달란트, 곧 은사는 서로 다르다. 그러나 중요한 것은 받은 것을 가지고 남기라는 말씀이다.

오랜 후에 그 종들의 주인이 돌아와 그들과 결산할새 다섯 달란트 받았던 자는 다섯 달란트를 더 가지고 와서 이르되 주인이여 내게 다섯 달란트를 주셨는데 보소서 내가 또 다섯 달란트를 남겼나이다 그 주인이 이르되 잘하였도다 착하고 충성된 종아 네가 적은 일에 충성하였으매 내가 많은 것을 네게 맡기리니 네 주인의 즐거움에 참여할지어다 하고 두 달란트 받았던 자도 와서 이르되 주인이여 내게 두 달란트를 주셨는데 보소서 내가 또 두 달란트를 남겼나이다 그 주인이 이르되 잘하였도다 착하고 충성된 종아 네가 적은 일에 충성하였으매 내가 많은 것을 네게

——————— 복음에 빚진 사람

맡기리니 네 주인의 즐거움에 참여할지어다 하고 한 달란트 받았던 자
는 와서 이르되 주인이여 당신은 굳은 사람이라 심지 않은 데서 거두고
헤치지 않은 데서 모으는 줄을 내가 알았으므로 두려워하여 나가서 당
신의 달란트를 땅에 감추어 두었었나이다 보소서 당신의 것을 가지셨나
이다 _마 25:19-25

나는 이 비유를 통해 하나님께서 "너는 얼마를 남겼느냐?"라고 질
문하시는 것을 상상해본다. 하나님께서는 마지막 때에, 우리가 받은
달란트를 가지고 얼마를 더 남겼느냐는 질문을 하실 것이다.

세상 장사꾼은 돈을 남긴다. 그렇다면 하늘 장사꾼은 무엇을 남겨
야 할까? 나는 사람을 남겨야 한다고 믿는다. 따라서 "얼마를 남겼
느냐"라고 물으시는 하나님의 의도는 사람을 살리는 생명의 열매를
얼마나 남겼느냐 하는 것이다.

당신은 하나님이 당신에게 준 달란트로 무엇을 남기고 있는가?
다른 데 정신이 팔려 가장 중요한 것을 놓치고 있지는 않은가? 하나
님의 사람을 남기자. 내 안에 계신 예수의 복음을 전하자. 이것이 두
번째 질문에 대한 답을 준비하는 것이다.

세 번째 질문, 지극히 작은 자에게 어떻게 했느냐?

예수님은 양과 염소 비유를 통해 지극히 작은 자 하나에게 한 것
이 예수님에게 한 일이라고 말씀하신다.

내가 진실로 너희에게 이르노니 너희가 여기 내 형제 중에 지극히 작은 자 하나에게 한 것이 곧 내게 한 것이니라 _마 25:40

나에게 "왜 장애인 사역을 하게 되었는가?"라고 질문한다면 이 말씀으로 답을 대신하고 싶다. 마지막 주님 앞에 서는 날, 하나님께서는 나에게 "작은 자, 곧 농아에게 너는 어떻게 했느냐?"라고 물으실 것 같다.

당신에게 도움을 청하는 이에게 당신은 어떻게 했는가? 예수님은 작은 자, 곧 도움이 필요한 이에게 도움을 준 것이 바로 주님에게 한 것이라고 하신다. 나에게 맡겨진 작은 자는 농아이다. 그렇다면 당신에게 작은 자는 누구인가?

예수님은 우리가 주님 앞에 서는 날, 이 세 가지 질문을 하실 것이다. 그런데 이 질문들은 하나님이 우리에게 상급을 주시려고 미리 보여주신 '오픈북 테스트'(open book test)이다. 그때 물어보실 문제를 미리 답과 함께 보여주셨기 때문이다.

언젠가 온 열방과 세계 가운데 높임을 받으실 주님께서 다시 오시는 그날, 우리가 그분 앞에 서는 그날에 우리 앞에 던져주실 이 질문들을 미리 예습하는 인생이 되자. 그날에 이 세 가지 질문에 시원스레 답할 수 있으려면 우리는 어떻게 살아야 하는가?

———— 복음에 빚진 사람

장애인이 또 다른 장애인을 섬기는 꿈

나에게는 꿈이 있다. 마틴 루터 킹 목사의 꿈이 '흑인과 백인이 차별 없이 사는 것'이었다면, 나의 꿈은 '중앙아시아 농아들이 삶을 회복하는 꿈'이다.

장애학적으로 장애인은 정신박약, 지체장애, 시각장애, 농아, 이렇게 네 부류로 나눈다. 그중 농아의 현실 참여가 가장 힘들다고 한다. 농아는 육신이 멀쩡하기 때문이다. 눈도 보이고 팔 다리도 다 있다. 대화를 해보지 않는 이상 그가 농아라는 사실을 알아차리기 어렵다.

예를 들어, 지체 장애인이 목발을 짚었거나 시각장애인이 지팡이를 들고 버스나 지하철을 타면 사람들이 자리를 비켜준다. 그러나 농아라면 누가 그를 알아보고 자리를 비켜주겠는가. 그래서 평소에 농아를 장애인으로 생각하지 않는다. 심지어 농아 스스로도 장애인이라는 사실을 인정하지 않으려는 경향이 있다.

농아들은 장애인 모임에도 잘 모이지 않는다. 장애인이라는 인식 자체를 스스로 거부하는 것이다. 정상인이 아니지만 장애인도 아니라고 생각하는 면이 있다. 현실과 인식 사이의 차이(gap)가 커서 현실 참여도 어렵다. 그래서 장애학적으로 이중(二重)장애를 가졌다고 말한다. 그런데 내가 특별히 농아들을 대상으로 선교하고 그들을 훈련시키는 이유가 있다. 나는 농아들을 통해 장애인이 또 다른 장애인을 선교하는 모델을 만들고 싶다. 바로 농아들을 통해 다른 장애인을 섬기고 선교하기 위해서다. 농아들이 선교에 헌신할 수 있도록 훈련시켜서 다른 장애인들을 섬기게 하자는 것이다. 농아라면 충분히 해낼 수 있다. 이것이 내가 부르짖는 장애인 사역의 목표 가운데 하나이다.

농아인들이 예수님을 알고 나서, 그들에게 섬김과 헌신에 대해 가르쳐야 할 필요가 있었다. 농아인들은 스스로 자립하겠다는 의지가 약한 편이었다. 더구나 남을 위해 자신의 것을 나눠주고 섬긴다는 것은 쉽지 않은 일이었다. 우리 농아 교회에 온 농아들의 의식도 그랬다. 농아들은 육신이 건강하니까 몸이 불편한 다른 장애인을 돌보자는 말이 실현되기까지는 시간이 필요했다.

언젠가 농아 교회에 모인 헌금으로 학용품을 구입해 농아들과 함께 맹인학교에 선물을 나눠주러 간 적이 있다. 그들은 맹인학교에 다녀오더니 눈으로 볼 수 있다는 것이 감사하다는 고백을 했다. 그래도 맹인보다 농아가 더 나은 것 같다면서, 나눠줄 수 있어서 감사하다고 진심으로 고백했다. 이처럼 스스로 장애인을 섬기는 농아인을 양성하려는 것이 농아들을 대상으로 선교하고 그들을 훈련시키려는 이유이다.

농아 프로축구팀의 꿈

나는 또한 현재 프로 2부 리그에서 뛰고 있는 우리 농아 축구팀을 정식 프로축구팀으로 성장시키고 싶다. 우리 팀이 경기도 안산 와스타디움 개장 때 안산 할렐루야 프로축구팀과 경기를 한 적이 있다.

김포에 연고지를 두고 있던 할렐루야 축구단이 안산으로 연고지를 옮긴 무렵, 안산 시민들과 장애인들을 초청해 축구 경기를 했다.

내가 우리 농아들한테 경기 전에 꿈을 심어주려고 이기면 100달러씩 주겠다고 했다. 꼭 돈 때문만은 아니겠지만 선수들은 평소보다 더 열심히 뛰었다. 결국 4대2로 졌지만 좋은 경기였다.

경기 후에 안산 할렐루야 축구단 감독 이영무 목사님과 이야기를 나누다가 한국 프로축구팀의 현황에 대해 물어보았다. 그랬더니 선수들의 연봉이 생각보다 많았다. 우리 팀은 가장 잘하는 선수가 300달러 정도밖에 못 받는다. 재정적인 후원이나 수입이 거의 없기 때문이다.

우리 팀 선수들은 대개 직업이 따로 있다. 생계를 위한 일과 축구를 병행하는 것이다. 그런데 실력이 뛰어난 선수를 보면, 다른 일을 하지 않고 축구만 했으면 좋겠다는 마음이 든다. 물론 선수들에게 적정한 연봉을 지급할 때 가능한 일이다. 그렇게만 된다면 생계 문제에서 자유로워져 중앙아시아에서 축구와 선교 사역을 병행하는 팀이 될 수 있지 않을까?

나는 세계적인 농아들로 구성된 프로팀을 만들어 닫혀 있는 무슬림권 국가에서, 낮에는 축구 경기를 하고 밤에는 복음 전하는 사역을 하고 싶다.

2010년에 카자흐스탄 체육부와 5년간 재계약을 했다. 나는 우즈벡과 카작에서 10년 이상 축구감독을 해왔고, 앞으로도 계속 축구감독을 할 것 같다. 이왕 축구팀을 지도하는 김에, 언제가 될지는 모르지만 복음을 전하는 크리스천 농아 프로축구팀을 만들어 전 세계에 있는 장애인들에게 선교하고 싶다.

이 꿈을 이루기 위해 기금(펀드)을 조성하고 싶다는 생각이 움트기 시작했다. 일터 사역이 잘되면 그 수입을 통해 기금을 조성하겠지만, 그게 말처럼 쉽지는 않다. 나는 이 펀드가 조성되면 하고 싶은 일이 또 하나 있다.

장애인들을 선교사로 보내려면 선교 전문 교육과 파송기관이 절실히 필요하다. 우리 농아 교회에 예수를 믿고 나서 복음에 빚진 자가 되어 다른 지역의 농아들에게 복음을 전하러 갔던 농아 형제자매들이 있다. 그런데 선교 교육과 훈련이 미흡하고, 경제적인 어려움 때문에 포기하고 되돌아온 경우가 있다. 나는 이를 위해 기도하고 있다.

아직까지 우리 축구팀 선수들은 안산 할렐루야 축구단처럼 기독교인으로만 구성된 팀은 아니다. 현재 절반 정도가 크리스천이지만, 이슬람 사회에서 이 정도로 크리스천이 많은 비율로 모인 집단도 드물다. 그들이 회개하고 돌아올 때까지 나는 나를 찾아와주신 주님의 은혜에 대해 간증하고 그들을 품을 것이다. 그저 얼싸안고 사랑할 것이다. 그들을 변화시키는 것은 하나님이 하실 일이기 때문이다.

따라서 아직 믿지 않는 농아들을 내가 판단하고 구별해버리면 그들을 온전히 사랑할 수 없을 것 같다. 똑같은 자식이라도 좋지 않은 마음으로 바라보면 사랑이 전달되지 않는다. 육신의 자식도 그런데 하물며 다른 사람에게는 어떻겠는가.

이 일들을 통해 작은 자들을 위한 사역이 더욱더 구체화되기를 바란다. 농아들의 축구를 통해, 농아들보다 더 외롭게 갇혀 지내는 자들을 회복시킬 수 있을 것이다.

16장

나는 예수 생명과
사랑에 빚진 사람

하나님께 쓰임 받으려면?

내가 선교하면서 가장 중요하게 생각하는 것은 나 혼자 일하는 것이 아니라 하나님과 함께 일한다는 사실이다. 그래서 나는 늘 이렇게 기도한다.

"하나님, 저 좀 써주십시오. 하나님과 함께 먹이고 싶습니다!"

하나님은 나를 50년간 훈련시키셔서 5년 혹은 5일, 아니 5시간만 사용하신다고 해도 결코 손해 볼 분이 아니시다. 나는 5시간만이라도 하나님의 동업자가 되어 꼭 하나님 앞에 쓰임 받고 싶다.

그런데 하나님께서는 나를 잠시 사용하시기 위해 복잡하고 오랜 과정을 거치게도 하시는 것 같다. 나는 콩으로 두부를 만드는 과정에서 그 원리를 보았다. 완성된 두부를 먹는 것은 순간이다. 그러나 두부 한 모가 만들어지기까지 얼마나 많은 과정을 거치는지 모른다.

내가 중국에 두부 기계를 구입하러 갔을 때, 문병익 사장이라는 분이 두부에 인생철학이 깃들어 있다는 이야기를 들려주었는데, 매우 인상적이었다. 내 손으로 직접 두부를 만들어 보니 그 말이 더 이해가 되었다. 게다가 콩으로 두부를 만드는 과정이 하나님께서 우리를 연단하고 쓰시는 과정과 비슷하다는 생각이 들었다. 그 분이 들려준 이야기를 여기에 각색하여 옮겨본다.

먼저 유통 과정에서 더러워진 콩을 깨끗이 씻어야 한다. 이것은 죄악된 세상에서 더러워진 우리를 죄사함과 세례로 깨끗케 하시는 것에 해당한다.

그 다음 콩을 불리면, 콩이 2,3배 크기로 불어난다. 하나님께서는 우리가 죄사함을 받고 난 후, 바로 훈련시키지 않으시고 꿈을 주시고 격려해주신다. 그래서 간혹 우리는 뭐라도 된 양 우쭐해지기도 한다. 그러나 하나님께서는 때가 되면 우리를 하나님의 사람으로 빚기 시작하신다.

다음은 콩을 가는 과정이다. 콩을 갈듯이 우리의 자아를 갈아서 겸손하게 낮추신다. 콩을 처음 갈 때는 쿵탕쿵탕 소리가 요란하다. 갈리지 않으려고 반발하기 때문이다. 갈리는 데는 그만큼 희생이 따른다. 자기를 부인하고 자기가 죽는 아픔이 있다. 그러나 두 번째 갈 때는 거의 소리가 나지 않는다. 깨어진 정도가 아니라 이미 형체도 없이 곱게 갈리는 단계로 진입했기 때문이다. 우리의 교만한 내면이 하나님의 훈련으로 깨지고 갈리는 과정이다.

그 다음은 가열하는 과정이다. 100도 이상의 온도에서 끓여 모든 불순물과 세균을 제거하여 순수하게 하는 것이다. 성화(聖化)되는 과정이라고도 할 수 있다.

하나님께서는 우리를 쓰시기 전에 반드시 우리를 낮추고 우리 삶의 동기와 목적을 순수하게 하신다. 이 낮아지는 과정에 아픔이 있다. 사실 알고 보면 고난의 과정도 축복이다. 이 과정을 거치면 우리가 알 수 없는 하나님의 더 큰 축복이 기다리고 있기 때문이다.

완전히 갈아져 낮아지고 순수하게 된 다음에는 눌러서 두부를 만든다. 이제는 자아도 없고 자기주장도 없어 주인의 주권적인 손에 모든 것을 맡기는 것이다. '내 주여, 뜻대로 행하시옵소서'의 단계이다. 두부가 완성되면 그 다음에는 주인이 원하는 대로 다양한 제품을 만들게 된다. 이렇듯 두부가 완성되는 과정은 하나님이 우리를 쓰시는 단계와 비슷하다. 이를 통해 하나님께서는 우리를 영화롭게 하시고 영광을 받으신다.

하늘 관점으로 바라보라

이슬람 땅에서는 말로만 선교해서는 복음이 잘 스며들지 않는다. 그래서 나는 농아들에게 예수님을 전할 뿐 아니라 이 땅에서 경제적으로 뿌리를 내려 열매를 맺음으로써 나 같은 선교사가 없더라도 자생하기를 바란다.

나는 이런 상상을 해본다. 인생이라는 나무가 땅에 뿌리를 박고 있다. 그런데 하나님이 어느 날 인생이라는 나무를 뿌리째 뽑으셨다. 그리고 하늘에 달아버리셨다. 말하자면 이제는 뿌리가 하늘에 있고, 그 뿌리가 하늘나라에 연결되어 있다는 말이다. 그러면 나무에 열매가 맺혀 떨어질 때 땅으로 떨어질 것이 아닌가. 그러면 그 열매를 사람들이 먹을 수 있는 것이다.

나는 이 상상의 이야기를 '하늘에 뿌리 내린 하늘 나무'라고 말하곤 한다. 내가 앞서 '십자가는 하늘 중력'이라고 했을 때 묵상한 부분이기도 하다. 이 이야기는 크리스천이 되었다면 더 이상 땅에서 하늘을 보지 말고 하늘에서 땅을 바라보는 관점을 가져야 한다는 것과 연결된다.

만유인력이라는 게 무엇인가? 사과나무에서 사과가 떨어지면 땅에 쏟아진다. 아래로 당기는 힘이 작용하기 때문이다. 그런데 십자가는 우리에게 하늘 중력이 작용하도록 우리를 변화시킨다.

우리가 십자가를 통과하면 하늘에 뿌리를 박게 되어, 땅에 뿌리를 둔 사람으로 사는 것이 아니라 하늘에 매달려 살게 된다는 것이다. 십자가를 통해 우리를 하늘로 끌어당기는 중력이 생겼기 때문이다.

물론 이것은 영적인 개념으로 하는 말이다. 하나님나라의 백성이 되어 하늘나라에 뿌리를 내리고 사는, 하늘에 속한 사람이 되는 것이다. 그러면 이제 나의 일이 아닌 하나님의 일을 하게 된다.

예수님이 제자들에게 "같이 먹이자"고 하셨듯이, 하나님께서는 하나님이 하시는 일에 나를 동참시키신다. 하나님이 하시는 일에 나를 부르셔서 같이 일하게 하신다는 것은 엄청난 영광이다. 지금부터

라도 나의 일이 아니라 하나님의 일을 하자.

하나님이 하시는 일

예수님이 안식일에 베데스다 연못의 병자를 낫게 한 것에 대해 유대인이 율법적인 문제를 제기했을 때, 예수님은 이렇게 말씀하셨다.

예수께서 그들에게 이르시되 내 아버지께서 이제까지 일하시니 나도 일한다 하시매 _요 5:17

유대인의 안식일 준수라는 율법적 전통을 초월하여, 하나님이 일하시니 예수님도 일한다면, 우리도 오늘 하나님의 일을 해야 하지 않을까? 우리는 우리를 통해 하나님이 하시는 일이 나타나기를 소망해야 한다. 물론 안식일에도 일을 하자는 단순 무지한 적용을 하자는 것이 아니다.

지금도 일하시는 하나님의 일이 무엇인지를 알아야 한다. 하나님은 그 하나님의 일을 우리에게, 나에게 맡기셨다. 그런데 하나님은 내게 할 일을 주시고 가만 계시는 것이 아니라 그 일을 직접 하고 계신다. 다만 부름 받은 나를 통해 그 일을 나타내실 뿐이다.

하나님의 하시는 그 일을 나타내고자 하는 것은 일생의 소원이 되었다. 그래서 누가 나에게 처음 설교를 부탁을 하면 요한복음 9장 1-5절 말씀을 중심으로 '하나님이 하시는 일'이라는 제목의 설교를

———— 복음에 빚진 사람

한다. 우리가 살아서 하나님의 일을 하자는 것이다. 내 삶에 어떤 문제가 있든 상관없이, 나에게서 하나님이 하시는 일을 나타내기를 소원하는 것이다.

> 예수께서 대답하시되 이 사람이나 그 부모의 죄로 인한 것이 아니라 그에게서 하나님이 하시는 일을 나타내고자 하심이라 _요 9:3

하나님 아버지께서는 나로 하여금 중앙아시아에서 농아들에게 축구를 가르치게 하셨고, 축구로 헌신한 농아들에게 예수를 심어주어 그들을 선교사로 파송하는 일을 하도록 준비시키고 계신다. 내 아버지가 하시는 일이기 때문에 나도 지금 그 일을 하는 것이다.

하나님의 일을 하는 것을 '소명' 혹은 '사명'이라고 말한다. 그런데 대부분 크리스천들이 하나님의 일은 교회에만 있다고 보고, 세상의 일은 다른 것으로 구분하는 경향이 있다. 아버지 일 따로, 내 일 따로 생각하는 것이다. 그러나 그렇지 않다. 거룩한 세상 일이 있을 수 있고 거룩하지 못한 교회 일이 있을 수 있다. 세상 일이라고 다 더러운 것이 아니요 교회 일이라고 다 깨끗하다는 법도 없다. 문제는 우리가 하나님 앞에서 거룩해짐으로써 우리가 하는 일이 모두 거룩하기를 기도하며 받은 마음으로 일해야 한다는 것이다.

이것이 이른바 일터 사역, 혹은 일터 교회의 기초가 되는 원리이다. 일터가 곧 교회가 될 수 있다. 돈을 버는 일을 할 때에도 그 일을 하나님의 뜻을 따라 하는 것이다. 가장 전문적이고 성실하게 일하면서도 기도와 말씀보다 앞서지 않는다. 그 모든 일을 통해 결국은 예수가 전해져야 하기 때문이다.

우리가 하는 일이 하나님의 일이라면, 하나님의 일은 하나님이 보내주신 예수님을 믿는 것이어야 한다. 우리의 일터를 통해 사람들이 예수를 믿게 해야 한다. 따라서 이 일은 내 일이 아니라 하나님 아버지의 일이다. 하나님의 일은 하나님이 보내주신 예수를 믿는 것이기 때문이다.

예수께서 대답하여 이르시되 하나님께서 보내신 이를 믿는 것이 하나님의 일이니라 하시니 _요 6:29

지금은 하나님의 일을 할 때
하나님은 언제부터 일하시고 언제부터 안식하셨을까. 하나님은 창조 사역을 끝내고 일곱째 날에 안식하셨다.

천지와 만물이 다 이루어지니라 하나님이 그가 하시던 일을 일곱째 날에 마치시니 그가 하시던 모든 일을 그치고 일곱째 날에 안식하시니라 하나님이 그 일곱째 날을 복되게 하사 거룩하게 하셨으니 이는 하나님이 그 창조하시며 만드시던 모든 일을 마치시고 그날에 안식하셨음이니라 _창 2:1-3

이에 따라 구약의 축복 개념은 안식일을 지키는 것이 되었다. 그런데 예수님은 분명히 하나님께서 일하신다고 하셨다. 지금 이 시대에도 일하시는 하나님은 창조 후 일곱째 날에 쉬셨던 것처럼, 지금 하시는 일을 다 마치면 안식하실 거라는 사실이다. 지금은 하나님이 구원 역사를 완성하기 위해 분주하게 일하시는 때이다. 그러므로 유대인의 관점에는 병자를 고치지 말아야 할 안식일에도, 예수님은 안식일의 개념을 뛰어넘는 치유의 역사, 곧 하나님의 일을 하셔야 할 예수님이 그 병자를 고쳐주신 것이다. 해야 할 일을 하신 것이다.

그러면 우리는 지금 무엇을 해야 할 때인가? 아버지가 일하시니 우리도 일해야 할 때이다. 지금 이 시대를 살아가는 것은 이 시대에 해야 할 하나님의 일을 하기 위함이다. 일상에서도 하나님이 하시는 일이 나타나도록 살아야 한다. 그래서 나는 일 속에서 만나는 하나님을 찾기를 바란다. 일터 교회의 개념은 바로 여기서 출발한다.

소록도 교인들은 국가에서 지원받는 돈으로 생활이 가능하다. 그런데도 밭에 마늘 심고 닭을 키우며 일을 하고 있다. 왜 일을 더 하는가? 평균 나이 75세에도 선교비를 모으려고 일하는 것이다.

우리가 일터 교회를 하는 목적도 바로 하나님의 일을 하기 위함이다. 카작의 농아들로 하여금 예수 믿게 하기 위해서다. 하나님의 일을 하기 위해 현실적으로 돈도 필요하다. 선교와 재정은 따로 가는 것이 아니다.

성령님이 하셨다!

누군가에게 들은 재미있는 이야기다. 어느 아프리카 부족 추장에게 어여쁜 외동딸이 있었다. 외동딸이 결혼할 때가 되어 신랑감을 찾는데, 추장이 기막힌 아이디어를 냈다. 그것은 바로 폭 25미터 강에서 수영 시합을 해서 우승자를 사위로 삼는 것이었다.

대회 날 많은 젊은이들이 모여들었다. 예비 테스트를 마친 건장한 사내들이 시작 신호를 기다리고 있었다. 그런데 출발 신호 대신 이런 소식이 전해졌다.

"여러분이 수영해야 할 저 강에는 식인 악어가 우글대고 있습니다. 저 속에서 수영을 해서 1등을 하는 사람이 추장의 사위가 될 것입니다. 자, 그럼 시작합니다. 출발!"

출발 신호가 떨어졌지만, 모두들 그 자리에 얼어붙었다. 얼마 동안 정적이 흘렀다.

그런데 놀랍게도 한 젊은이가 물에 뛰어들더니 죽을힘을 다해 헤엄을 쳤다. 예상대로 악어들이 떼를 지어 그 젊은이를 뒤쫓기 시작했다. 거의 잡힐 뻔한 위기를 여러 차례 넘긴 끝에, 그 젊은이는 간신히 강 건너편까지 도착했다. 드디어 해낸 것이다. 사람들이 환호하고 추장은 얼굴에 미소를 가득 머금고 젊은이를 맞으러 갔다. 그런데 그 젊은이가 흥분하며 이렇게 소리쳤다.

"누가 나 밀었어?!"

그냥 웃어넘길 만한 이야기였지만, 나는 그럴 수 없었다.

나는 명색이 하나님의 일을 한답시고 척박한 중앙아시아 무슬림 땅, 우즈베키스탄과 카자흐스탄에서 십수년 세월을 보냈다. 그러면서 많은 일을 겪었다. 이곳은 사람을 잡아먹는 악어가 득실대는 강처럼 선교하기에 그리 만만하지 않은 땅이다. 그런데 하나님께서는 중앙아시아 무슬림 전 지역을 상대로 내가 선교하기를 원하신다.

처음에는 정말 멋모르고 이 일에 뛰어들었다. 오죽했으면 아내와 아이까지 두고 혼자서 길을 나섰을까? 알고 했든 모르고 했든, 나는 선교를 흉내 내는 것이 아니라 죽기를 각오하고 하나님 앞에 쓰임 받기를 소원하며 이 일을 시작했다. 그러나 무슬림 장애인 선교는 마치 아프리카 추장의 사위가 된 그 젊은이처럼 누군가 등 떠밀어 시작한 일인 것 같다.

그런데도 신실하신 하나님의 은혜로 무슬림 땅에서 많은 장애인들과 장애 가정에 태어난 정상인들이 하나님 품으로 돌아오고 있다. 결국 내 등을 떠밀고 그 무서운 악어의 입으로부터 나를 보호하신 이는 다름 아닌 하나님이시다. "약한 자를 들어 강한 자를 부끄럽게 하신다"는 하나님의 말씀을 이루시기 위해 나 같은 사람을 도구로 삼으셔서 오늘 여기까지 오게 하셨다. 나는 그저 죽기 살기로 헤엄쳐 그 강을 건넌 것밖에 한 일이 없다.

그러나 하나님께서 세상의 미련한 것들을 택하사 지혜 있는 자들을 부끄럽게 하려 하시고 세상의 약한 것들을 택하사 강한 것들을 부끄럽게 하려 하시며 하나님께서 세상의 천한 것들과 멸시 받는 것들과 없는 것들을 택하사 있는 것들을 폐하려 하시나니 이는 아무 육체도 하나님 앞에서 자랑하지 못하게 하려 하심이라 _고전 1:27-29

아숨차이오

나는 예수님을 믿고 구원받았지만, 내가 왜 예수를 믿고 있는가를 수시로 점검한다. 나는 예수를 전하기 위해 예수를 믿는다. 내가 예수님을 믿는 유일한 이유는 내가 복음에 빚진 자, 육신에 빚진 자의 자세로 선교를 하기 위해서다. 선교는 하나님의 지상명령을 지키기 위한 임무 수행이 아니라 내가 선교를 할 수밖에 없도록 등 떠미시는 하나님의 사랑이다. 선교는 '명령'이기 이전에 '원리'인 것이다.

축구 경기가 끝난 후, 감독은 골을 넣은 선수 이상으로 누구를 칭찬하겠는가? 바로 골을 넣을 수 있게 어시스트 해준, 도와준 선수이다. 아마도 우리 인생의 총 감독이신 하나님도 같은 마음이 아닐까 생각해본다. 나와 같은 선교사들이 선교지에서 골을 넣는 선수라면, 후방에서 기도로, 물질로 동역하는 사람들에게도 하나님의 축복이 동일할 줄로 확신한다.

소록도의 한센병 환자들이 "내가 한센병 환자라서 예수님을 만났습니다"라고 고백했던 것처럼 먼저 예수님을 믿은 농아들이 "내가 농아라서 예수님을 만났습니다"라는 고백을 함으로써 다른 장애인들에게 복음이 전해지기를 바란다. 우리는 이 무슬림 땅에 예수님의

복음에 빚진 사람

깃발을 꽂을 것이다.

그래서 장애인들이 회복되어 무슬림 선교에 동역할 하나님의 일꾼들이 자원하는 심령으로 하나님 앞에 나오기를 소망한다. 앞으로 진행될 하나님의 일은 나 혼자 할 수 있는 일이 아니기 때문이다. 누군가 뒤에서 밀어 얼떨결에 험난한 죽음의 길을 헤엄쳐갔던 그 젊은 이처럼 지금 누군가 내 뒤에서 떠밀고 있다는 것을 안다.

중앙아시아에는 일제시대에 강제 이주되어 척박한 땅에 뿌리를 내린 우리 민족의 후예인 고려인들이 많이 살고 있다. 그들의 방언 가운데 이런 말이 있다.

"아숨차이오."

이 말은 "아, 숨이 차도록 고맙습니다"라는 뜻이다. 나는 이 말을 매우 좋아한다. 하나님의 은혜가 정말 숨이 차도록 고맙고 감사하지 않은가.

"하나님, 정말 숨이 막힐 정도로 감사합니다. 아숨차이오!"

나에게는 3명의 자녀들이 있다.
첫 번째 자식은 산고의 고통을 통해 자연분만으로 태어난
우즈베키스탄 농아들,
두 번째 자식은 비교적 손쉽게 제왕절개로 태어난
카자흐스탄 농아들,
세 번째 자식은 절대자 하나님께서 입양시켜주신
남북한 조선의 농아들이다.

5부

성경이 말하는
통일을 위해

17장

중앙아시아에서
윗동네에 이른 사연

어느 날 평양에서

우즈베키스탄에서 아시안게임 동메달을 획득하고 올림픽에 출전한 일을 비롯한 아름다운 소문 덕분에, 카자흐스탄에서는 처음부터 농아 축구팀 감독으로 초청을 받아 영주권을 받았다.

첫 번째 계약 기간은 2005년부터 2010년까지 5년이었다. 그렇게 카자흐스탄 농아 축구팀 감독이 되었다.

그런데 카자흐스탄에서는 축구사역 못지않게 '소자본을 투자한 사장이 되는 꿈'이라는 비즈니스 프로젝트에도 신경을 썼다. 농아들이 스스로 사장이 되도록 한 것이다. 사람을 남기는 하늘나라 장사꾼으로서 사역을 감당한 일이었다.

그 일은 어느 날 밤하늘의 별들이 콩으로 보이면서 시작되었다. 그 순간부터 하나님께서는 콩에 관련된 작은 비즈니스를 열어주셨다. 그것이 '춤추는 콩나물', '행복한 두부'를 만들어 파는 일이었다. 우즈벡에서 추방된 경험을 바탕으로, 농아 축구사역보다 비즈니스 영역에서 더 열심을 냈던 것 같다.

카자흐스탄 농아교회를 건축하고, 교회 마당에 인조 잔디를 깔아 농아들과 함께 풋살 축구장도 만들었다. 축구장 역시 농아들에게는 무료였지만, 일반인들에게는 유료로 사용하도록 했다. 축구장도 비즈니스 영역으로 관리했던 것이다. 그렇게 일 속에서 하나님을 만났다. 일하며 흘리는 땀 속에 성령님이 찾아오셨다. 그 일들은 농아들이 그동안 구걸해서 얻어먹었던 지난날의 습관을 청산할 수 있도록 도우려는 것이었다. 그들에게 일거리를 만들어주는 것을 나의 사명으로 알고 최선을 다했다.

그러던 어느 날, 평양에서 열린 세계 세계장애인의 날 행사에 카자흐스탄 농아 축구팀 감독 자격으로 초청을 받았다. 나는 카자흐스탄 영주권이 있기 때문에 법적으로 안전하게 다녀올 수 있었다. 그런데 문제가 생겼다. 그 날 평양에 간 것이 내 삶의 모든 것을 뒤엉켜놓기 시작했던 것이다.

2012년 11월 28일, 중국 심양에서 고려항공을 타고 평양에 들어갔다. 처음에는 평양의 모든 것이 신기하기만 했다. 평양에서 사리원으로 가는 시골길에서 만난 사람들의 눈빛, 자전거를 타고 대동강 다리를 지나가는 어느 신사의 눈꺼풀에 쌓인 눈이 아직도 내 가슴을 뭉클하게 만든다.

하지만 무엇보다 감동적인 것은 따로 있었다. 1993년 어느 겨울, 구소련 레닌그라드에서 모스크바까지 야간 횡단열차에서 보여주셨던 그날의 꿈같은 환상을 20년이 지난 2012년 11월에 평양에서 다시 보고 있다는 사실이었다. 주님은 이미 1993년부터 내게 북한을 보여주기 시작하셨던 것이다.

"주님, 저는 아닙니다. 저는 중앙아시아 농아들이 기다리고 있는 사람입니다. 북한 사역은 제가 아닙니다."

그날 밤새 씨름하기 시작했다.

그리고 하루 이틀이 지났다. 평양에서 세계장애인의 날 행사를 마친 12월 3일, 마침내 평양의 해방산 호텔에서 하나님은 내 의지와 상관없이 나를 겁탈하셨다. 요한복음 5장에서 베데스다 연못에 앉아 있는 38년 된 병자에게 질문하셨던 질문을 들고 나를 찾아오셨던 것이다. 그 질문은 "너, 낫고자 하느냐?"가 아니라 "너 통일되고 싶냐?"였다.

야곱이 환도뼈가 부러질 때까지 씨름했던 것처럼, 나의 영혼육은 하나님과 샅바 싸움을 시작해야만 했다. 나는 거부했다.

"저는 이대로가 좋습니다. 카자흐스탄에서 농아교회 목사로 농아 축구팀 감독으로, 교회도 있고 축구장도 있고, 자동차도 있고 사택도 있고, 불편한 게 없습니다."

나는 20년 동안 중앙아시아에서의 삶이 익숙한 사람이었다. 그런데 주님께서 갑자기 내게 찾아오셔서 북한의 농아인이라는 쌍둥이

　　　　　　　　　　　　—— 복음에 빚진 사람

를 임신시키고 가버리신 것이다. 그것은 신이 임한 사건, 성령의 임재였다. 남북한 장애인들을 동시에 품고 가라는 강력한 메시지였다.

주님은 그날 내게 말씀하셨다.

"네 힘으로 할래? 내 힘으로 할래?"

그것은 '순종할 것인가? 불순종할 것인가?'라는 질문이었다.

나 같은 세대에게 사랑받는 가수인 장사익의 노래 중에 '이게 아닌데'가 있다. 가사는 이렇다.

"이게 아닌데, 이게 아닌데, 사는 게 이게 아닌데, 이러는 동안 어느새 봄이 왔어요. 꽃은 피어나고…. 이게 아닌데, 이게 아닌데, 그러는 동안 봄이 가면 꽃이 집니다. 그러면서, 그러면서, 사람들은 살았다지요. 그랬다지요."

옛날 노래를 열심히 부르면 성령님이 떠나갈 것으로 믿고, 장사익의 노래를 열심히 따라 불렀다.

그런데 주님은 더 강력하게 내게 임하셨다. 구약의 38년 광야와 신약의 38년 된 병자, 그리고 38선을 오버랩시키기 시작하셨다. 내가 태어난 대한민국이 허리신경이 마비된 장애인 국가임을 인식시켜주신 것이다. 그래서 나는 이제 이렇게 고백한다. 나에게는 3명의 자녀들이 있다고.

첫 번째 자식은 산고의 고통을 통해 자연분만으로 태어난 우즈베키스탄 농아들, 두 번째 자식은 비교적 손쉽게 제왕절개로 태어난 카자흐스탄 농아들, 세 번째 자식은 절대자 하나님께서 입양시켜주신 남북한 조선의 농아들이다.

하나님의 격려

우리는 일반적으로 이스라엘 백성들이 40년간 광야 생활을 했다고 알고 있는데, 성경의 실제 표현은 38년간의 광야 생활이었다(신 2:14). 정탐꾼 12명 가운데 여호수아 갈렙 외에 나머지 10명이 출애굽 과정에서 받은 하나님의 은혜를 잊어버렸기 때문에, 이스라엘 백성은 곧바로 가나안 땅을 밟을 수 있었는데도 38년의 광야생활을 시작하게 되었던 것이다. 주님은 그날 밤에 내게 그렇게 말씀해주셨다. 이민교는 '윗동네 사역'을 할 때, 여호수아와 갈렙처럼 지금까지 행하셨던 하나님의 은혜만 잊지 말고 살면 된다고 하나님이 격려해주셨다. 절대로 하나님 앞에서 까불지 말라고 고린도전서 15장 10절 말씀까지 보너스로 받았다. 그래서 나는 출애굽기 32장 32절의 모세의 기도와 로마서 9장 1-3절의 바울의 기도를 시작하면서 윗동네 사역을 감당하게 되었다.

하지만 이제 그들의 죄를 용서해 주셔야 하겠습니다. 만일 용서해 주지 않으시려거든 당신께서 손수 쓰신 기록에서 제 이름을 지워주십시오

_출 32:32 [조선어성경]

나는 그리스도의 사람으로서 진실을 말하고 거짓을 말하지 않습니다.

성령으로 움직이는 내 양심도 그것이 사실이라고 말해줍니다. 나에게는 큰 슬픔이 있습니다. 그리고 마음으로 끊임없이 번민하고 있습니다. 나는 혈육을 같이하는 내 동족을 위해서라면 나 자신이 저주를 받아 그리스도에게서 떨어져 나갈지라도 조금도 한이 없겠습니다.

_롬 9:1-3 [조선어성경]

2015년까지 카자흐스탄 농아 축구팀 감독으로 재계약이 되어 있던 상태였기 때문에, 카자흐스탄 축구협회의 도움을 받아 2013년 10월에 조선롱인축구팀을 창단하게 되었다. 평양에서는 코치와 함께 훈련을 하고, 해외에서는 특수 훈련 명목으로 전지훈련을 시작했다. 그리고 2014년 12월, 북조선은 겨울일 때 여름이 된 호주 시드니에 그들을 초청해서 훈련을 하고 호주 국가대표 농아 축구팀과 시합을 하게 했다. 2016년 12월, 다시 한번 호주 시드니에 초청해서 북한 농아선수들이 사랑 받았다는 사실을 스스로 거부하지 못하도록, 마음껏 사랑의 훈련을 했다.

UN의 대북제재가 극치를 달리던 2017년 11월, 평양에서 베이징 발 비행기가 갑자기 취소되는 극대의 상황에서도 조선의 장애인들과 약속했던 것을 지키기 위한 한 가지 이유인 사랑 때문에, 포기하지 않고 평양에서 베이징까지는 기차를 이용했고, 미국 트랜짓 비자(transit visa)가 허락되지 않아 유럽을 돌고 돌아 브라질 상파울로까지 갔다. 상파울로에서 조선롱인축구팀 전지훈련을 하고 브라질 국가

대표 농아 축구팀과 시합을 치렀다.

주위에서는 이런 내가 미쳤다고 말했다. UN과 미국 대북제재로 인해 북조선 사람들을 고립시키려 하는데, 시대적 흐름을 역행하면서까지 왜 무슨 이유로 북한의 농아 축구팀을 브라질까지 인솔하려 하느냐는 것이었다. 듣기 어려운 질문과 협박까지 받았다. 그럴 때마다 변함없는 나의 한 가지 답변은 이것이었다. "하나님이 서로 사랑하라고 하셨기 때문입니다." 그 때문에 부족하지만 어언 7년째 윗동네 사역을 사랑으로 감당하고 있는 것이다.

2019년 11월 1일부터 11일까지 홍콩에서 개최하는 농아인아시안게임에 조선롱인축구팀이 출전하려고 준비하고 있다. 처음으로 조선롱인축구팀이 세상에 선을 보이게 되는 것이다. 아직 미흡한 점이 많지만, 그래도 최선을 다할 것이다.

베데스다 연못, 은혜의 집에서 만나주셨던 38년 된 병자는 어쩌면 바로 나 이민교였는지도 모른다. 그러므로 지금까지 함께 해주셨던 은혜를 잊지 않고, 수직으로 이동하는 이민교가 되리라 다짐한다.

"일어나 네 자리를 들고 걸어가라"(요 5:8).

이 말씀이 내가 나의 자리에서 농아 축구팀 사역을 하는 이유이다. 무엇보다 이 책을 통해 각자에게 주어진 자기 자리, 소질과 재능을 찾아 각자의 달란트를 들고 일어나는 그 한 사람을 만나 동역하게 될 기쁨의 그날을 기다린다.

18장

형제애가 회복되어야
통일이 쉬워진다

형제애가 먼저 회복되어야 한다

1997년부터 2004년까지 우즈베키스탄에서, 2005년부터 2015년까지 카자흐스탄에서 국가대표 농아 축구팀 감독으로 사역하면서 아시안게임에 4회 연속 출전과 올림픽, 월드컵에도 출전하며 농아 축구를 통한 이슬람 지역의 장애인 사역에 헌신하고 있었다. 그런데 평양방문 이후부터 '38선,' '남과 북' 같은 표현들과 함께, 내가 태어난 한반도 땅이 38선으로 인해 남과 북으로 갈려 허리 신경이 마비된 장애인 국가임을 인식하게 되었다. 한반도 땅이 허리 신경의 마비로 인하여 윗쪽(North Korea)과 아랫쪽(South Korea)이 소통되지 않고 있다. 서로 다른 수화(손말, 농아인 언어)를 사용하고 서로 다르게 해석하는 농아인 국가와 마찬가지인 것을 온몸으로 느끼게 되었다.

신앙인에게 중요한 것은 하나님의 뜻이다. 우리는 통일을 당연히 하나님의 뜻이라고 받아들인다. 그런데 '우리가 바라는 방식의 통일이 하나님의 뜻일까?'라는 질문을 하게 되었다. 단일 국가의 형태로 윗쪽과 아랫쪽이 먼저 한 나라가 되는 통일이 하나님의 뜻인가 하는 질문이다. 전통적으로 한국교회 대부분의 목사들은 한민족의 통일은 하나님의 뜻이라는 것을 의심 없이 전제하고, 그 전제 위에서 말하고 행동해왔다.

모두가 하나 되자고 외쳐왔지만, 분단 조국의 통일의 꿈은 솔직히 말해 그 미래가 불투명하다. '우리의 소원은 통일'을 노래한 지 오래되었지만, 날이 갈수록 소원(疏遠)해지기만 하는 것 같다. 심지어 통일을 외치면 외칠수록 통일이 멀어지는 것처럼 보인다.

우리는 이 나라의 통일에 대해, 마치 별거 혹은 이혼한 상태의 부부가 다시 합쳐야 한다는 당위성만 가지고 있는 것 같다. 둘이 헤어진 지 오래 지나 이제는 성격도 다르고 생각도 다른데, 무조건 합치려고만 하니 갈등이 더 심해진다. 여기에 양가의 이웃 식구들(미국, 중국, 일본, 러시아)마저 이해관계를 합치려 하니 문제는 더 복잡해진다.

나는 통일을 두 가지로 나누어야 한다고 생각한다. 하나는 사회문화적 통일이고, 다른 하나는 정치 제도적 통일이다. 전자는 형제애의 회복이고, 후자는 단일 국가가 되는 통일이다. 우리는 흔히 통일이라고 말할 때 후자의 의미로 사용한다. 전자가 상호 존중과 공존을 목표로 한다면, 후자는 통일 국가의 설립이 목표다.

그동안의 통일 논의가 하나의 통일 국가 설립을 목표로 진행된 것이었기에 필연적으로 통일 국가에서 어떤 체제를 선택할 것인지가 문제가 되었다. '자유 민주주의 체제인가 아니면 공산주의 체제인가'의 체제 선택으로 귀결되는 바람에 통일의 길은 요원해지기만 했던 것이다. 둘 중 하나가 필연적으로 굴복해야 하는 상황이 될 수밖에 없기 때문이다.

이런 점 때문에 남북한 모두 통일 방안에 과도기적인 상황을 상정하고 있다. 북한의 '연방제 통일 방안'과 남한의 '민족 공동체 통일 방안'이 그런 것이다.

그래서 나는 통일을 말할 때 후자의 의미인 하나의 통일 국가상을 먼저 상정하지 말자고 제안한다. 통일은 우선 '형제애의 회복'으로 충분하다. 이런 자세가 오히려 통일을 실제적으로 앞당기는 길이라고 생각한다. 그동안의 소모적인 체제 경쟁을 중단하고 실질적이고 실용적인 통일을 추구하자는 것이다.

통일의 성경적 근거

단일 국가로의 통일이 과연 하나님의 뜻인가? 한 민족 형제애의 회복은 성경이 증언하고 있지만, 한 국가 형태의 민족 통일은 사실 성경적 근거가 없다고 나는 생각한다.

먼저 구약에서 그 증거를 찾아보자. 이스라엘이 남북으로 분단된 때가 있었다. 솔로몬의 아들 르호보암 왕 시절인 BC 931년에 남 유다와 북 이스라엘로 갈라졌다. 남북 분단 시대는 북 이스라엘이 BC

722년에 앗수르에 의해 멸망당할 때까지 209년간 계속되었다. 그런데 놀라운 것은 이 분열 기간 동안, 어느 왕이나 예언자나 이스라엘의 통일을 외치지 않았다는 점이다. 이스라엘은 하나님의 선택을 받은 백성이기에 하나가 되어야 할 충분한 이유가 있었다. 그러나 그런 노력은 전혀 없었고, 심지어 하나님도 통일의 노력을 막으셨다.

열 지파를 중심으로 북 이스라엘이 떨어져 나갔을 때 남 유다 르호보암은 18만 명의 군사를 일으켜 북 왕국을 치려했다. 그때 하나님의 감동을 받은 스마야가 이들을 만류한다. 그 과정과 이유를 성경은 이렇게 기록하고 있다.

> 르호보암은 예루살렘에 돌아오는 길로 유다가문과 베냐민지파에 동원령을 내렸다. 그는 정병 18만을 뽑아 이스라엘 가문을 무찌르고 솔로몬의 아들 르호보암의 국권을 되찾으려고 하였다. 그러는데 여호와의 말씀이 하나님의 사람 스마야에게 내렸다. 유대왕 솔로몬의 아들 르호보암과 유다와 베냐민의 모든 집안과 그밖의 다른 백성들에게 이 말을 전하여라. 여호와가 말한다. 이렇게 된 것은 다 나의 뜻이니 너희는 동족인 이스라엘 백성을 치러 올라가지 말고 각자 집으로 돌아가거라. 그들은 여호와의 말씀을 쫓아 모두들 순종하는 마음으로 돌아갔다.
>
> _왕상 12:21-24 [조선어성경]

형제간에 피 비린내 나는 전쟁은 안 된다는 말이었다. 또한 분열은 하나님의 뜻이었다고 말한다. 이는 솔로몬의 잘못에 대해 하나님이 내리신 심판이었다. 르호보암은 선지자의 말에 순종하여 물러간다. 물론 이후 유다와 이스라엘 사이에 전쟁이 전혀 없었던 것은 아니다. 작은 국지전은 있었지만, 통일 전쟁 차원은 아니었다. 오히려 아합 가문과 유다 가문이 통혼을 하기도 하였다.

최후의 일전은 북 왕국이 멸망하기 직전 북 이스라엘 왕 베가가 시리아 왕 르신과 연합하여 유다 아하스를 공격한 전쟁이었다. 불리해진 유다는 앗수르 디글랏빌레셋에게 원병을 청한다. 이 때문에 결국 북 왕국이 망하고 유다는 속국으로 전락하는 운명을 맞고 만다. 이 전쟁 초기에 이스라엘 베가의 군대가 유다 백성을 포로로 끌고 간 일이 있었다. 이때도 오뎃이라는 선지자가 나타나 이스라엘을 책망한다.

그래서 그를 보살피실 하나님 여호와께서 그를 수리아 왕의 손에 붙이셨다. 수리아군은 많은 사람을 사로잡아가지고 다메섹으로 돌아갔다. 또 이스라엘 왕의 손에 붙이시어 호되게 당하게 하셨다. [중략] 사람들은 포로들을 돌봐줄 사람을 지명해서 전리품 가운데서 옷을 찾아내어 벌거벗은 사람들에게 입혀주고 신을 찾아 신겨줄뿐아니라 먹을 것과 마실 것을 주고 약을 발라주었다. 걸을 수 없는 사람들은 나귀에 태워 종료나무 성읍 여리고로 데려다가 친척들에게 돌려주고 사마리아로 돌아갔다. _대하 28:5-15 [조선어성경]

형제애가 회복되어야 통일이 쉬워진다

259

남 왕국과 북 왕국은 형제 관계이다. 하나님은 이스라엘 나라가 하나의 나라로 통일되는 것보다 그들이 형제 관계임을 확인시켜주고 있다. 북 왕국이 망한 후 북 왕국의 지도층은 앗수르의 식민 정책에 의하여 다른 민족들이 사는 지역으로 강제 이주된다. 남은 지도층의 일부는 남 유다 왕국으로 흡수되었고, 사마리아 지역에는 가난한 이스라엘 민중들만 살게 되었다. 이곳에 타 지역에서 온 이민족이 정착하면서 통혼한 결과 혼합 민족이 된다. 남 유다도 BC 586년에 바벨론에 의해 망하고 그 지도층은 포로로 끌려간다.

BC 538년에 고레스 칙령에 의해 바벨론 포로로부터 귀환한 공동체는 BC 515년에 성전을 건축하고 BC 445년에 예루살렘 성벽을 건설한다. 이 과정에서 사마리아 지역에 거주하던 세력이 성전 공동체에 참여하겠다고 나섰지만 귀환한 유대 공동체는 배타적이라 이들을 받아들이지 않는다. 이 때문에 사마리아 종교라는 것이 탄생했다. 사마리아 종교는 그리심산에 성전을 세우고 모세 오경만 인정하였다. 유대 공동체와 사마리아 종교 세력은 서로 앙숙처럼 갈등하며 지냈다. 요한복음에 그 모습이 잘 묘사되어 있는데, 유대인은 사마리아 사람을 싫어하여 갈릴리와 유대를 왕래할 때 가장 빠른 길인 사마리아를 관통하는 길로 가지 않고 돌아서 갈 정도였다.

예수님은 이런 금기를 깨고 사마리아 여인과 대화하시며 그 여인을 구원하셨다. 더 나아가 예루살렘 성전과 그리심산 성전을 대체하는 '신령(영)과 진정(진리)'으로 드리는 예배 공동체를 제시하셨다. 게

다가 사마리아는 사도행전 1장 8절의 "오직 성령이 너희에게 임하시면 너희가 권능을 받고 예루살렘과 온 유대와 사마리아와 땅 끝까지 이르러 내 증인이 되리라"는 주님의 세 번째 선교 명령지가 되었다. 사마리아는 빌립에 의해 전도되어 교회 공동체로서, 형제의 일원으로 받아들여졌다. 유대인과 사마리아인 사이에서 갈등의 화해자로서 역할을 한 것이 바로 예수님과 원시 교회였던 것이다. 이처럼 유구한 이스라엘 역사에서 주님의 중요 관심사는 제도적인 하나됨이 아니라 민족간의 심리적 경계선을 허무는 형제애의 회복에 있었다.

통일의 비전으로 자주 언급되는 것이 에스겔의 환상이다. 에스겔은 바벨론 포로 지역에서 예언한 선지자로 환상 중에 하나님께서 남북 왕조를 하나로 만들 것을 약속하신다.

여호와께서 나에게 말씀을 내리셨다. 너 사람아, 나무 막대기 하나를 취하여 그 우에 '유대와 그와 한편이 된 이스라엘 백성이라고 써라' 또 다른 나무 막대기 하나를 취하여 그 우에 '요셉, 에브라임의 막대기와 그와 한편이 된 이스라엘의 온 족속' 이라고 써라. 그리고 이 둘을 붙여서 한 막대기로 만들어라. 둘이 하나가 되게 잡고 있어라. 네 겨레가 너에게 막대기가 저희와 무슨 관계가 있는지 알려달라고 묻거든 이렇게 일러 주어라. '주 여호와가 말한다. 나 이제 에브라임 수중에 있는 요셉과 그와 한편이 된 이스라엘 지파의 이름을 쓴 나무 막대기를 유대의 이름

을 쓴 나무 막대기에 붙여 한 막대기로 만들리라. 둘이 하나가 되게 내
가 잡고 있으리라.' 네 손으로 이름을 쓴 그 나무 막대기들을 사람들 보
는 앞에서 들고 사람들에게 일러주어라. '주 여호와가 말한다. 여기저기
흩어져있는 이스라엘 백성을 나 이제 여러 민족들 가운데서 이끌어 내
리라. 사방에서 모아 고국으로 데려오리라. 그들은 나의 땅 이스라엘 산
악지대에서 한 민족으로 묶고 한 임금을 세워 다스리게 하리니 다시는
두 민족으로 갈리지 않을 것이다. 다시는 반으로 갈라져 두 나라가 되지
않을 것이다. _겔 37:15-22 [조선어성경]

이는 분명히 1민족 1체제의 통일 왕국을 내다보는 비전이다. 그러
나 이 비전의 강조점은 '통일'에 있는 것이 아니라 이스라엘 나라의
'회복'에 있다. 만약 이것이 남북 분열 기간에 보인 환상이라면 통일
의 비전이겠지만, 북 왕국이 망한 지 약 150년 후의 비전이 아닌가?
분열이 민족의 역량을 분산시키고 열방 가운데 부끄러운 모습임에
는 틀림이 없다. 그러므로 다시 회복될 나라의 모습은 다윗 시대처
럼 갈라지지 않고 강성 대국을 이룰 것이라는 환상을 따른 것이라야
할 것이다.

민족이 단일 국가를 이루는 것이 무조건적 최선은 아니다. 다시
강조하지만, 성경의 관심은 체제의 하나됨이 아니라 인류 형제애의
회복에 있다. 성경은 민족 간의 차별이나 갈등을 해결하고 화해해야
한다고 가르친다. 예수님이 그러셨다. 에베소서 2장 14-16절은 이

렇게 증거한다.

> 그리스도야말로 우리의 평화이십니다. 그분은 자신의 몸을 바쳐서 유대
> 사람과 이방사람이 서로 원수가 되어 갈라지게 했던 담을 헐어버리시고
> 그들을 화해시켜 하나로 만드시고 율법 조문과 규정을 모두 폐지하셨습
> 니다. 그리스도께서는 자신을 희생하여 유대사람과 이방사람을 하나의
> 새 민족으로 만들어 평화를 이룩하시고 또 십자가에서 죽으심으로써 둘
> 을 한몸으로 만드셔서 하나님과 화해시키시고 원수되었던 모든 요소를
> 없이 하셨습니다. _엡 2:14-16 [조선어성경]

예수님은 이방인과 유대인 사이의 율법적 장벽과 심리적 장벽을
허무셨지만 이들을 정치적으로 한 나라로 만드신 것은 아니다. 우리
의 육신은 나라와 민족에 매여 있지만, 주 안에서 우리의 영혼은 국
경을 초월한다. 가까이는 북한으로부터 멀리는 아프리카 오지의 검
은 형제들까지, 우리는 그리스도 안에서 하나이다.

실제적인 통일론

성경에서 증거하는 형제애의 회복을 목적으로 하는 통일 이야기
가 자칫 영구분단론으로 오해될 수도 있다. 단일 국가 체제를 이루
는 통일은 성경이 증거하는 바도 아니지만, 한반도 상황에서 인간이
결정할 수 있는 사안도 아니기 때문이다. 통일이 주어진다면 그야말

로 그것은 하나님의 선물일 것이다. 그 과정에서 인간이 할 수 있는 최선은 상호 간의 불신을 해소하고 형제애적 차원에서 서로 사랑하는 일이다.

> 좋은 일을 하고 서로 사귀고 돕는 일을 게을리하지 마시오. 하나님께서는 이런 것을 제물로 기쁘게 받으십니다. _히 13:16 [조선어성경]

형제애의 회복을 목적으로 하는 통일론은 단일국가 상을 상정하는 통일론이 가진 저항과 관념성을 피하고 실제적으로 통일에 기여할 수 있는 통일론이다. 이렇게 형제애를 회복하려고 노력하다 보면 우리는 어느새 통일에 가장 가까이 가게 될 것이다.

동서독의 통일 과정이 좋은 예가 될 것이다. 1972년 체결된 동서독 기본조약(Basic Treaty, German: Grundlagenvertrag)을 통해 동서 교류의 토대를 놓게 된다. 그 토대 위에서 1976년 동서독의 우편물 교환 관련 협약(Abkommen über Post-und Fernmeldewesen)이 체결되었다. 그 바탕 위에 다양한 동서 교류가 실현되었다.

서독은 동반 정책을 추진했지만 '통일'이라는 용어조차 사용하지 않았다. 브란트 수상은 1민족 2국가 체제를 받아들였다. 통일은 먼 장래에 이루어질 일이며, 일단 동독 국민의 인간 존엄성과 내면생활의 문제에만 집중하였다. 서독은 1972년부터 1989년, 통일이 될 때까지 약 62조 6,700억 원의 현금과 물자를 지원했다. 민간 부분에서는 44조 8,800억 원을 지원했다. 1987년 한 해 동안 150만 명의 서독인이 동독을 방문했으며, 7,500만 통의 편지와 2,400만 건의 소포가 동독으로, 서독으로는 9,500만 통의 편지와 900만 건의 소포가 전달되었다. 이미 70퍼센트 이상의 동독 주민들이 서독 TV를 시청하고 있었다. 한마디로 서독의 동방 정책은 '형제애의 회복'에 중심을 둔 인도주의, 인권회복, 관계 정상화 정책이었다. 형제애가 회복된 후의 통일은 쉬운 일이 되었다.

19장

풀어야 할
우리의 과제

극복되어야 할 한국교회의 이데올로기 성향

한국교회는 형제애의 회복에 관심을 두기보다 남북 이념 논쟁에 오히려 불을 더 지피고 있다. 한국기독교총연합회 임원들을 비롯하여 대부분의 교계 원로들은 북한 정권과 북한 동포를 구분한다. 북한 동포는 도와야 하지만 북한 정권은 박멸해야 할 사탄의 무리로 규정한다. 그러나 현 북한 체제를 국민과 정부로 나눌 수 있다는 생각은 허상이다. 북한은 안으로는 주체 사상, 밖으로는 반미 의식으로 공고히 하나로 뭉쳐 있다. 또 설사 북한 동포와 정권을 구분한다 할지라도 정권에 의해 완벽히 통제되고 있는데, 이를 별개로 취급하겠다는 것은 전혀 비현실적인 인식이다. 북한에 대한 인식이 이런 것이면, 그런 이들이 바라는 통일은 오로지 흡수 통일이나 전쟁에 의한 통일밖에 없다.

또한 북한 정권을 변하지 않는 사탄의 무리로 규정하는 것도 문제가 있다. 북한도 변하고 있다. 북한에는 조선 그리스도교 연맹이라는 공식 기독교 단체가 있고, 북한 내에 1만 2천 명의 신자와 2개의 공식 교회, 520개의 가정 교회가 있다고 한다. 북한 선교 활동을 하고 있는 '오픈 도어즈'(Open Doors: 국제적 선교 단체)는 비록 신뢰성을 확인하기 어렵지만 북한 내에 540개의 지하 교회가 있고 약 50만 명의 교인이 있다고 주장하고 있다. 현상적으로 종교에 대한 북한의 태도가 바뀌고 있는 것은 사실이다.

북한의 주체 사상은 종교에 대한 마르크스-레닌주의의 과격한 유물론적 비판에서 한발 물러나 종교의 긍정성을 인정하는 방향으로 나아가고 있다. 그러므로 북한을 종교적 사탄의 정권으로만 규정하면 대화는 불가능하다.

누가복음 15장에는 예수님이 너무도 소중한 말씀이기에 3번이나 반복한 비유가 나온다. '이웃을 어떻게 볼 것인가?' 하는 문제이다. 사탄으로 볼 것인가, 잃어버린 자로 볼 것인가? 잃어버린 자로 보고 찾으려는 것이 아버지의 마음이다. 사람도 바뀌고 정권도 바뀌고 이념도 시대에 따라 변한다. 한국교회는 북한 정권을 바라보는 태도를 유연하게 가질 필요가 있다.

몇 년 전 북한의 조선 그리스도인 연맹 소속의 목사들을 포함해 세계 교회 34개국 출신의 교회 지도자들이 스위스의 제네바 인근에 모여서 한반도의 화해와 평화를 진전시킬 방안을 모색했다(기독교신문

베리타스 The Veritas, 2014년 6월 23일자).

사실 한국교회의 반북 의식은 이미 오래 전부터 형성되었다. 남한의 기독교는 그 뿌리가 반공주의이다. 남한 기독교의 주류는 북한의 서북 세력(평안도와 황해도)이다. 해방 전후 조선의 기독교인은 장로교인이 전체 기독교인의 4분의 3쯤 되었는데, 장로교의 60퍼센트를 서북 세력이 차지하고 있었다. 그 중심인 평양은 '동양의 예루살렘'이라고 불릴 정도였다.

그런데 해방 직후 공산주의자들과의 갈등과 토지 개혁 문제 때문에 월남한 기독교인이 많았는데, 그 수가 무려 7-8만 명(전 통일부 장관 강인덕의 주장)이나 되었다. 이는 당시 북한 기독교인 20만 명의 35-40퍼센트에 달하는 숫자였다. 이들이 남한에 정착하면서 기독교의 주류를 형성한 것이다. 이들은 공산주의 치하에서 핍박을 받았던 체험적 반공주의자였다. 1950년 6월 25일 전쟁을 계기로 이런 확신은 더 굳어졌다.

이런 과거를 뒤돌아본다면 현재 보수 기독교인들이 시청 앞 광장에서 벌이고 있는 반북 반공 기도회와 북한 인권 한국교회 연합 통일 구국 기도회가 이해될 만도 하다.

그러나 상대방의 잘못을 들추기 시작하면 더 이상 형제간의 화해는 일어날 수 없다. 상대방만의 잘못이 아닌 우리의 잘못도 있다. 이제는 덮어야 할 때가 되었다. 우리 미래와 후손들을 위해서도 과거는 과거로 묻어두어야 한다. 6·25 전쟁 세대들이 가고 전쟁을 경험하지 않은 세대가 주류의 위치에 선다는 것은 어쩌면 희망일 수 있다. 상처를 간직하고 있는 사람들은 그 상처 때문에 화해가 어렵기 때문이다.

분단과 이데올로기적 대립은 단순히 그것으로 끝나지 않는다. 문제는 이념 때문에 교회가 하나님의 말씀을 잃어버린다는 데 있다. 이데올로기적 대립은 극단의 흑백 논리로 양분되면서 편 가르기로 나간다. 정의나 윤리보다 어느 편이냐가 중요하게 되었다. 자기편이면 불의도 용서되었다. 교회가 자기 개혁의 힘을 만들어내지 못하는 이유 중 하나도 바로 분단이 만들어 놓은 윤리적 무감각성 때문이다. 사랑이나 용서 같은 성경의 모든 윤리들은 이데올로기적 대립 앞에서 무력하게 되었다.

한국교회는 이제 하나님 말씀으로 돌아가야 한다. 우리가 읽어야 할 성경은 갈멜산 상의 엘리야와 바알 우상과의 투쟁 부분만이 아니다. 산상수훈에 나타난 원수 사랑에 대한 말씀도 읽어야 한다. 원수를 사랑하며 핍박하는 자를 위하여 기도하자. 이웃을 내 몸과 같이 사랑하자.

나는 너희에게 새 계명을 주겠다. 서로 사랑하여라. 내가 너희를 사랑하는 것처럼 너희도 서로 사랑하여라. 너희가 서로 사랑하면 세상 사람들이 그것을 보고 너희가 내 제자라는 것을 알게 될 것이다.

_요 13:34-35 [조선어성경]

이 시대에 한국교회가 실천해야 할 주님의 말씀은 이웃을 사랑하라는 것이다. 남쪽과 북쪽으로 갈라지고 찢긴 심령을 교회가 위로하고 싸매주지 않으면 그 일을 누가 감당할 것인가? 교회는 보수 세력의 첨병이 되기보다 남북한의 형제애 회복에 앞장서고, 이를 위해 모든 희생도 감수할 수 있어야 한다.

통일에 대한 기독교인의 목적은 체제 경쟁이나 단일 민족 국가 수립이 아니다. 형제애의 회복이며 북한 교회의 회복이다. 그러므로 일차적으로 성경에서 통일의 개념을 재정립해야 한다. 이차적으로 한국교회의 이데올로기를 극복하고 말씀으로 돌아가게 하는 데 힘써야 할 것이다.

종교와 정치의 분리 문제

한국교회는 신앙과 정치가 지나치게 혼재돼 있다. 일부 강단만 보아도 알 수 있다. 강단에서 해야 할 신앙적 발언과 해서는 안 되는 정치적 발언의 한계와 구분에 대한 인식이 없다. 성도들 사이에도 의견이 갈리는 문제를 목회자 개인의 생각으로 하나님의 말씀이라고 말해서는 안 된다. 거룩해야 할 강단이 하나님 나라의 존엄성과 영광을 잃어가는 이유는 바로 이런 경계의 혼동이다.

진보측도 마찬가지이다. 한국기독교교회협의회 THE NATIONAL COUNCIL OF CHURCHES IN KOREA(약칭 : NCCK)는 1988년 '민족의 통일과 평화에 대한 한국 기독교회 선언'이라는 역사적 고백을 하였다. 한국교회 최초의 체계적인 통일 선언이라는 점에서, 또 정권에 의해 통일 논의가 독점되던 상황에서 교회가 통일의 물꼬를 텄다는 점에서 역사적인 선언이었다. 사회에 큰 방향을 일으켰지만, '미군 철수'라는 문제까지 언급해 보수측의 반발을 샀다.

교회가 정치적으로 민감한 문제까지 언급해도 되는가 하는 점이 문제다. 교회는 원론적으로 민족 화해를 외칠 수 있지만, 구체적인 정치적 실천 문제까지 언급하는 것은 교회 한계 밖의 문제이다. 미군 철수 문제는 한반도의 상황과 현실을 고려해 결정되어야 할 정치적 문제이지, 성경에 답이 쓰여 있는 것은 아니다. 따라서 민감한 정치 문제를 교회의 이름으로 발표해서는 안 된다.

신앙과 정치를 섞고, 자신의 정치적 입장을 신앙의 이름으로 교묘히 강요하는 것은 어제 오늘의 문제가 아니다. 대표적으로 정교 분리 원칙이 그렇다. 80년대 기독학생 운동의 발목을 잡았던 것이 바로 정교 분리 원칙이었다.

캠퍼스에 최루탄 연기가 가실 날이 없고 친구들이 분신과 구속으로 독재에 항거할 때, 기독 학생들은 예수님이라면 이 상황에서 어떻게 할 것인가 고민했다. 그럴 때마다 교회 어른들은 정치와 신앙은 분리된다는 정교 분리의 원칙과 "위에 있는 권세에 복종하라"는 로마서 13장의 논리로 기독 청년들을 설득했다. 아무리 군부 독재일망정 하나님께서 세우신 권세이므로 복종하라는 뜻이었다. 이 때문에 기독교의 논리에 회의를 느낀 청년들이 교회를 떠나 사회 운동에

투신했다.

그런데 오늘에는 정반대의 현상이 일어나고 있다. 70-80년대에 청년들을 말렸던 어른들이 거리로 나서기 시작한 것이다. 서울 시청 앞에서 반정부 기도회를 열고, 주일 강단에서 시국 강연을 방불케 할 정도의 대정부 비판을 서슴지 않는다. 이는 정교 분리 원칙이나 위에 있는 권세에 복종하라고 가르치던 자신들의 말과 정면으로 배치되는 게 아닌가?

80년대는 정권 편이었기에 로마서 13장을 인용해 청년들을 붙잡았고, 이제는 현 정권에 반대하기 때문에 '어둠', '혼란', '경제', '좌익'이라는 논리로, 마치 진리와 어둠의 세력과의 싸움인 마냥 보수 세력을 대변하는 발언을 한다. 이것이야 말로 말씀은 없고 자기주장만 있는 것이다. 이로 보건데, 결국 성경 말씀은 그들에게 자기 생각이나 기득권을 주장하기 위한 방편에 불과했던 것 같다. 결론은 종교에서 정치색을 제거해야 하는 것이다. 종교인은 순수한 종교인으로 남아야 한다.

정치와 종교를 분리하지 않는 건 진보적 기독교의 문제이기도 하다. 사실 70년대와 80년대의 사회운동을 이끈 세력은 진보적 기독교였다. 독재가 탄압하던 시절에 교회는 유일한 합법 공간이었다. 진보적 기독교는 이 공간에서 민주화와 인권 운동을 이끌었다.

문제는 학생운동, 노동운동, 시민운동 등 여러 사회운동들이 발전하면서부터 나타났다. 사회운동이 발전하다 보니 진보적 기독교의 입지가 애매해진 것이다. 기독교운동으로서 자기 자리를 찾지 못하고 사회운동으로서 지도적 위치도 상실한 것이다.

전체 운동은 부분 운동이 각자 위치에서 제 역할을 감당할 때 발전한다. 노동운동은 노동이라는 현장이 있고 환경운동은 환경이라는 현장이 있다. 각자 자기 문제를 가지고 자기 방식으로 싸워나갈 때 사회의 진보는 이뤄지는 것이다.

기독교운동은 기독교라는 토대를 발판으로 이루어진다. 기독교라는 정체성을 떠나면 기독교운동일 수 없다. 기독교는 성경이 텍스트(text)요, 교회가 현장이요, 방법은 예수님이시기 때문이다. 그러므로 교회라는 토양과 전통을 무시하는 운동은 설득력을 가질 수 없다. 이런 점에서 진보적 기독교는 더욱 철저히 하나님 말씀을 가지고 씨름해야 하며, 교회라는 현장을 이해하려는 노력이 필요하다.

실제적 방법론과 대안은?

현대 사회에서 종교의 영역과 정치의 영역을 따로 구분하기는 어렵다. 참여도 정치적 행위요 침묵도 정치적 행위의 일종이다. 어떻게든 정치적으로 판단되고 표출될 수밖에 없다. 그러나 신앙이 추구하는 목표와 방법은 세상이 추구하는 것과 다르다.

교회의 목표는 하나님 나라의 건설이다. 하나님 나라는 성경의 원리가 통용되는 나라이다. 교회는 성경에서 증언하는 사랑과 평화의 나라, 정의와 인권의 나라, 민주와 평등의 나라, 풍요하며 창조 질서가 보존되는 나라를 건설하기 위해 노력해야 한다. 이를 위해 우리는 제반 사회 세력들과 연대할 수 있다.

그러나 교회는 하나님 나라를 실현하기 위해 제도를 바꾸거나 세상에 청원하는 것을 1차적 과제로 설정하지 않는다. 교회 자신이 먼저 하나님 나라의 뜻에 맞게 사는 것이 목표이다. 사도 바울 시대에도 노예 제도가 있었고 가부장제가 있었다. 바울은 이런 제도 개혁에 대해서는 언급하지 않았다. 그러나 사도 바울이 도망간 노예 오네시모를 그의 주인이며 믿음의 동역자인 빌레몬에게 다음과 같이 소개하는 대목을 보면, 노예 제도는 교회 안에서 이미 깨지고 있었다.

그러나 이제부터 그는 종으로서가 아니라 종 이상으로 곧 사랑하는 형제로서 그대와 같이 있게 될 것입니다. 그는 내가 특별히 사랑하는 형제입니다. 그렇다면 인간적으로 보든지 주님을 믿는 신앙의 견지에서 보든지 그대에게야 그가 얼마나 더 귀중하게 생각되겠습니까? 그대가 나를 동지로 여긴다면 나를 맞는 것처럼 그를 맞아 주시오. 그가 그대에게 잘못한 일이 있거나 빚진 것이 있으면 그 책임을 나에게 지우시오.

_몬 1:16-18 [조선어성경]

유대인들이나 희랍사람이나 종이나 자유인이나 남자나 여자나 아무런 차별이 없습니다. 그리스도 예수안에서 여러분은 모두 한몸을 이루었기 때문입니다. _갈 3:28 [조선어성경]

──────── 복음에 빚진 사람

위와 같은 선언에서 노예 제도나 남녀 불평등은 찾아볼 수 없다. 교회가 이처럼 먼저 하나님 나라의 원리에 맞추어 살 때 세상은 변화되기 시작한다. 제도 변화는 하나님 나라의 삶을 사는 사람들이 많아지고 사회에 영향력을 미침으로써 이루어진다.

신앙인이 사회적 문제를 해결하는 방식도 모델은 예수님이시다. 예수님은 '눈에는 눈, 이에는 이'라는 식의 복수 논리를 거부하셨다. 한 쪽 뺨을 맞으면 다른 뺨도 내미는 것이 예수님의 방식이다. 예수님은 원수까지도 사랑하며 핍박하는 자를 위해 기도하라고 하셨다.

세상 방식은 군림하며 통치하는 것인 반면, 신앙은 섬기고 낮아지고 십자가에서 자기를 죽이는 방식이다. 신앙인은 악을 악으로 분명히 인식한다. 그러나 악을 악으로 갚을 권리는 없다. 앙갚음은 예수님께서 막으셨다. 교회는 그가 회개만 한다면 아무리 살인마일지언정 받아들일 수밖에 없다. 예수님께서 괴수 중의 괴수인 우리도 받아주셨기 때문이다.

사회의 불의에 대해서는 지적하고 바꾸도록 요구해야 한다. 그러나 불의를 제거하는 방법은 하나님의 길과 가이사의 길이 다르다. 가이사의 길이 눈에는 눈, 이에는 이의 방법이라면, 하나님의 길은 자기희생과 용서다. 가이사의 길이 다른 사람의 잘못을 지적하는 것이라면, 하나님의 길은 다른 사람의 잘못을 자기가 품고 자기가 죽는 십자가의 길이다. 미움과 증오의 논리가 아니라 사랑과 평화의 논리이다.

성경이 말하는 통일은 운동의 실천 방법론을 제시할 뿐 아니라 교회가 실천할 수 있는 대안을 제시할 수 있는 것이어야 한다. 그동안의 실천이 지나치게 정치 편향적이었다면 이제는 형제애를 회복시킬 수 있는 실질적 대안, 특히 종교인으로서 실천 가능한 대안들을 개발하고 그 방향을 제시해주는 것이 필요하다.

20장

NEW KOREA를 위한
실천적 제안

요셉의 실천에서 배울 것

남과 북, 북과 남으로 나뉜 한민족이 형제애를 회복하기 위해 가져야 할 자세는 용서라고 생각한다. 성경에서 용서의 예로 요셉을 주로 떠올린다. 12명의 자식들 중에서 편애를 받으며 응석받이로 자란 요셉의 반전 인생 이야기는 창세기의 어느 인물보다 많은 분량을 차지한다.

하나님은 아브라함을 부르시며 "내가 너로 큰 민족을 이루고 네게 복을 주어 네 이름을 창대하게 하리니 너는 복이 될지라 너를 축복하는 자에게는 내가 복을 내리고 너를 저주하는 자에게는 내가 저주하리니 땅의 모든 족속이 너로 말미암아 복을 얻을 것이라"(창 12:2-3)라고 하셨다. 그러나 아브라함이 죽을 때는 사라를 장사하기 위하여 사둔 마므레 앞 헷족속 에브론의 밭 막벨라 밭만 소유하게 된다(창 23장). 한 사람으로 시작된 하나님의 나라였는데, 가나안 땅에서는 아브라함을 거쳐 이삭, 야곱을 지나기까지 하나님이 번창시키지 않으신 것이다.

요셉이 애굽으로 팔려가는 고난의 인생을 겪게 하신 까닭은 그 한 사람을 통해 하나님이 세우신 계획이 있었기 때문이다. 그 계획의 대상은 바로 '민족'이었다.

하나님 나라를 이 땅에서 샘플로 보여주기 위해 택함 받은 민족이 이스라엘이었다. 그 이스라엘 민족을 만들기 위해 요셉이 쓰임 받은 것이다. 요셉이 없었더라면 기근으로 인해 가나안 땅에 살던 야곱의 식구들은 모두 아사(餓死)했을 수도 있다. 하나님은 먼저 요셉을 애굽에 보내시고 야곱의 식구들을 가나안 땅에서 불러들여, 애굽의 고센 땅에서 구별되어 애굽 민족과 섞이지 않게 하시며 번성하게 하신 것이다.

성경에서 요셉을 NEW KOREA의 실천적 제안으로 삼은 것은 그의 꿈(vision)도 아니고 애굽의 국무총리라는 높은 자리도 아니다. 요셉의 용서다. 요셉은 용서의 사람이었다. 형들에 의해 구덩이에 버림받게 되는 일, 이집트의 노예로 팔려가는 일, 억울한 모함을 당해 감옥에 들어가는 일, 감옥에서조차 도움을 받았던 사람들이 잊어버린 일 등, 그의 인생에서 억울하고 화가 나고 이해되지 않는 많은 일들을 겪어야 했다. 그런 그를 통해 하시려는 하나님의 일이 있었다. 바로 요셉을 용서의 사람으로 만드는 것이다.

요셉은 총리가 된 상황에서 자기를 억울하게 감옥으로 몰아넣은 보디발의 아내를 벌할 수도 있었고, 은혜를 잊어버린 떡 맡은 관원장을 괘씸죄로 벌할 수도 있었다. 자기를 우물에 처넣고 애굽에 노예로 팔아버린 형들의 죄를 물을 수도 있었다. 하지만 요셉은 그렇게 하지 않았다. 두려워하는 형들에게 오히려 "당신들이 나를 이곳에 팔았다고 해서 근심하지 마소서 한탄하지 마소서 하나님이 생명을 구원하시려고 나를 당신들보다 먼저 보내셨나이다 … 하나님이 큰 구원으로 당신들의 생명을 보존하고 당신들의 후손을 세상에 두시려고 나를 당신들보다 먼저 보내셨나니 그런즉 나를 이리로 보낸 이는 당신들이 아니요 하나님이시라"(창 45:5-8a)라고 말하였다.

원수 사랑에서 요구되는 인간의 기본적 행위는 용서이다. 이처럼 오늘날 우리에게 필요한 것은 요셉의 정신, 즉 사랑과 용서다. 이것이 NEW KOREA의 열쇠(Key)다. 이것은 또한 복음에 빚진 사람으로서 우리가 가져야 할 삶의 태도이기도 하다.

행동하는 통일 연습 다섯 가지

종합적인 결론으로, NEW KOREA의 목표는 형제애의 회복이다. 서로 사랑하고 용서하는 것이다. 분단 이후 지금껏 계속되었던 단일 국가를 목표로 한 통일론은 전쟁과 갈등만 양산했다. 성경은 제도나 체제적 하나됨보다 형제애의 회복과 사랑과 용서를 더 중시하고 있다. 그러므로 통일에 대한 개념의 재정립, 한국교회 반북 반공 이데올로기 비판, 종교와 정치의 분리, 실제적인 방법론과 대안을 제시하는 것이 필요하다고 생각한다.

성경이 말하는 통일이 우리의 삶으로 열매 맺기를 소망하면서, 행동하는 통일 연습 다섯 가지를 제안한다.

첫째, 통일 금식이다.

매월 1일 하루 정도는 통일을 생각하며 금식하자는 것이다. 매월 1일 하루 동안 한 끼, 혹은 두 끼의 금식을 통해 이웃을 얻고자 하는 긍휼한 마음을 갖는 날로 삼는 것이다.

> 내가 기뻐하는 금식은 바로 이런 것이다. 주 여호와께서 말씀하셨다. 억울하게 묶인 이를 풀어주고 멍에를 벗겨주는 것, 압제받는 이들을 석방하고 모든 멍에를 부서버리는 것이다. 네가 먹을 것을 굶주린 이에게 나눠주는 것, 떠돌며 고생하는 사람을 집에 맞아들이고 헐벗은 사람을 입혀주며 제 골육을 모르는 체하지 않는 것이다. _사 58:6,7 [조선어성경]

둘째, 통일 예배이다.

언제부터인가 대중화된 예배에 익숙한 현대인의 예배 모습을 본다. 이런 상황에서도 주님과 홀로 예배드리는 임마누엘의 통일 예배가 절대적으로 필요하다. 남쪽의 한국교회 뿐 아니라 전세계에 흩어져 있는 디아스포라(Diaspora) 한인교회에서 각자 정한 날에 동방의 예루살렘으로 불린 평양의 예루살렘 회복을 위해 통일 예배를 드리자는 것이다.

셋째, 통일 성경이다.

남과 북의 달라진 언어는 의사소통까지 불편하게 만들고 있다. 그래서 성경 말씀 중 시편만이라도 투박한 조선어로 된 성경을 소리 내어 읽어보자는 것이다. 한국의 교회들과 디아스포라 한인교회들이 조선어성경으로 시편을 묵상하며 실제적으로 '통일을 하나님의 말씀으로 연습하는' 그리스도인이 되자. 이렇게 도전함으로써 통일의 불을 던지려는 것이다.

넷째, 통일 저금통이다.

대한민국이 금 모으기 운동으로 IMF 위기를 극복했던 것처럼, 통일 저금통으로 한반도의 통일 자금을 마련하는 데 적게나마 힘을 보태자. 한국은행은 '동전 없는 사회'를 지향하고 있다. 하루라도 빨리 버려진 십 원, 오십 원, 백 원, 오백 원 등의 동전으로 통일 저금통을 채우자. 그래서 허리 신경이 마비된 중풍병자 같은 한반도 땅이 건강하게 일어나기를 재정적으로 헌신해야 할 것이다.

다섯째, 통일 세대이다.

하나님의 뜻이 우리를 통해 이 땅에서 이루어지는 일에 준비된 사람들이 통일 세대이다. 그루터기 같은 믿음의 신앙인들, 통일을 위해 목숨을 걸 수 있는 사람들, 이런 사람들을 하나님 나라의 진주처럼 존귀하게 여기자. 그들과 함께 통일 사명을 감당하는 통일 연습이 이 시대에 필요하다.

이상의 다섯 가지 통일 연습을 행동으로 옮기는 '행동하는 통일 연습'이 통일 세대의 삶이다. 말로 하는 통일이 아니라 '발로 하는 통일', 온몸으로 하는 통일 연습인 '통일 금식, 통일 예배, 통일 성경, 통일 저금통'의 연습을 하나라도 실천하는 사람이 바로 '통일 세대' 이다.

"통일은 곧 이루어집니다."

이렇게 말하는 사람은 통일을 향한 예언자이다.

"통일을 위해 기도합시다."

이렇게 말하는 사람은 통일을 향한 중보자이다.

이 시대에 통일을 향한 예언자도, 중보자도, 통일 전략가도 당연히 필요하다. 그렇지만 더불어 통일을 쟁취할 수 있는 왕적인 기름 부으심이 있는 하나님 나라의 비밀을 간직한 사람, 밟히고 밟혀도 일어서는 민초들로 구성된 통일 세대들이 필요하지 않겠는가!

축구도 진짜 시합에서 이기려면 연습을 잘해야 한다. 진짜로 통일을 원하면 '이미 시작된 통일'을 연습해야 한다. 통일 연습을 통해 결국 남과 북의 통일이 목적이 아닌 통일 이후가 더 큰 목적이 되어야 한다. 하나님께 쓰임 받게 될 한반도에 주님의 임재가 증명되는 것이 우리의 소원이 되어야 한다.

먼저 형제애의 회복을 몸으로 경험한 장애인들이 하나님 사랑, 이웃 사랑을 전달하는 한 알의 북녘 밀알이 될 것이다.

장애 국가를 회복하는 일에 장애인이 앞장서야

알레고리(Allegory)적 해석일 수 있겠지만, 성경에 표현되어 있는 구약과 신약의 38년과 남북한의 38선이 주는 메시지를 담아본다.

구약 성경 민수기에서, 38년 광야 생활은 시내산에서 출애굽한 백성이 하나님의 율법을 받고, 하나님과 언약을 체결하며 하나님 나라 백성으로 살기로 약속한다. 가나안에 이르기 전 가데스바네아에 이른 백성들은 12명의 정탐꾼을 보내 하나님이 주실 약속의 땅을 40일 동안 미리 둘러본다. 이들의 극단적인 보고에 하나님은 극단적인 결과를 보여주신다.

하나님의 백성으로서 10가지 재앙을 통한 출애굽 사건을 믿기에, 비록 가나안에 철병거를 가진 거인 같은 아낙 자손들이 있을지라도 우리에게는 하나님이 함께하시기에, 그 땅을 취할 수 있다는 믿음의 고백을 한 여호수아와 갈렙만 그들의 믿음대로 가나안 땅에 들어가게 된다. 그러나 나머지 10명의 정탐꾼은 하나님이 가나안 땅을 주시겠다는 약속 위에 사람의 행동이나 그 무엇을 더해야만 들어갈 수 있다고 생각했다. 그래서 그들의 철병거와 가나안 족속의 힘과 문화가 더 크게 보인 것이다. 하나님의 능력을 온전히 신뢰하지 못한 그들의 믿음 없음을 응징이라도 하듯, 가데스바네아 광야에서 38년을 살게 되는 것이다. 하나님의 능력을 의지하지 않고 사람의 생각과 사람의 힘을 의지했던 열 사람 때문에 38년의 광야 생활이 시작된 것이 아닌가?

신약성경 요한복음 5장의 38년 된 병자는 예루살렘 양문 곁 베데스다라는 연못(은혜, 자비의 집)에 살고 있었다. 성전 제사에 쓰일 양들이 다니는 양문에 은혜의 본체이신 예수님이 직접 찾아오셔서 "네가 낫고 싶으냐?"라고 물으셨다. 그런데 놀랍게도 38년 병자는 "예"라고 말하지 않고 수평적인 변명부터 했다.

"그 물이 동할 때 나를 못에 넣어줄 사람이 없어 내가 가는 동안에 다른 사람이 먼저 내려가버립니다."

실제적으로 낫고 싶어하는 간절함이 없어 보인다. 그런 병자에게 예수님은 수평 이동이 아닌 수직 이동을 선포하신다. "일어나 네 자리를 들고 걸어가라"고 하신 것이다.

나라의 허리를 자르는 법이 어디 있는가? 나라는 물건이 아닌데 어찌 자른단 말인가? 우리나라는 38선으로 분단되고 허리 신경이 마비된 장애인 국가다. 38선이 이대로 굳어지지 않기를 간절히 소망해본다. 무엇보다 맞서 싸워야 할 마지막 시대의 적그리스도는 인간의 휴머니즘이라고 할 수 있다. 하나님보다 사람의 의를 더 드러내려고 하는 열심이 있기 때문이다.

————— 복음에 빚진 사람

이 시대에는 하늘 중력에 이끌려 사는 하늘 사람이 필요하다. 단순한 인간적인 형제애가 아니라 자기 십자가를 짊어지고 예수를 좇는 하늘 사람인 통일 세대가 필요하다. 행동하는 통일 연습 5가지에서 통일 금식, 통일 예배, 통일 성경이 하나님과 나와의 관계라면, 통일 저금통과 통일 세대는 이웃과의 관계이다.

예수의 십자가를 더하기(예수 십자가)로 표현한다면 하나님 사랑과 이웃 사랑을 실천하는 형제애의 삶을 곱하기(자기 십자가)로 표현하고 싶다. 예수님은 "누구든지 나를 따라오려거든 자기를 부인하고 자기 십자가를 지고 나를 따를 것이니라"(마 16:24)고 하셨다.

통일을 연습하자

1998년 6월, 고(故) 정주영 현대그룹 명예회장이 소떼 1001마리를 몰고 휴전선을 넘어갔던 것처럼, 나는 이제부터 휠체어와 흰 지팡이, 그리고 마주 잡은 손짓사랑으로 38선을 왕래하여 막힌 동맥을 뚫어, 반쪽 나라인 장애 국가를 건강한 나라, 하나된 조선 NEW KOREA 나라로 회복하는 일에 쓰임받고 싶다.

1948년 정부가 분단이 된 지 70년이 되는 2018년을 평화의 원년으로 삼기를 기도했다. 1953년 민족분단에 70년을 더하면 2023년 국가연합의 평화를 꿈꿔본다. 해방 70주년을 기억하는 단순한 숫자일 수도 있겠지만, 70명의 장애인들과 함께 서울과 평양에서 남북한 농아 축구대회를 통해 농아들이 휠체어를 밀고 흰 지팡이의 안내를 받아, 허리 신경이 마비된 장애 국가의 허리 38선을 장애인들과 함께 걷고 또 걸어서, 70년 동안 막힌 38선의 동맥을 왕래하고 싶다. 그래서 조국에 남겨놓고 온 반쪽 심장 때문에 더 이상 거친 숨을 몰아쉬지 않고, 위에서 오는 평안의 하늘 숨을 쉬는 그날이 하루 속히 오기를 소망하며, 서로 사랑의 몸부림 속에서 행동하는 통일 연습을 하고자 한다.

먼저 올림픽을 통해 하나된 조선 NEW KOREA를 전세계에 보여주고 싶다. 이로 인해, 아시아 지역에서는 약 20년을 주기로 올림픽이 개최되고 있는데, 1964년 동경 올림픽, 1988년 서울 올림픽, 2008년 베이징 올림픽에 이어, 2028년 혹은 2032년에는 '서울 평양 올림픽'이 열리기를 소망한다. 이런 꿈을 꾸면서, 형제애 사랑으로 오늘도 소외된 남북한 장애인들과 함께 북녘 밀알(Seed of North Korea)의 씨앗을 심어본다.

정말 잘 들어라. 밀알 하나가 땅에 떨어져 죽지 않으면 한알 그대로 남아있고 죽으면 많은 열매를 맺는다. _요 12:24 [조선어성경]

　　　　　　　　　　──────── 복음에 빚진 사람

복음에 빚진 사람
사명 고백서

'복음에 빚진 사람'이 되는 길

복음에 빚진 사람은 어떤 상황에서도 기도하고 찬양한다.

사도행전 16장에서 바울은 성령에 이끌려 아시아가 아닌 마게도 냐에서 선교를 시작한다. 마게도냐 지방의 첫 성(城)인 빌립보에서 귀신 들린 여종에게서 귀신을 내쫓았고, 그 때문에 수익의 소망이 사라진 여종의 주인으로부터 고발을 당해 결국은 옷을 찢기고 매를 맞은 후 감옥에 갇힌다. 그런데도 바울과 그 동행인 실라는 한밤중에 감옥에서 기도하고 하나님을 찬양한다.

'감옥 안에서 무슨 기도를 했을까?'

이것이 나에게 또 하나의 화두가 되었다. 감옥 문이 열렸는데도 바울과 실라는 그 자리에 그대로 있었다. 우리 같으면 감옥 문이 열 린 것이 기도 응답이라고 생각하고 도망갔을 텐데 오히려 자결하려는 간수를 말리기까지 했다. 그렇다면 그들이 풀려날 것을 위해 기도하고 찬양한 것 같지는 않다.

보통 기도라고 하면 '없는 것을 달라고 하는 것' 또는 '위기에서 구원받기를 소원하는 것'이라고 알고 있다. 그러나 바울과 실라는 오직 하나님을 찬송하며 성령의 인도를 따라 기도했다.

나는 이 사건을 통해 선교의 전략과 전술을 세우게 되었다. 혹시 선교지가 감옥과 같은 곳이라 할지라도 바울과 실라처럼 기도하고 찬양하겠다는 것이다. 이것이 곧 '복음에 빚진 사람'이 되는 길이라고 믿는다. 바울과 실라처럼 사는 것이 복음에 빚진 사람으로 사는 길이라는 말이다.

소록도 화장터에서 무심코 들었던 찬송이 원불교 법당에서 방언으로 바뀌었듯이, 바울과 실라를 지키고 있던 간수도 감옥 안에서 그들이 외치는 기도와 찬송 소리를 듣고 결국 "내가 어떻게 하여야 구원을 받으리이까"(행 16:30)라고 질문한다. 그리고 "주 예수를 믿으라"(행 16:31)라는 말씀을 듣고 구원을 받는다.

이 말씀이 나에게 허락하신 선교와 전도에 필요한 전략과 전술이 되었으며 내가 나아가야 할 길이 되었다.

브니엘의 아침

복음에 빚진 사람은 저녁으로 시작하는 하루일지라도 반드시 아침으로 끝을 맺는다. 나는 아침에 일어나면 "경험이 아닌 신비로 오늘을 살겠습니다"라는 고백을 한다. 사람들은 아침이 되고 저녁이 되면 하루가 지나갔다고 한다. 그런데 하나님의 하루는 '저녁이 되고 아침이 되는 것'이라고 창세기 1장은 말한다.

우리 인생에 고통과 좌절이 있고, 상처와 아픔과 어둠이 있는 저녁을 맞이하고 있다면 그것은 하나님을 만나는 하루의 시작이다. 그리고 그 끝은 분명히 아침이 될 것이다. 이렇게 사는 것이 바로 '복음에 빚진 사람'의 삶이다.

야곱은 홀로 남아 밤새 씨름을 하다가 환도뼈가 위골되면서 아침을 맞는다(창 28:12-19). 브니엘의 아침을 맞이한 야곱이 이스라엘이 되었던 것처럼 나도 땡중에서 선교사가 되었다. 저녁이 되고 아침을 맞이했다. 나도 이스라엘이 된 것이다!

내가 받은 약속

복음에 빚진 사람은 '자녀됨'(sonship)과 '왕권'(kingship)을 소유하므로 최종 승리와 회복이 확보된 사람이다. 하나님은 나를 창조하시면서 하나님의 형상, 즉 DNA라고 할 수 있는 하나님의 씨를 내 속에 넣어주셨다. 이것을 나는 하나님의 아들로서의 권리, 즉 'sonship'을 주신 것이라고 표현한다. 그 후에는 모든 것을 다스리고 정복하는 왕권, 즉 'kingship'도 주셨다. 그런데 사탄의 유혹에 빠진 인간은 모든 것을 잃어버렸다. 그래서 하나님의 진단과 처방이 필요했다.

영원히 죽을 수밖에 없었던 인간들을 위한 하나님의 처방은, 하나님이 직접 인간의 몸을 입고 이 땅에 오시는 것이었다. 즉, '예수 그리스도'의 모습으로 오신 것이다. 육체의 생명은 피에 있고(레 17:11) 죄의 삯은 사망이기에 직접 피 흘리시고 대신 죽으러 오셨다. 신약 성경도 그 시작을 'sonship'을 상징하는 아브라함과 'kingship'을 상징하는 다윗으로부터 시작하고 있다.

아브라함과 다윗의 자손 예수 그리스도의 계보라 _마 1:1

그러므로 '복음에 빚진 사람'이란 이미 십자가의 승리로 끝난 게임을 살아가는 것과 같다. 'sonship'의 회복(계 21:7)과 'kingship'의 회복(계 22:5)을 모두 약속 받았기 때문이다.

세 분의 선생님

복음에 빚진 사람으로서, 나에게는 복음에 진 빚을 갚는 인생이 되도록 구체적인 삶의 멘토가 되어주신 세 분의 선생님이 계신다.

첫 번째 선생님은 예수님을 믿을 수 있도록 성경 공부를 지도해주셨고 믿음을 지식적으로, 말씀을 통합적으로 안내해주심으로써 선지자적 사명을 끊임없이 부어주신 분이다.

두 번째 선생님은 머리로 알고 있던 말씀의 분량을 가슴으로 끌어내주셨으며 내 가슴에 꺼지지 않을 사랑의 불을 붙여주셨다. 그리하여 제사장적 사명으로 가슴에 이웃을 담을 수 있게 해주신 분이다.

세 번째 선생님은 내가 하나님의 기쁨을 따라 살도록 하며, 말씀에 순종할 수 있도록 빛과 힘을 주신 분이다. 왕의 기름부으심으로 하나님 나라의 대언자로 살아가도록 해주신 분이다.

나는 첫 번째 선생님을 통해 '복음에 빚진 사람'이 말씀대로 살아야만 하는 삶의 순종을 배웠다. 두 번째 선생님을 통해 머리와 가슴과 배가 하나로 연결되어 종교와 과학과 철학과 예술의 통합을 맛보았다. 세 번째 선생님을 통해 예수님은 그리스도요 살아 계신 하나님의 아들임을 고백함과 동시에 'sonship'과 'kingship'의 회복을 날마다 맛보고 있다. 복음에 빚진 사람으로서 얼마나 귀한 스승들인지 말로 다할 수 없다.

지극히 작은 자를 위해 산다

복음에 빚진 사람으로서, 나는 하나님이 내게 보여주신 지극히 작은 자, 농아를 위해 살았다.

나는 약 25년 전에 농아들의 언어인 수화를 배우게 되었다. 그 후 선교지에서 줄곧 농아 사역만을 하게 되었다. 그런데 2009년부터 장애 사역에 대한 지경을 넓혀야 한다는 하나님의 말씀에 어렵지만 순종하기로 했다.

먼저 '복음에 빚진 사람'이 되어 복음을 받아들인 농아들과 함께 카자흐스탄을 시작으로 중앙아시아에 거주하고 있는 지체장애인,

시각장애인, 한센병 환자들을 섬기라는 것이었다. 그래서 장애 사역에 관한 계간지 〈손짓사랑〉의 발간부터 시작하게 되었다.

이 세상은 영적 전쟁터다(엡 6:12). 전쟁터에서 싸우려면 본부로부터 지원받아야 할 실탄들이 실제적으로 필요한 것처럼, 〈손짓사랑〉이 실탄을 공급해주는 보급창고 역할을 감당할 수 있기를 간절히 바라고 기도한다.

인간을 향한 공통분모

복음에 빚진 사람으로서 나는 사람들을 바라보는 하나님의 눈을 갖게 되었다.

어느 날 농아들이 내게 이런 질문을 했다.

"성경을 보니까 '말 못하고 못 듣는 귀신아'(막 9:25)라고 말하는데 우리는 귀신 들린 자입니까? 그렇다면 우리가 드리는 예배는 귀신들과 함께 드리는 예배입니까?"

문자적으로 성경을 이해했던 농아들의 질문에 나는 복음에 빚진 사람의 마음으로 하나님의 말씀을 이렇게 대언했다.

여호와께서 그에게 이르시되 누가 사람의 입을 지었느냐 누가 말 못 하는 자나 못 듣는 자나 눈 밝은 자나 맹인이 되게 하였느냐 나 여호와가 아니냐 _출 4:11

나는, 하나님은 농아들을 귀신 들린 자로 보시지 않고 '잃어버린 자'로 보고 계심을 증거했다.

'잃어버린 양, 잃어버린 드라크마, 잃어버린 아들'을 언급한 누가복음 15장의 공통분모는 잃어버렸다는 것에 있다.

인자가 온 것은 잃어버린 자를 찾아 구원하려 함이니라 _눅 19:10

복음에 빚진 자로서, 잃어버린 그들을 찾아 구원의 길에 이르도록 하는 것이 나의 사명이다.

가장 큰 이적

기적과 이적은 분명 다르다. 기적은 자연발생적인 사건에 나타난 현상이다. 그러나 이적은 말씀에 나타난 증거를 말한다. 그렇다면 이 세상에서 가장 큰 이적이 있다면 무엇일까? 그것은 바로 나 같은 놈이 하나님을 아버지라고 부를 수 있다는 것이다.

"하나님 아버지, 하나님이 내 아버지가 되어주셔서 고맙습니다."

이보다 더 큰 이적이 또 있을까?

이것이 곧 복음에 빚진 자의 사명이요 인생일 것이다.

내가 달려갈 길과 주 예수께 받은 사명 곧 하나님의 은혜의 복음을 증언하 는 일을 마치려 함에는 나의 생명조차 조금도 귀한 것으로 여기지 아

에필로그

니하노라 _행 20:24

이 책은 성령님의 일하심에 대한 고백서이다. 바울은 로마의 형제들에게 가고 싶었으나 길이 막혀 가지 못한 것을 안타까워 하면서 "헬라인이나 야만인이나 지혜 있는 자나 어리석은 자에게 다 내가 빚진 자라"(롬 1:14)라고 고백한다. 그가 진 빚은 곧 복음에 대한 것이었다.

나는 이 시간, 바울과 같은 심정으로 생각해본다.

'나는 누구에게 빚을 졌는가? 왜 빚을 졌는가? 얼마나 빚을 졌는가? 그리고 언제까지 그 빚을 갚아야 하는가?'

스스로에게 묻고, 묻고, 또 물어본다.

나는 특히 장애인들에게 복음의 빚을 진 사람이다. 그러기에 육신이 불편한 작은 자, 곧 장애인들에게 육신에 빚진 자로서, 복음에 빚진 자로서 영육간에 빚을 갚고자 노력할 것이다.

나는 말로는 하나님의 일을 한다고 하면서 가끔씩 냄새 나는 죄인의 모습을 드러낼 때도 많았다. 그래도 끝까지 나를 기다려주셨던 하나님의 은혜의 빚을 갚고 싶다.

은혜와 진리가 충만하셨던 예수님(요 1:14), 나에게 일방적인 은혜로 찾아와주신 그 예수님께, 진정으로 진실되게, 오늘도 한 걸음 한 걸음씩 '복음에 빚진 사람'으로 살아가고 싶다. 나의 나됨은 전적인 하나님의 은혜(고전 15:10)임을 고백하면서….

복음에 빚진 사람

'손으로 말하는 사람들'을 소개합니다!

손짓사랑 공동체

'복음에 빚진 사람' 이민교 선교사와 함께하는 '손으로 말하는 사람들'(약칭–손짓사랑)
은 이슬람 땅의 장애인들을 하나님의 형상으로 회복하며 잃어버린 자를 찾으러 오
신 아버지의 사랑을 보여주는 사랑의 공동체입니다.

'손으로 말하는 사람들'은 농아인 축구팀과 일터 교회 사역을 통해 장애인들의 현
실 참여를 돕는 소망의 공동체이며, 헌신된 장애인들을 교육하고 훈련하여 파송하
는 믿음의 공동체입니다.

농아들이 회복됨으로 중앙아시아 지역의 무슬림 사회에 복음이 전파되고 장애인들
이 살아날 수 있도록, 손짓사랑의 사역에 기도와 사랑으로 함께해주시기를 부탁드
립니다.

후원 방법

>> **손짓사랑 후원 계좌**
   국민은행 831001-00-012125 (예금주 : 손짓사랑)

>> **이민교(선교사명 : 이민족) 선교사 소속 선교단체 소개 및 연락처**
   홈페이지 : www.globalblessing.org
   저자 이메일 : newkorea38@gmail.com
   카톡 아이디 : sonkorea

   GP선교회 : GLOBAL PARTNERS(www.gpinternational.org)
   한국 본부 : 서울시 송파구 새말로 8길 17(문정동)(Tel: 02-443-0883)
   미국 본부 : 10582 Katella Ave, Anaheim CA 92804 USA(Tel : 1-714-774-9191)
   호주 GB : 2 nulla nulla st. Turramurra NSW 2074(Tel : 61-416-384-201)

통일춤

작품명 : '통일춤'(작자 미상)
저자가 '윗동네'에서 구한 그림.
장구춤을 추는 통일된 한반도 모습.